MERCHANT KINGS

WHEN COMPANIES RULED THE WORLD, 1600–1900

貿易商人王列伝

—会社が世界を支配した時代：1600〜1900年—

スティーヴン・R・ボウン 著

荒木正純・石木利明・田口孝夫 訳

悠書館

貿易商人王列伝———目次

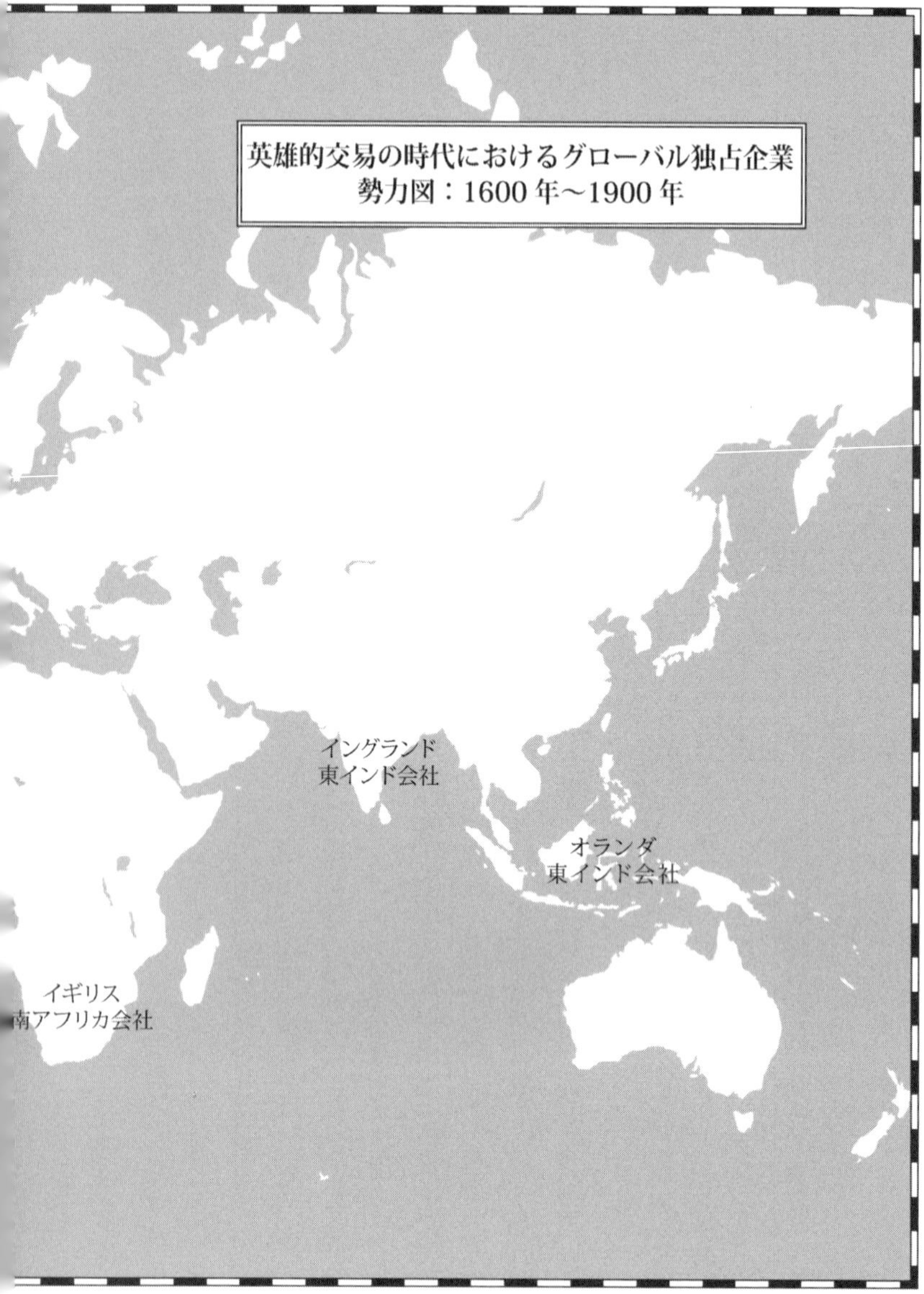
英雄的交易の時代におけるグローバル独占企業
勢力図：1600 年～1900 年
イングランド
東インド会社
オランダ
東インド会社
イギリス
南アフリカ会社

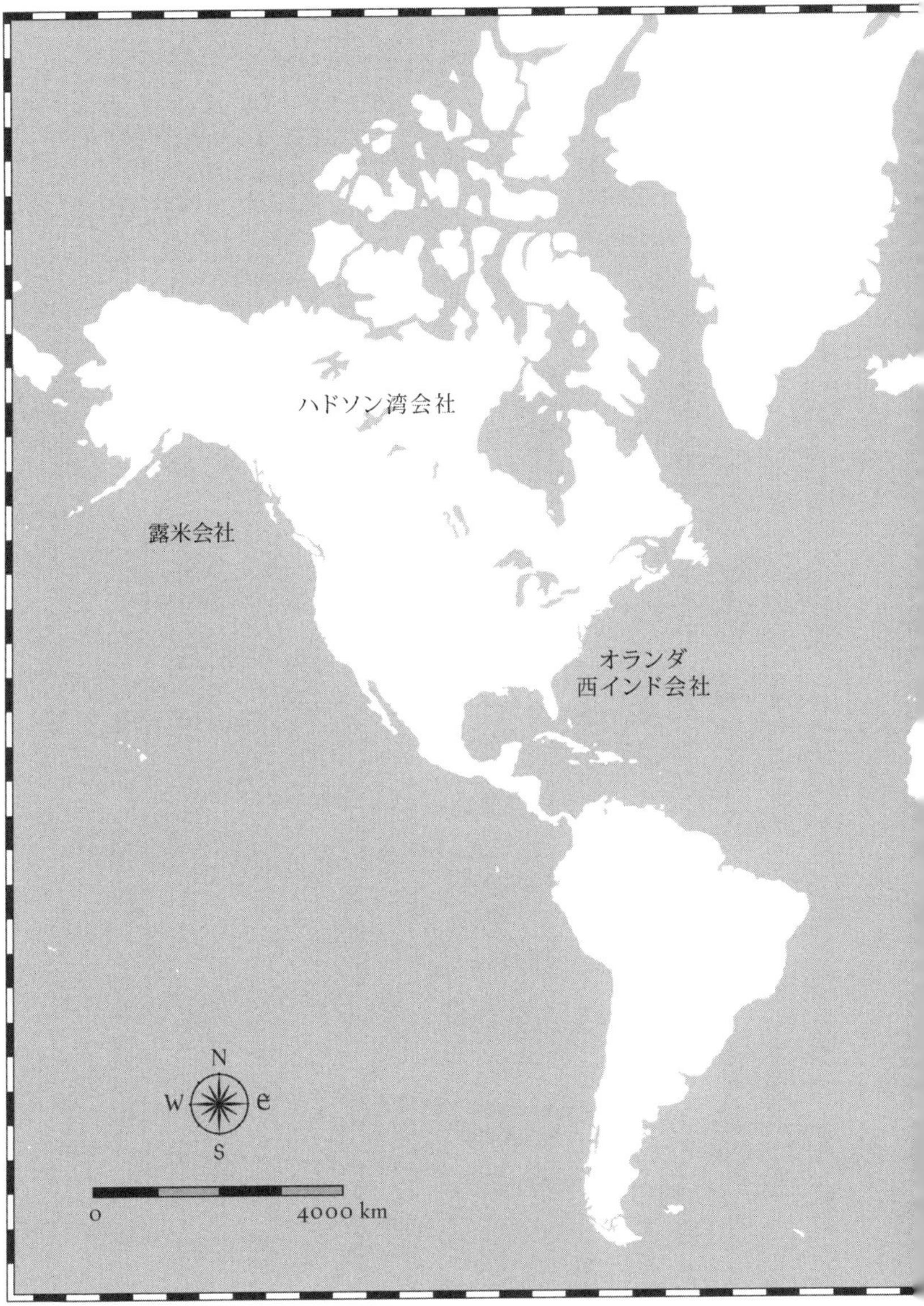

ハドソン湾会社
露米会社
オランダ
西インド会社
N
W
E
S
0
4000 km

オランダ西インド会社・ハドソン湾会社
・露米会社の版図
ハドソン湾
ヨーク・
ファクトリー
ルパートランド
レッド川
スペリオール湖
ニュー・フランス
セント・ローレンス湾
モントリオール
フォート・オレンジ（オールバニ）
ニュー・イングランド
マンハッタン（ニュー・アムステルダム）
ニュー・ネーデルラント
メリーランド
&ヴァージニア
大西洋
キューバ
カリブ海

アラスカ
クック湾
シトカ
コディアック島
アリューシャン列島
フォート・ヴィクトリア
フォート・ヴァンクーバー
オールド・オレゴン
太平洋
フォート・ロス
カリフォルニア
ハワイ諸島
N
W
e
S
0
1000 km

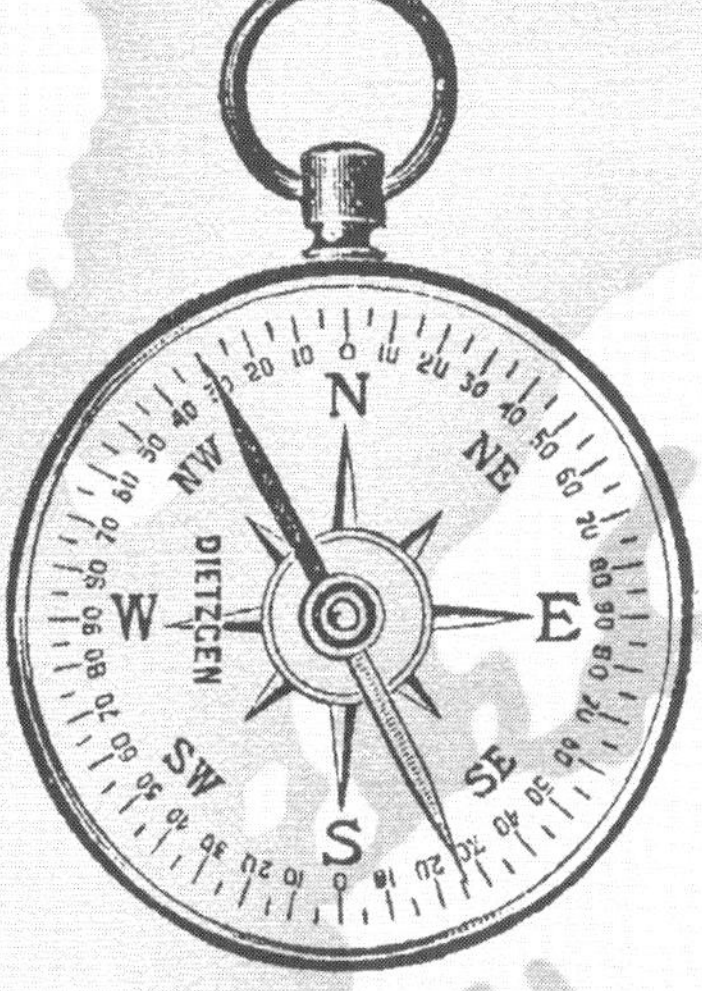

序
英雄的交易の時代

世界貿易を制する者は、かならずや世界の富を制し、その結果、世界そのものを制する。

サー・ウォールタ・ローリィ、1600年ごろ.

一六〇〇年のはじめから一八〇〇年末にいたるまで、独占的貿易企業は、ヨーロッパが植民地の拡大を推進する際、公的地位にあったわけではないが、立役者となった。そうした企業は、広大な領土と多数の民族を支配し、交易が成功した暁には、さまざまな政治的・軍事的機能を手中におさめた。ヨーロッパ諸国にとって、こうした企業に貿易独占権を付与しておけば、植民地獲得にかかる膨大な経費がまかなえ、好都合なことであった。このように私的資本を利用することで、「英雄的交易の時代」として知られるようになった事態に拍車がかかった。こうした特権的な企業体のそれぞれは、成長過程で、はじめに海外活動をおこなう際、ヨーロッパ人すべてに対して民生権限をもち、ついで土地住民を従属させてこの権力を拡大していった。政治的な目的を遂行する際には、貿易会社は独自の警察力、ときには常備軍を保持し、土地の政府を支配するか、みずからの領土を統治する唯一の政府となった。こうした領土は関連事業として管理され、現地の住民は被雇用者、顧客、あるいは競争相手とみなされていた。はじめは貿易業者であったこうした会社の指導者は、「貿易王《マーチャント・キング》」と呼ばれ、数百万の人びとを支配する独裁的政治権力を持つにいたる。本書は、こうした貿易王《マーチャント・キング》のうち六人をとりあげ、それぞれが及ぼした影響力について説明することになる。

ヤン・ピーテルスゾーン・クーンは、オランダ東インド会社の冷血無比な先駆的存在であった。この貿易企業は、設立以後二〇年間で、世界のほぼすべての海洋国と争いを起こした。彼の「統治」期間にこの会社は、ヨーロッパのほとんどの国に異国の香料をもたらし、オランダ黄金時代の富を生む基礎づくりをした。彼は「絶望するな。敵に容赦するな。神はわれらとともにあるから」と、一六一八年に部下に宛てた手紙で宣言している。ときには、顧客が彼の敵になった――彼らが彼の代理人と取引きしたくないときや、宿敵のイングランド人やポルトガル人の品物をよしとしたときなどである。クーンは、会社の軍隊に攻撃命令を出した。競争相手や自分の権威に楯つく者を容赦しなかった。

一本足のピーテル・ストイフェサントは、マンハッタンにあったオランダ西インド会社の独裁的総督であった。数十年間、彼が責任ある統治をほどこそうとするたびに、拡大しつづける植民地で増えつづける、会社に雇用されていない市民たちは、その企てに抵抗した。ストイフェサントは、結局、彼の会社の利益を国の利益に優先させた。そのため、ニュー・ネーデルラント全領土を外国勢力に奪われるはめになった。第三次英蘭戦争のあいだ、マンハッタン沖に停泊したイギリス戦艦が、ニュー・ネーデルラントの住民に、降伏すれば統治権を与えると約束したとき、民兵全員が発砲せず、武器を捨てた。

イングランドの貿易商ロバート・クライヴは、会社の下級事務員から身を起こして出世し、十八世紀中ごろ、新参のイングランド東インド会社の軍隊を指揮するようになった。正規の訓練を受けていたわけではまったくなかったが、クライヴは軍事の天才であった。ムガール帝国末期のインドで、フランス東インド会社や現地の多様な支配者に対し、会社の軍隊を使い何度も驚異的な軍事的勝利をおさめ、会社の財産を変容させた。彼は、イングランド東インド会社の富と政治的権力の基礎を築いた。クライヴのやったことのあと、会社は独占貿易企業となり、三千万人を支配する民生権限と徴税権限を持つにいたった。その後クライヴは男爵に叙され、イギリスでもっとも裕福な者のひとりとなる。一七七二年、議会から汚職の嫌疑をかけられ、蓄財の元について尋問されたとき、彼は憤り、こう宣言した――「わたしは、自分が人並であることに驚いております」。

アレクサンドル・アンドレーエヴィチ・バラノフは、攻撃的で有能であったロシア人の旅商人で、最初に東のシベリアへ入植した。一七九九年、彼は露米会社の支配権を獲得した。この会社は、皇帝パーヴェル一世から特権を付与されていた半民間の独占植民地貿易会社であった。バラノフは、さらに南のアラスカ海岸沿いでロシアの事業と植民地化を推進し、彼の会社の名目で、カナダ先住民族のファースト・ネーション（イヌイットやメティ以外の先住民族）とも、また競合するロシア事業とも戦った。一八〇四年、ロシア軍艦から数日間にわたりトリンギット族の村に爆撃をくわえ、露米会社の権威を受け入れさせた。二七年にわたり、辺境におけるロシアの領有権を強化し、莫大な量のラッコの毛皮を、サンクトペテルブルグにいる彼の会社の株主や重役たちのために手に入れたのち、死去した。

ジョージ・シンプソンは傲慢で短気であったが、財政・組織の天才で、十九世紀はじめに、ハドソン湾会社を最大の財政的成功と領土的支配に導いた。「小皇帝」として知られた彼は、北アメリカのかなりの部分を実質的に支配していた。毎年、数十万のビーヴァーの毛皮をロンドンに輸送する責任を担っていた彼は、大型のカヌーの船尾にのり、彼の広大な毛皮領土のなかをめぐっていた。この船尾から彼は、疲労した熟練船頭《ヴォワヤジュール》たちにもっと強く漕ぐよう命じた。スピード記録をつくれるようにというのだ。何でも自分の誉とした。一八六〇年、彼の死の直後、シンプソンの領土のほとんどはハドソン湾会社の支配から離れ、新しく誕生したカナダの一部となった。

セシル・ジョン・ローズはイギリス生まれで、南アフリカの鉱山の有力者であり、政治家・企業家、そしてイギリス植民地主義の人種差別主義的推進者であった。彼は、ダイヤモンド会社デ・ビアスの設立者でもあった。一八八九年、彼はイギリス政府の支持を取りつけ、イギリス南アフリカ会社を創業してローデシアで運営した。この地は彼がつくり、自分の名にちなんだ名の使用が〈許可〉された。この会社は貿易独占企業で、私的軍隊をつくる権利が許され、銀行業を規制し、土地のアフリカ住民の諸権利を原理的には尊重しつつ統治することが許されていた。現実には、この会社はその権力を行使し、暴力的に領土確保をおこない、株主を豊かにしていた。一九二三年にいたり、イギリスはこの会社の特許状を解消した。ローズとイギリス南アフリカ会社は途方もなく儲けたが、それは支配という名目で、アフリカの鉱物資源を開発したからである。機会があれば、ローズはもっと活動をつづけただろう。「こうした星のすべて。われわれには決して届かない広大な世界だ。できるものなら、ほかの惑星も併合したいものだよ」と彼は残念がっている。

結果的に貿易王《マーチャント・キング》となったこうした者たちは、いまだ名をなしていない意外なはじまりから、それぞれの会社で権威ある地位に登りつめたあと、似たようなジレンマに直面した。それぞれの会社と国から庇大な権力を付与されていたが、会社の企業利益を促進させることと民生的権限を行使することのあいだには明確な葛藤があった。貿易王は独占主義者であり、資本主義者ではなかった。その企業は、政治的権力と商業的権力のあいだのグレーゾーンに位置し、独裁者の冷血無比の戦術を採用する一方で、利益追求の、株主に駆りたてられる株式資本の企業体という法的仕組みをもっていた。したがって、アダム・スミスのような自由市場主義者にとって、嫌悪すべきものであった。独占貿易業者であり、同時に民間政府であることは困難なことであり、どちらかを他の支配下に置きたいという誘惑に駆られることは当然のことである。葛藤しつつも自己の良心にしたがい、広範にわたる決定をすることによって、貿易王は大いに影響力をもった。会社は一般に、全面的な政治的支配力をもっていたとはいえないとしても、会社の利益とその祖国の利益とのバランスをとろうとして、こうした王たちは大いに歴史的変化をもたらしたのである。もっとも著名な軍事的将軍、政治的指導者、そして工業技術的変革者と変わることがないほどであった。

七つの大罪は、〈驕り〉〈貪欲〉〈怠惰〉〈肉欲〉〈妬み〉〈怒り〉〈大食〉である。われわれの誰もが、人生のあるとき、ひとつ、もしくはそれ以上のものをよく知ることになる。しかし、ほとんどの者の場合、こうした大罪は七つの美徳でバランスをとる。つまり、〈謙虚〉〈慈善〉〈勤勉〉〈貞節〉〈親切〉〈忍耐〉〈節制〉だ。「英雄的交易時代」の貿易王のあいだでは、七つの大罪が大きな比率を占めていたようにみえる。彼らが握っていた絶対的で責めを負わない権力は、かんばしくない性格をいっそう大きなものにしていた。とはいえ、彼らのほとんどの者には善もあった。複雑で興味深い性格の彼らは、英雄でも天使でもなかった。軍事的・政治的指導者の場合のように、彼らはその性格を権力と成功によって増大させ、実物より偉大に見えるようにしたのである。大変動の先端にある他に類をみない歴史的社会背景に位置し、彼らは与えられた機会を捉え、世界に影響を及ぼした。ほとんどの著名な王侯、独裁者、将軍と変わらない影響であった。商業的交易体を政治的なものに変容させ、その足をふたつの世界にしっかりと据えたこうした者たちは、真にその市場のために戦ったのである。

第1章
同僚中の首席

ヤン・ピーテルスゾーン・クーンと オランダ東インド会社

閣下は、ご経験からご存知でしょうが、アジアの貿易は、閣下ご自身の武器による防衛と好意のもとに営み維持しなくてはなりませんし、この武器は交易による利益から支払われます。だから、交易を実施しようとすれば、戦争をしなくてはならず、戦争をしようとすれば交易をしなくてはなりません。

ヤン・ピーテルスゾーン・クーン、1614年ごろ.

商人にして戦士のヤン・ピーテルスゾーン・クーンは、イングランド人を軽蔑し、苛酷な闘いをし、オランダ東インド会社のために香料の独占権を確保した。

香料諸島における
オランダ東インド会社
太平洋
南シナ海
フィリピン
マラッカ海峡
ティドレ &
テルナテ島
ボルネオ島
スマトラ島
インドネシア
アンボン
(アンボイナ)
バンダ諸島
バタヴィア
ジャワ島
インド洋
N
W
e
S
0 400 km
オーストラリア

1

一六〇九年の春のこと、十三隻の重装備の軍艦が、遠く東インドのバンダ諸島にむかっていた。アムステルダムを出てほぼ一年たっていた。ナツメグの花が咲き、うきうきするかぐわしい香りが、湿気のある空気にみちあふれている。〈この芳香〉にむかってはじめてオランダを出た、会社最大の艦隊のひとつの小艦隊司令官は、提督ピーテル・フェルフーフェン（ペーテル・フェルフーフ、一五七三年ごろ～一六〇九年）であった。海戦からは退役していたが、いまだ交易と探険については現役であった。オランダ東インド会社（VOC）に雇われた彼の任務は、モルッカ諸島のエキゾチックなクローヴ（丁字）とナツメグを雇主のために確保することであった。モルッカ（マルク）諸島は、当時、〈香料（スパイス）諸島〉として知られていた。提督が指揮していたのは千人以上の戦闘員であり、そのなかには日本人傭兵隊も含まれていた。オランダにある重役会〈十七人会〉から彼へ出された命令は、直接的で明確であった。「クローヴとナツメグの生育している島にとくに注目し、条約の締結であろうが力づくであろうが、会社のためにそれらを獲得するように」というのだ。〈力〉は、フェルフーフェンが十分心得ていることだ。二年前、ジブラルタルの戦いで武勲をたてていたからだ。当時、オランダ船は、恨みかさなる敵スペイン帝国の強力な艦隊を実質的に全滅させていた。

提督フェルフーフェンと艦隊が大バンダ島の主要港に近づくと、彼は愕然とした。その避難港に一隻のイングランド船がいたからである。この数年間、オランダ東インド会社は、イングランド東インド会社の貿易業者や商人と一触即発の敵対状態にあった。両会社は、インドネシアの儲けの多い香料貿易の主導権争いをしていて、それぞれはポルトガル人を追い出し、貿易を支配しようとしていた。イングランド船の船長ウィリアム・キーリングとその船ヘクター号は、バンダ諸島を巡航していたところであった。ここは、世界唯一のナツメグとメース（ナツメグの外皮を乾燥させたもの）の産地であった。彼はこの一ヵ月間、香料の船荷を確保せんとしていた。すでに僻地の小島に駐屯していたオランダ人貿易商と懇意になり、陸で食事をしたりして、各プランテーションを周遊して楽しんでいた。しかし、事態は一変した。友好関係はなくなった。フェルフーフェンの艦隊がやってきたからだ。キーリングが商売できないようにするためフェルフーフェンが最初にとった行動は、バンダ島民の首長〈オランカヤ〉に金を出し、このイギリス人と取引きをやめさせることであった。フェルフーフェンが、自分と部下にひどいことをしていると、キーリングは愚痴をこぼしている――「とてもひどい扱いだ。不名誉にも船が捜索され、これ以上貿易が許してもらえない。借金の回収どころではない。去れと有無をいわせぬ命令をしたのだ」。もっと危険なことに、このオランダ艦隊に雇われていたイングランド人船員が船を離れ、故国の者に通報してきたのだ。フェルフーフェンは、数週間以内に密かに攻撃をしかける計画を練っている、と。

キーリングは、自分の置かれた窮地に思いをめぐらした。「六二人対千人以上か。とうてい太刀打ちできそうにない」と、意気消沈して書いている。錨をあげると、ヘクター号をもっと遠方の島のひとつアイ島に運んだ。ここで、オランダ人の干渉を受けずにナツメグを買い、船積みをはじめた。この小さな群島最大の島はロンター島または大バンダ島と呼ばれ、数千の島民がもっとも貴重なナツメグの最大のプランテーションの世話をしていた。ネイラとグノンアピの島々は、大バンダ島から鉄砲の射程距離内にあった。アイ島は少し西に行ったところに、島のなかで最小のラン島はさらに西にあった。大バンダ島でフェルフーフェンは間髪を入れず、島民たちに脅しをかけ威圧しはじめ、オランダ会社の独占を強要し、イングランド人、ポルトガル人、マレー人、中国人の貿易業者を締め出し、ナツメグの船荷確保ができなくしようとした。

四月十九日、フェルフーフェンは二五〇隻の重装備の艦隊に命令を出し、下船して浜に編隊を組ませた。それから、自分の演説と願いを聞かせるために、オランカヤ（富裕層）を招集した。オランカヤたちが集まると、大きな木の陰から彼は贈り物を与え、おもむろに羊皮紙の文書を広げた。それから彼は、宣言をまずポルトガル語で、ついでマレー語で読みあげた。島民たちが、「いまや、そこで六年間交易した者とだけ商売する」という約束を破っている、そうフェルフーフェンは抑揚をつけて読んだ。フェルフーフェンはロンター島とネイラ島を隔てている狭い海峡を指さし、こう知らしめた。「われらとこの国全体をポルトガル人から守るために」、自分の部下がネイラ島に要塞と恒久的な工場を建設する、と。フェルフーフェンが決然としていたと同じくらい、オランカヤたちは困惑していた。

このやっかいな事態は、数年前に起った出来事が原因であった。一六〇二年五月二三日、オランダ船長ウォルファート・ハルメンスゾーンがネイラ島の族長のいく人かに、オランダ語の契約にサインをするよう説得したのである。彼らには読めない言語であった。内容は、オランダ東インド会社にナツメグ貿易の独占を容認するものであった。オランカヤたちの全員ではなかったが、この協定に署名した者がいた。拒否すれば、このオランダ商人たちの怒りを買い、暴力的報復を招きかねないと案じてのことであった。ところが、自分たちの香料をオランダ人用に取っておいてもじっさいの利益がなかったので、彼らは協定を守ってはいなかったのである。たとえ、じっさいはそうすることを考慮していたとしてもである。いまやオランダ人はこの文書を真っ正直に受け取り、署名者たちが采配をふるう地域だけのことではなく、バンダ諸島全域のナツメグ貿易に適用しようとしていると思えた。

バンダ島民は、各島の沿岸にあって相互につながりを持つ村落に生活していたが、モルッカ諸島の他の島民とはことなり、全体を統括する王、もしくは族長はいなかった。フェルフーフェンは、島々が緩やかな統治構造をなしていることを理解しておらず、交渉相手も誰かわかっていなかった。彼はただ、自分が征服をするのに、見せかけの正当性が欲しかっただけである。大バンダ島の数百人のオランカヤたちは、フェルフーフェンの要求に驚き困惑した。彼らの反応はあいまいで慎重であった。ネイラ島は独立した島で、独自のオランカヤがいた。彼らはなかなか返事をせず、この問題をよく検討するためにもっと時間がほしいと言った。じっさい、彼らは、フェルフーフェンが指さした先の水路でおこなっていることに、ほとんど力を持ってはいなかった。しかし、彼らの港から鉄砲の弾の届く距離に、恒久的な石の要塞ができるというのは好ましくない兆候であった。

バンダ島民は、ひとつの予言を思い出した。数年前、イスラム教徒の聖人が言ったことだ。ある日、見知らぬ白人が遠方からやってきて、彼らの島を征服するというもの。イングランド人貿易業者は、この予言をオランダ人のことだと笑って言っていた。島民たちにしてみれば、取引きがオランダ人だけというのは好ましくなかった。彼らがとても好んでいたのは、中国人であった。アラブとジャワの貿易業者がしばしば入港したが、バンダ島民が大切にしている物を持ってきていた。たとえば、更紗、米、サゴヤシ、陶器、そして薬である。彼らの文化とこうした民族の文化は共通するところがあった。ときには、宗教も一緒だった。ところが、オランダ人貿易業者は、しばしば彼らにしてみると、役にも立たない品物を持ってきた。たとえば、毛織物やビロードなどである。まして、聞いたこともない宗教を押しつけるし、やってくるのが不定期、土地の習慣に不案内、価格はまからないとくる。とりわけ困ったのは、フェルフーフェンがこう要求したからだ。島民は、オランダ人貿易業者以外にナツメグとメールを売ることをやめろというのだ。さらにバンダ島民を不安にしたのは、近くのグノンアピ島の火山が噴火したことだ。不吉なことに、この火山は大量の噴石と灰をネイラ島に噴出した。ちょうど、フェルフーフェンの艦隊がやってきたときのことだ。

交渉は止まったまま数日がすぎ、数週間が経過した。フェルフーフェンは動揺し不安になった。彼は、ほかにもしなくてはならないことがあった。とりわけ、ティドレ島とテルナテ島でクローヴの独占権をオランダ東インド会社のために確保することであった。一六〇九年四月二五日、約七五〇人の兵士にネイラ島上陸を命じ、放棄されたポルトガルの要塞の基礎を片づけさせはじめた。近隣の村の住民は丘や他の島へ避難していたので、オランダ軍と作業員はすぐに島民の住居を占拠した。オランダ人を追いだす軍事力がなく、不吉なことに要塞の壁はいつしか高くなってきたので、島民たちは、五月二二日にフェルフーフェンと会談を持ち、彼の要求する独占権の詳細を検討しようとした。彼らが会談の場に選んだのは、島の東の離れた場所であった。フェルフーフェンは、同朋の仲間と出かけた。そのなかに、彼が一番信頼していた船長、上級商人、重装備の分遣隊がいた。イングランド人の偏見のある報告によれば、彼はまた、鎖につないだイングランド人捕虜を一列に引きずっていき、その成り上がりの国民に、ここを自分が支配していることを見せつけようとした。

だが、その開墾地には誰もいなかった。指定した浜辺の巨大な木の下で、フェルフーフェンを待つ者は

火山が不吉にも噴火している。バンダ諸島のグノンアピ島でのこと。
時同じくして、VOCの艦隊がやってきた。17世紀初期の銅版画。

誰もいなかった。不安というより興味深く思った彼は、通訳のアドリアン・イルゼビアに命じ、周囲の森を調べさせた。森のなかでイルゼビアは、疑いをもって藪に身を潜めていたオランカヤたちの一団に出くわした。彼らによると、あれほど多くの装備したオランダ人を見て脅えたのだという。フェルフーフェンが木の下に兵士と武器と鉄砲を残し、上級商人たちだけを連れて自分たちのところにきて、兵士が会談に影を落とすことなく、安全に会談ができるだろうかと問うた。

こちらが優位にあることがわかったので、フェルフーフェンは同意した。彼と数十人の参謀が、武器を持たず藪のなかに入って行った。「彼らのなかに入ると、森は武装した黒人でいっぱいだった。バンダ島住民とオランカヤたちにたちまち取り囲まれ、会談をする暇もなく、卑怯にも裏切られ虐殺された」。彼らは「武器をとれ」、「提督、だまされました」と叫んだが、無駄であった。武器を持たなかったので、彼らは即座に殺され、逃れた者はひとりもいなかった。ことは急に、しかも思いがけなく起こった。武装した護衛が司令官と仲間を守るためにわずかな距離を駆けつけたが、ついてみると全員が殺されていた。フェルフーフェンの首は切断され、先の尖った棒にさされていた。次の数週間にわたり、バンダ島民は全域にわたりオランダ人に抵抗したので、オランダ人はその船や砦から出ることがほとんどできなかった。完成半ばの城ナッサウ砦での仕事は、速度を上げて継続された。

オランダ会社の軍隊を率いる新しいリーダーは、シモン・フーンであった。彼は、「あらん限りの報復を実行」しはじめた。島民を襲い部落に火を放ち、ボートを焼き破壊し、価値あるものはなんでも強奪した。彼の軍隊の一部が七月二六日、バンダ島民軍に敗北を喫したあとフーンは退却し、島々の海上封鎖を命じ、人びとの生存に必要な食糧の輸入を停止させ、通商も停止に追い込んだ。オランカヤの多くはすぐに会社の要求に譲歩しはじめ、オランダ人侵略者との交渉の座にのぞんだ。十月十三日、彼らはしぶしぶ、オランダ人によるナツメグ貿易の独占に同意した。いまや入港するすべての船はナッサウ砦に出向き、検閲を受け許可証をもらった。さらに、島々に居住しようとすれば、会社の提督の許可を受けなくてはならなかった。ネイラ島全体はオランダ東インド会社が支配し、「われらが永遠に管理する」こととなった。同社がおこなった最初の領土獲得である。

フーンは艦隊の大部分を引き連れ、次に船で北にむかい、ティドレ島とテルナテ島で商売をしようとした。しかし、このように征服されたあとでも、バンダ島民はなんら良心の呵責を見せることなく、オランダ人の独占を回避し、密かにナツメグをイングランド商人のもとに船で運んでいた。イングランド人は、アイ島とラン島という離れた島に工場を建設していた。貿易独占権を確保することは、理論的には単純なことであったが、実施することは困難であった。遠く離れた小さなバンダ諸島ですらそうであった。

十七世紀と十八世紀初頭、ネーデルラントはほぼまちがいなく、ヨーロッパ諸国のなかでいちばん富み、学問の進んだ国であった。オランダ黄金時代として知られるこの時期は、どこまでも楽観的な気質と豊かさを反映した芸術や学問が花開いた。裕福な市民と商人が、彫刻、詩、そして演劇をふくむ芸術、そして公開討論のパトロンとなった。彼らは、建築家に美しい家の設計をしてもらった。こうしたすばらしい家の内部の壁を、絵画と彫刻が飾った。レンブラント・ファン・レイン、ヨハネス・フェルメール、ヤーコプ・ファン・ロイスダールや他の画家たちは絵画に革命をもたらし、この新しい生活と風景、肖像、そして静物を融合させた。ヨーロッパでいちばん国際的で繁栄した都市に展開していた、同時代の生活と社会を描いたことはもちろんのことである。学問では、国際的に著名な指導者をあげると、哲学者ルネ・デカルト、称賛された法学者で国際法の理論家フーゴー・グロティウス、数学者で天文学者にして振り子時計の発明者クリスティアーン・ホイヘンス、顕微鏡の発明者で、微生物学の基礎をつくったアントーニ・ファン・レーウェンフックらがいた。寛容と知的好奇心の風土のなか、出版業は盛んであった。宗教、哲学、科学の考えで、他の国では物議をかもし、とても出版できそうにないものが、オランダに入ってきて印刷され、書籍は密かに船で海外に運ばれていた。

スペインの支配から新たに自由になり、その自由を謳歌していたオランダ共和国は、内陸にはいる主要水路を提供することで、みごとにヨーロッパ貿易を支配する位置についた。数千隻の船が、オランダの多数の港に群がっていた。大都市アムステルダムは、南北アメリカ、インド、〈香料諸島〉産の異国風贅沢品を扱う国際貿易の中心であった。一六〇二年設立のアムステルダム株式取引所は、オランダ東インド会社（VOC）が設立した世界初のもので、自社株と社債の取引きをした。VOCは、普通株を持つ空前の貿易会社であった。最初の資金供給の際、この株式会社は、千八百人以上の投資家から莫大な資金を調達した。投資者のほとんどは商人と裕福な中産階級市民であり、価値の変動する株に投機をしてくれるかどうかは、会社の船が香料を極東からヨーロッパに持ち帰ることができるかどうかにかかっていた。

最初のグローバルな大企業であるVOCは、十七世紀末ごろになると、世界でもっとも強力で富を蓄えた会社になっていた。その私的艦隊は、ほぼ一五〇隻の商船、四〇隻の巨大戦艦を誇っていた。絶頂期には、ほぼ五万人が世界中で雇用されていた。船乗り、職工、港湾労働者、労働者、事務員、建築者である。会社の活動は多様な商業活動であり、たとえば建設、砂糖精製、布製造、タバコ乾燥調製、織物、ガラス製造、蒸留、醸造その他、そのグローバルな事業に関係する産業である。従業員名簿にはまた、一万人の私的軍隊が含まれていた。

VOCはオランダ繁栄の礎えのひとつであり、その強力な艦隊とともに、この若い共和国の目を通商目的で世界にむけさせる主要な勢力となっていたが、地球規模の香料の供給を実質的に独占していた。ここに至るためには、〈壮烈な通商の時代〉の夜明けに血のにじむ努力がなされたのである。皮肉なことに、この会社の富は、インドネシアに押しつけられたシステムと価値観に基盤を持っていた。それらは、会社の株主の多くが持つ、自由で寛容な文化に逆行するものであった。さらに会社は、国家独占として地球規模の覇権を持つに至り、オランダ共和国の芸術的・文化的繁栄に貢献したが、その陰にはひとりの男の冷酷無比の戦略があった。男の性格は、その国家の性格とまったく相容れないものであった。

その男の名はヤン・ピーテルスゾーン・クーンで、上級貿易業者であった。彼はピーテル・フェルフーフェンの遠征隊の一員として航海し、彼が〈一六〇九年の卑劣なバンダ島民条約〉と名づけたものを目撃していた。VOCに対するバンダ島民の反乱と抵抗は、不実なイングランド人スパイが後押しをし、信用のおけないバンダ島民によって促進されたものだと、彼は信じていた。クーンは、歴史的偉業と非行（そう表現する人もいる）をおこなうよう運命づけられていた。その後十年以上がたち、VOCの東インドの事業を統括する提督となったクーンは、会社に対するそうした非礼は処罰しないではおかなかった。

2

東インドの香料のもとはいろいろである。ナツメグとメースは同じ木で一緒に生育し、木は輝く葉をした常緑樹で、ほぼ二〇メートルの高さに達する。果実は黄色で桃に似て、熟すと突然割れて小さな褐色の堅果が露出し、その堅果は赤の膜におおわれている。この堅果の果肉がナツメグで、赤い皮膜は褐色になるまで天日干しするとメースになる。クローヴはクローヴの木になる未開花の花で、この木は丘の斜面を赤味がかった新葉で一面におおう。ピンク色の蕾を手で摘み、天日干しする。成熟した木になると、年間十五キログラム以上の乾燥した蕾ができる。コショウは、黒い葉のつる性植物からとれる。この植物の実は五〇もの房をなして生育する。未熟で緑色の状態で摘まれた実は、天日干しされて黒くなる。白コショウは完熟した赤い実から作られる。シナモンとカッシアの木の内側の樹皮は香りがよく、枝から切り取り天日干しするとまるまっていく。草のような葉をした細長い多年生植物の球形状の根からはショウガがとれる。歴史的に東洋では生で食べられていたが、西洋市場に輸送するために乾燥させ粉状にしている。明るい黄色のターメリックは、同じようにショウガ科の植物の根からできる。その他、エキゾチックな香料もまた、昔からインドネシアに生育していた植物に当然のことながら起源がある。

こうしたよく知られた香料は消化を助けるものとして、また肉の保存用として使用されたが、薬、香水、食品の香りづけの主要成分ともなった。その香り成分はきわめて強力であるので、少量で悪臭を消し、使用しなければ単調であるはずの料理が生きいきしたものになる。その匂いは、雑踏する都市の悪臭、やや腐った塩漬けの肉の臭みをかえてくれる。香料はとても貴重なので通貨ともなり、そのため人殺しも起きる。ひと袋の香料は、牛や羊の小さな群れと交換されるほどであり、しかるべき結婚の持参金ともなる。香料は国王の贈り物となり、征服した将軍が捧げものとして要求し、教皇は丁重に取り分として受けとった。ローマ皇帝ティベリウスは「アジアの異国風産物」に代金を支払い、帝国の財政が枯渇したと嘆いた。紀元四〇八年、侵略してきたゴート人の王アラリクスは、三千ポンドのコショウをよこせばローマを荒らさないとした。ナツメグとショウガは疫病を寄せつけないとさえ信じられていた。何世紀ものあいだ金と銀は東に流れ、乾燥し粉になった植物が西に流れていた。

十七世紀ヨーロッパの流行を追う裕福な家庭には、香料用の飾りたてた下ろし金と貯蔵用の小さな缶があった。もちろん、スパイス・ケーキと香料のきいた砂糖漬け果実をのせるために、特別にデザインされた小さな銀の皿もあった。紳士淑女は、香料と香水の混ぜたものを詰めた匂い玉を身につけ、疫病予防と身体の臭い消しのために用いていた。オレンジやリンゴに数十のクローヴを刺し、衣裳部屋で匂いを残すのに使った。クローヴは口臭剤としてとりわけ人気があった。古代の漢代中国では、嘆願者と宮廷人は、クローヴを噛んで息を爽やかにして皇帝に謁見するのが宮廷の決まりであった。

薬種屋と内科医は香料の混合を処方し、軽重さまざまな病気の予防に用いた。ナツメグは咳止めや記憶力の改善に効くという評判があり、コショウは普通の風邪に効き、視力の改善、肝臓の痛みを和らげるとされた。クローヴは耳の痛みの治療薬となり、タマリンドは疫病に効果があった。きわめつけは、ナツメグ、メース、ショウガを含む多くの香料には媚薬効果があると広く噂された。当然ながら、こうした香料の需要は長いこと供給を上まわり、その価格は金持ち以外に特別な場合をのぞき、しばしば手の出ないものであった。歴史家J・イニス・ミラーは、『ローマ帝国の香料貿易』（一九六九年）にこう記している——「香料の多様な使用法は、文明化した人びとのあいだでは一般的で、家庭で、神殿で、公的儀式で、さらに食物やワインを保存する際に見られた。特性は薬としての効力である。乾燥させ小さくしておけば運ぶのが楽になり、その稀少価値のため国王の宝となる」。

幾世紀にもわたり、クローヴ、シナモン、コショウ、ナツメグ、ショウガを使用したほとんどの人、さらにそれらの交易にたずさわった人ですら、こうした香料の原産地がどこか、またどのように生育しているのか知らなかった。購入者や使用者がこうした匂いがよく渋い種、漿果、根、樹皮について〈知っていた〉ことのほとんどは、神話と空想の類いの話であった。有名なローマの博物学者大プリニウスは、遠方の土地、彼自身行ったこともない土地から輸送されてくると信じられていた香料が、いかに冒険にみちた方法でくるのかを説明している——「彼らが香料を運んでくるには、筏に乗り広大ないくつもの海を越えなくてはならない。筏には舵もオールもついていない。……海に必要な帆や他の助けもなく、ただ人間の精神と勇気があるだけだ。……こうした風のためにまっすぐのコースをたどり、入り海から入り海へと進む。今日、シナモンは彼らの旅の主要な目的となり、彼らに言わせれば、こうした商売にたずさわる船員たちはほぼ五年かけて戻り、その多くは死ぬ」。

マルコ・ポーロは誤った自慢をしている。シナ海の島々でクローヴが生育しているのを見た、というのだ。彼は『東方見聞録』で、「ゲッケイジュに似た葉をつけた」小型の木だという。アラブ人中間商人は、その垂涎の役割から莫大な利益を得ていたが、身の毛もよだつ話をして産地が探られないようにしていた。香料の産地は世にも怖ろしい獣が守っているとか、海は四六時中暴風が吹き荒れているとか、危険な海賊がルート沿いに潜んでいて、知らないでやってきた船を襲っては強奪し乗組員を奴隷にするなど。よくある話では、ロック鳥として知られている巨大な鳥が岩に囲まれた高い巣に住んでいて、シナモンの枝で巣づくりをする。勇猛な者だけが急峻な崖を登り、その垂涎の樹皮を手に入れようとするが、当然、ロック鳥の刃のように鋭い嘴にかかって死ぬ覚悟がいるという。香料産地へのルートには、また巨大なワニが生息しているとする別の話もある。こうした怪物は人肉がとても好きらしい。また別の話では、ルートには沼地に生息する危険なヘビがうようよしていて、旅行者は注意しないと食べられてしまうという。多くの別の空想的な獣をめぐる話は同じように、好奇心にかられた者を思いとどまらせる効果があった。市場で香料に求められる法外な値段に見合った内容である。

神話上の獣が、香料産地から東西に走る交易ルートを守っているとはいえ、その旅は長く骨の折れるものであった。もっとも望まれる香料は、極東のもっとも遠く離れた群島で産出されていた。インドネシア群島はアジア本土から南東につらなる、世界最大の群島である。一万三千の島からなり、夜空に輝く恒星のように点在し、およそ五千平方キロメートルの海域に及んでいる。赤道に接しているこの群島の気候は暑く湿潤で、その土地はしばしば火山活動があるために肥沃である。ジャワ島とスマトラ島は群島の西に位置しているが、コショウ（香料のなかでもっとも需要がある）、ショウガ、シナモン、ショウノウを生産し、香料貿易を支配するいい位置にあった。マラッカ海峡とスンダ海峡を管理下におくことができたからである。この群島第二の香料地域は、名高いモルッカ諸島である。この小さい島の五島だけが、クローヴの生育に適した土地と気候条件であった。すべては巨大な島ハルマヘラ島の西にかたまってあり、ふたつの島、テルナテ島とティドレ島のスルタンに支配されていた。数百キロメートル南に行くと、バンダ海の寂しい広がりのなかに小さなバンダ諸島があった。見つけにくいナツメグの木の唯一の生育地である。

モルッカ諸島の混沌とした騒がしい香料市場の図。17世紀の銅版画。

香料交易は、この地域では有史以前にさかのぼる。最初にヨーロッパ人の船がやってくる二千年前のことだ。ジャワ人、マレー人、中国人の船が、この初期の遠い市場にしばしばばやってきていた。ここでは地元の香料が、古代の複雑な交易網のなかで、米、綿、絹、貨幣、陶器、あるいはビーズ玉と交換されていた。需要があるため、商人たちは入念な貿易ルートを開拓した。そのルートのほとんどは、こうした小さな島々を通る海路と陸路であった。香料はスマトラ島とジャワ島という貿易の大中心地に運ばれ、そこで持ち主が変わりインドに行った。ここで香料はヒンドゥー教徒商人にわたり、彼らはアラブ人商人に転売した。アラブ商人はインド洋を西に横断してエジプトと中東に持ちこみ、結局、北にむかい地中海の縁に至った。そこでは、アレクサンドリアがこの金になる交易の最初の大中心地であった。数世紀後、この地域の商業の支配権はコンスタンチノープルに移った。そして、もちろんのこと、商品が持ち主の手を変えるたびに価格は上がった。次々に商人が自分の利益をとり、次々に政府が税金や関税をかけたからである。香料がヨーロッパに到着したころには、バンダ諸島では籠一杯の米や数枚の布で手に入ったものが、かなりの銀貨を出さなくてはならなくなっていた。

中世の数百年のあいだ、西洋の香料貿易は、都市国家ヴェネツィアに支配されていた。ヴェネツィア商人は、アレクサンドリア、ついでコンスタンチノープルの市場から他の者を締め出した。この市場では、アラブ商人がエキゾチックな商品を売りに出し、その出どころについて知っていることを隠していた。しかし一四五三年、壊滅的包囲のすえ、コンスタンチノープルはオスマントルコ人の手におち、侵入してきた軍隊による略奪がなされ、ビザンチン帝国で残っていたものも終焉を迎えた。コンスタンチノープル陥落によって、香料貿易は全面的にオスマン人の手中におち、彼らはすぐさま税金を上げ関税を増やし、実質的に〈異教徒〉のヨーロッパに香料が供給できないようにした。

しかし、十五世紀後期になって、ポルトガル人は東洋へ行く海路を発見した。アフリカ沿岸を南に進み喜望峰をまわり、多数の東アフリカの都市を制圧し、一五一〇年、インドの西海岸のゴアに植民地を建設した。数年後、ポルトガル人冒険者たちはインドネシアの都市を奪取し、そこでは土地の香料貿易を支配し管理するため要塞をそなえた居住地を建設した。まもなくポルトガルはヨーロッパでもっとも豊かな国のひとつになり、世界中に張りめぐらされた複雑な貿易網を誇っていた。しかし、成功したその時期にポルトガルの没落の因があった。国の人口がわずか二〇〇万人程度である上に、東洋香料貿易のため、ひきつづく戦争、難破、病死で多数の死者がポルトガルのわずかな男性から出た。この事業を継続するためポルトガルは外国人船員を雇ったが、彼らはすぐこの驚異的な富の知を共有するに至った。その他にも、また香料貿易にあずかりたいという者もいた。

史上最大の航海のひとつが一五一九年にはじまった。不満を抱いていたポルトガル人貴族フェルディナンド・マゼラン（フェルナン・デ・マガリャンイス）率いるスペイン遠征隊が、世界一周をなしとげたのである。南アメリカをめぐり太平洋を横断し、スペインの駐留地を香料諸島に設立したのだ。諍いはあったものの、スペイン人とポルトガル人は、数十年間、ヨーロッパでの香料貿易を独占し莫大な利益を上げていた。十六世紀中ごろ、ヨーロッパの王朝間の駆け引きの結果、神聖ローマ帝国皇帝カール五世が、ブルゴーニュ公国と北部属領だけでなく、スペイン王をも継承することになった。この北部とは、今日のベルギー、オランダ、ルクセンブルクの地域にほぼ相当する。一五四九年、これらの属領はこの皇帝支配下で自立した国家となった。一五五五年、彼が王位を退き生涯を聖職にささげようとしたとき、その広大で扱いにくい帝国を弟のフェルディナントと息子フェリペ二世のあいだで分割した。フェルディナントはもとの神聖ローマ帝国を支配し、フェリペはスペインと新たにつくられたスペイン領オランダの国王となった。この地域公認の強力な都市は、スペイン王家の繁栄にとって欠くことのできないものであった。一五八〇年、フェリペはポルトガルを併合し、この張り合う国家はひとつの王家とひとつの香料独占権のもとに統合された。

プロテスタント宗教改革によって、居心地のよいこの取り決めは中断した。一五六七年、国王フェリペは冷酷なアルバ公とスペイン兵の軍隊をネーデルラントに派遣し、反乱を鎮圧し、低地地方の各都市にあらたに一連の税を課した。一五六八年二月十六日、異端審問所は、わずかな例外はあるもののネーデルラントの三百万市民全員を異端とし、それゆえ死刑に処すと宣言した。そこでフェリペは、アルバに異端審問所の判決を実施せよと命じた。低地地方の各都市は、財政的負担、アルバの残忍な虐殺、ロープ、火、剣による数千の市民の処刑にいらだっていたので、蜂起し反乱を起こした。スペイン人は「残忍で、血に飢えたよそ者の抑圧者」であると宣告し、人びとはオラニエ公ウィレム三世の指揮のもとに集結した。スペイン支配は南部オランダでもっとも強力であったので、ほとんどの指導的な商人と資本家階級は、スペインとカトリックの支配からの経済的・宗教的難民として、この混乱期に北にのがれた。

富と知のこの移動でいちばん恩恵を受けたのは、都市アムステルダムである。十六世紀後半の数十年間、スペイン軍と反乱軍は決定打のないまま衝突をかさね、事実上、アントウェルペン港が閉鎖され、それとともにポルトガルが商業的に北ヨーロッパに接近できなくなった。アムステルダム商人はリスボン（リスボア）に船を出し、一五九五年まで香料を獲得していたのだが、この年、国王フェリペは、オランダ商人に対してリスボンを封鎖し、かくしてヨーロッパの香料の中心地が閉鎖された。このように、リスボンが閉鎖されたことによって、北ヨーロッパ最大の貿易中心地のひとつになろうとしている都市アムステルダムの商人には、みずから東洋へ航海しようという動機が生まれた。

3

一五九二年のこと。ヤン・ホイフェン・ヴァン・リンスホーテンというオランダ人旅行家が、十一年にわたる旅から帰国した。ポルトガル人商人につかえ、東インド全域をめぐってきた。「わたしの心は、日夜、遥かかなたの土地への航海を憧れていた」と感慨にふけっていた。一五九六年、彼は紀行文『東方案内記』を完成し出版した。インドとインドネシアの住民と産物の詳細な案内書である。『東方案内記』は、ポルトガルの貿易網がもたらす富、土地の王国、その習慣と利益、彼らが望む品物と彼らが貿易する品物にいたるルートの地図からなっていた。つまり、この地域に不案内の商人用の〈ロンリー・プラネット〉(旅行ガイドブックの名称)といってもよい商業的案内書であった。このなかでファン・リンスホーテンは、はじめてクローヴ、ナツメグ、メース、シナモン、その他の香料の原産地について説明をした。それに加え、香料が日常的にどのように使用されているかをめぐり、面白い所見を述べている。

彼が記録していることによれば、「インド女性は、多くのクローヴを噛んでいるので、そのため息が香ばしい。そこに住むポルトガル人妻は、いまではそれを使いはじめている」という。ナツメグとメースに関しては、「この果実は、まったく大きな丸い桃のようで、その内部がナツメグである。……このアップルの実は、多くの場合、まるごと砂糖に漬けて保存され、インド全域に運ばれ高く評価されている」としている。この彷徨うオランダ人は、香料がどれほど大きな利益を生むかを説明している。これらが驚嘆すべきモノであることを、まだ疑っている人がいることを配慮してのことだ。

歴史家ベルナルト・フレッケは、その著書『ヌサンタラ——インドネシアの歴史』(一九四三年)でこう記している——「リンスホーテンが公然と認めていることだが、またおそらく多くの者が同じ情報をもたらしているのだが、東洋のポルトガル帝国は、腐り、朽ち、ぐらついていて、その機構はちょっと打撃を与えれば崩れるだろう。あるいは比喩を変えれば、熟したとてもいいプラムにほかならない」。遊んでいる資本がどっさりとあり、独立のためにスペイン戦をおこなっているオランダ人商人にとって、これは格好の知らせであった。絶好の好機だと思った。ポルトガルの力が衰えているのだ。

たとえば、オランダ商人は地元遠征隊を結成して、自分たちで香料に近づこうとした。ポルトガルの冒険的事業は国王に命じられ援助を受けていたが、それとは異なり、オランダ商人の場合は私的投資家が基金を出した独立企業であった。このうち九つの企業は、一五九四年、ポルトガル人の独占やスペインとポルトガルのあいだで結ばれたトルデシリャス条約を支持する教皇令をものともせず、〈遠隔地用会社〉を組織するように策動した。この条約は世界をふたつの主権領域に分け、ひとつはスペインのもの、もうひとつはポルトガルのものとしていたのである。

四隻の船による最初の航海は、コルネリス・ド・ハウトマンという商人によって率いられていた。彼は、しばらくポルトガルに生活した経験があり、主要な投資家のひとりと関係があった。ド・ハウトマンは、何をしでかすかわからない、誤りの多い危険な指導者であった。つまり、船団の一隻は沈没し、二四九名のうち一四五名の船員が死に、ド・ハウトマンは上陸した場所がどこであれ、土地の貿易業者を侮辱した。彼は地図をまったく持たず、取引きする商品の種類も貧弱なものであった。たとえば、ずっしりした毛織物や毛布であった。そのため、彼を熱狂的に受けいれたのはマレーの貿易商の方で、彼らは彼がポルトガル人とスペイン人に競争を挑んだことを喜んでいた。ポルトガル人とスペイン人は高圧的で残忍であることで有名であり、公然と地元の宗教に敵対的態度をとっていたからだ。ド・ハウトマンは、役員らに命ぜられ、オランダに戻らざるをえなかった。たとえ、モルッカ諸島にたどりつかなくてもよいとしたのだが、彼はわずかな香料の積荷を確保し、その遠征はアムステルダムで成功として迎えられた。

投資家たちはたちまち、香料でいっぱいの積荷が確保できる大きな可能性のあることを知った。彼らは新たに会社を立ちあげた。その裏付けとなったのが、ヤン・ホイフェン・ヴァン・リンスホーテンが最近出版した『東方案内記』に詳しく記した航海と土地の慣習をめぐる大量の実際に役立つ助言と、ハウトマンの生き残った乗組員たちの経験であった。新しい指揮官はヤコブ・コルネリスゾーン・ファン・ネックになり、遠征に出る七隻の船は武装することになった。これらは、ポルトガル人からは歓迎されないと予測された。ファン・ネックは穏健で外交的な貿易商で、船団が香料諸島全域のどこに立ち寄ろうと、友好関係を結んだ。彼は香料、とりわけコショウを満載した船荷をたずさえて戻ってきた。そのため、投資された資本に驚愕の四〇〇パーセントの報酬がもたらされ、この競争はつづいた。一五九八年ごろには、別々の貿易会社五社が香料獲得にむけ二二隻の船を出航させていた。東インドの行く先々でその会社は、みずからがポルトガルの敵であると名乗り、その結果、島民たちにあたたかく迎えられた。数年のうちに、多数のオランダ貿易会社の船乗りと商人はほぼすべての海岸を探索し、この地域のすべての港を訪れていた。一六〇一年だけでも、六五隻のオランダ船が香料諸島をめざして出航していた。

オランダ商人は大いに成功し、群れをなして活動してポルトガル貿易商を圧倒したので、彼らは相互に競争をはじめた。ヨーロッパでは香料の価格を下げ、東インドでは引き上げた。いまや心配した投資家たちは、単純であるが効果的な解決策に行きついた。つまり、彼らはひとつの会社をつくり、自分たちのあいだで競争を制限し、その努力を結集してポルトガル人とスペイン人に対抗しようとした。アムステルダム商人は、ネーデルラント連邦共和国の各州を代表する統治体である〈オランダ議会《スターテン・ヘネラール》〉に接近し、自分たちだけに独占権を許可するよう要請し、他のオランダの都市と州の商人を排除しようとした。数年間、オランダ議会は、いろいろな州の商人に助言し、激しい競争をやめて共通の敵に対抗するように指導していた。しかし、その警告は激しい反対にあった。各地域はその独立を失うことを懸念したのである。しかし、幾度にもわたる交渉のすえ、一六〇二年三月二〇日、オランダ東インド会社（VOC）が、オランダ議会の後援、指導、および強制のもとに設立された。この会社は、東インド貿易のすべてにわたり、二一年間、独占権を保持することになった。

この新会社を統括する役の〈十七人会〉は、定期的にアムステルダムの事務所で会合をもった。八人はアムステルダム市政の代表者で、四人はミデルブルフから迎えられ、ひとりずつがエンクホイゼン、ホールン、デルフト、ロッテルダムの各市出身であった。

残る取締役はアムステルダム以外の市から輪番制でひとりずつ選挙されたので、ネーデルラント最大の商業中心地であるアムステルダムそれ自体は、多数票と決定権を保持できなかった。理論上では、オランダ市民は株主になれたが、すぐにこの企業全体は少数の力のある商人によって支配され、資本投資は各航海に対してではなく、十年を期間としてなされた。世界初の〈株式会社〉であるこの企業は、まさに十七世紀世界最大の単一商業企業になろうとしていた。新規公募後数日で、そして最初の株主がその株への配当を受ける前であったにもかかわらず、株は十七パーセントの割増金がつき、アムステルダム株式取引所で取引きされた。

もっと重要なことがある。この新しい独占企業に、東方貿易に対する諸権力が認められたのである。それは通例、商人の本分ではなかった。それは、ネーデルラント連邦共和国政府の直接的支配を受けずに活動する私的商業法人になることであるが、その政府の名のもとに決定をする権威を持つことになった。VOCは、オランダ議会の名のもとに条約を締結することができ、戦争もしくは和平を宣言し、要塞建築や大砲を装備することができた。軍隊を雇い植民地をつくり、裁判をおこない法の制定をすることも、自身の通貨を発行することも可能であった。その貨幣は国家や首長の象徴が刻印されてはおらず、会社の印が刻印されていた。VOCは、本質的に国家内の国家として活動をすることになった。その後、数年して、ポルトガル人にならいアフリカを迂回する道を講じ、香料貿易の支配をめぐり彼らと戦闘をし、そのかつての敵に取って代わったのである。歴史家のフィリップ・D・カーティンは、皮肉っぽくこう解説している――「VOCは、その貿易品より重要な軍隊からはじまった。資本主義的貿易企業というより、海賊行為目的の企業連合で、アジアにおけるポルトガル人の権力を標的にし、政府の利益に支配されていたが、納税者よりもむしろ投資家から資金調達をしていた」。

VOCの最初の艦隊がアムステルダムを出航したのは一六〇三年十二月十八日であった。貿易をするだけでなく、可能ならポルトガル船と要塞を攻撃せよと命令を受けていた。ポルトガル人に対するVOCの仮借なき攻撃は、比較的難なく急速に進行し、会社は貿易も戦争も同じように活発に遂行した。〈十七人会〉発足後、最初の数年間が経過すると、送り出したVOC船の積荷は、貿易品と銀塊と、銃と弾薬の重さが等しくなった。VOC船がポルトガルのガレオン船と衝突すると、オランダ人はほとんどいつも勝利を手にした。一六〇五年、VOCは、アンボンのポルトガル要塞を占領した。最初の領土獲得である。そして、その征服は敏速につづけられた。数年たつと、このオランダ会社はアラビアから日本までの東洋全域に手をのばし、貿易貯蔵庫、要塞、そして工場からなる広大なネットワークができた。その多くはポルトガル人から奪ったものであり、ポルトガル人はこの暴力的攻撃を受けて後退した。しかし、間もなくVOCは、故国により近いところでの競争に直面した。帝国スペインに対抗してかつては同盟国として戦ったイングランドとの競争である。

イングランド商人は国王の同意を得て、一六〇〇年十二月、東インド会社を設立していた。VOCの設立より二年早かった。しかしイングランド商人は、オランダよりも悠長なペースで香料を追求し、資本も少なかった。船舶と乗組員が少なく、融資も乏しかった彼らはそうせざるをえず、彼らがいないので東インド会社のオランダ人貿易商は、この地域全域に大砲を乱射しながら群がった。その目的はというと、ポルトガル人を根絶やしにすることだけでなく、地元の貿易ネットワークを彼らの独占の檻に入れなおすことでもあった。

彼らは他の競争相手、たとえばイングランド人に対し容赦がなかった。バンタンのイングランド人商人であったエドマンド・スコットは、一六〇四年二月、こう記している――「風がどちらに吹こうとも、彼らは船を出してそちらへくる。東からでも西からでも。だから、彼らは、木になっているコショウを持ち去りたいと思っていると考えてもおかしくはないだろう」。

イングランド人貿易商は香料の入手が困難であった。なぜなら、オランダ会社がそれをまず集めたからである。そこでイングランド人はオランダ会社の船を尾行し、VOCの倉庫にそって工場を建てはじめた。オランダ人は、イングランド人商人を侵入者で自分たちの独占を侵害する存在とみなし、最初から彼らには敵対的であった。ヨーロッパでは平和が訪れた時期であったが、すぐにこのふたつの国の会社の従業員たちは、たがいに鉄砲を射ちあうことになる。VOCの二一年間にわたる最初の独占が終わるずっと以前に、その船舶は世界中のすべての主要な海軍国と海戦状態にあった。

何回かの挫折があった。スペイン人やポルトル人を完全に追い出すことができ、しだいにイングランド貿易商の存在が目につくようになる一方で、進行中の軍事的活動にかかる巨額の費用に耐えなくてはならなかった。こうした経験のあと〈十七人会〉は、もしこの地域の貿易商がその独占権と、それから手に入るだろう莫大な利益を得ようというのなら、この地域ではもっと協調した活動をする必要があると認識した。〈十七人会〉は、バンタムの運営協議会（今日、インディアス枢機会議と呼ばれる）を、VOCの香料問題を統括する中心的権威として再構築し、新しい役職をつくった。つまり総督である。彼は、東インドでの会社の活動全体を支配するゆるぎない権威を持つことになった。東洋で多年にわたり経験をつんだ貿易商であったピーテル・ボスが、このそびえ立つ地位に選ばれた最初の人物であった。彼は、一六一〇年十二月、バンタムに一団の植民者とともに到着した。そこには工芸家、事務員、貿易商、職工、そして三六人の女性が含まれていた。ボスはまた、ヤン・ピーテルスゾーン・クーンをつれていた。クーンは、東インドへは二度目の航海であり、上級貿易商として、またボスの助手の役割を担っていた。東インドの商人の世界がひどい闘争に見舞われたのを目撃したクーンは、大きな機会がひらけるのを予測していた。つまり、復讐と利益の機会とであった。

4

肖像画の男は、こちらをじっと見つめている。融通がきかず独善的で、憤りを感じているようだ。めかして手入れのいきとどいたヤン・ピーテルスゾーン・クーンは、欠点のない身づくろいをしている。クリームを塗った髪からきちんと刈りこんだ短くとがった顎ひげまで、巻かれた口ひげから高価な衣服までがそうだ。身に着けた刺繍のほどこされたダブレットは、縫い目の周囲に細かな縁取りのある松毬《ペーズリー》模様がつけられている。首のひだ襟は糊がきいてぴんとしており、すっくと立つ彼には王者の風貌といったものがある。他方、彼の左手は剣の柄をつかんでいる。細みの野心的な顔で目立つのは、大きな鉤鼻とほんの少しのユーモアも活気も見せることのない目である。目はもっともきわ立った特徴である。温かみ、寛大さ、人間味、あるいは思いやりをほのめかすことはない。小石のように固く輝いている。全体としてこの絵からは、ユーモアに欠けた傲慢さの印象を受ける。クーンは仮借のない人物であり、苛酷な時代を生きた。生涯に数々の出来事が起こり、最優先の競争があった。そのためか、彼にあったもっと多くの思いやりのある特性が押し殺されてしまったのだ。

あるときのことクーンは、あずかっていた十二歳のサラ・スペックスが、自分の家で十五歳の兵士の腕に抱かれているのを目にした。サラの父は短期間ネーデルラントに戻っていたので、かわりにその養育にあたっていた。クーンは、その特徴である驚愕するほどの不人情な行為におよんだ。兵士は公開処刑で首を刎ねた。サラには公開での鞭打ちを課した。これは、クーンの最初の意向からすれば執行猶予であった。サラを樽のなかに入れ、溺れさせようとしていたのだから。『東方における対抗する交易帝国――一六〇〇

〜一八〇〇年』の著者で歴史家のホールデン・ファーバーはこう記している——「目的一点ばりで、個人の富に野心を持ち、人間的苦悩を平気で無視する、こうした点で、クーンはのちの十九世紀にアフリカで帝国を建設した者たちによく似ていた」。

クーンと仲間関係にある者たちは、彼の厳格な宣告を怖れるようになっていた。彼は自分の部下からも嫌われていた。仕事以外のことにもほとんど寛容ではなく、敵を打ち負かす彼は、こうした必須の性格を他人が持たないのは当人の弱点と見ていた。彼は土地の人びとを軽蔑し、恥ずべき堕落した存在で信用に値しないと考えていたが、彼はまた、自分の国の者を不愉快に思い、アルコール類を愛好していること、女性植民者のある者の厳しさに欠ける道徳心を恥としていた。クーンは野心家で、最大の利益に役立つものでなければ、他人の情のある意見や行動を恥ずかしげもなく中傷した。彼は誰かまわず、ひとりだけが勝利者となる死戦をくりひろげ譲らないように見えた。挑戦者はことごとく叩き潰さなくてはならず、あらゆる契約書は忠実に履行しなくてはならなかった。必要とあらば、力ずくで。暴力の行使はVOCを繁栄に導く唯一の途であると、クーンはまちがいなく信じていた。会計士の訓練を受けていた彼は、最高の戦術家であり、冷徹な絶対的指導者であった。

一五八七年一月八日、ホールン近くのトウィスク村（ゾイデル海に面した小さな共同体）に誕生したクーンは、十分な教育を受けていた。十三歳のとき、両親は彼をローマに送った。その地で彼をオランダ商人ヨースト・デ・フィッシェル（ユストゥス・ペスカトーレ）のもとで職につけるためであった。この商人は、そこに住み貿易業をいとなんでいた遠縁であったのであろう。彼は簿記と一般会計を学んだ。いくらかのイタリア語、スペイン語、ポルトガル語、フランス語、ラテン語を学んだことはいうまでもない。

一六〇七年、彼は下級商人として、VOCの第四次船隊と共に出航した。フェルフーフェン率いるこの船隊は、力づくで強引に香料諸島、とりわけモルッカ諸島でクローヴとナツメグの独占を確保せよという命を受けていた。クーンが目撃したのは、こうした野心的目標の失敗、フェルフーフェンの殺害、バンダ諸島住民に手を貸しオランダ人を攻撃したイングランド人の過失と彼が信じる出来事であった。一六〇九年、フェルフーフェンの悲惨な遠征を経験し、若い彼の持論は硬化し不信と憎しみは固まった。こうした出来事を決して忘れなかったので、それによってその後の彼の行動は影響を受けた。

例の悲惨な航海のあとクーンは、一六一〇年にネーデルラントに戻った。率直な行動と会社の作戦を鋭敏に分析できたので、彼は上役の者たちから信頼を得た。一六一二年、上級商人への昇進を受けた彼は、二隻の船をまかされ、新任の総督ピーテル・ボスの側近として出帆した。香料諸島のVOC保有地を巡航旅行してみて、ボスはクーンが熱心で献身的で、会社の作戦行動を明確に理解しているという印象を持つ。ボスは彼を帳簿係主任にして、バンタムでの取引き管理者に任命した。ここで二八歳のクーンは、その有名な論文を書いた。会社の仕事をめぐる報告書「インド情勢論」で、これによって彼は抜擢され、さらなる昇進をとげたが、これを一六一四年、〈十七人会〉に提出した。同年、〈十七人会〉は彼を長官の地位に昇進させた。香料類を取り扱う第二の地位である。

VOCが直面した諸問題に対しクーンがおこなった分析は、明快にして適切であり、残酷であっても論理的な結論があった。つまり、香料貿易はネーデルラントの経済的繁栄にとって不可欠であるというものである。利益は、会社とネーデルラント連邦共和国に益をもたらしただけでなく、その利得は同時に、敵国スペインの繁栄に損害を与え、それゆえ低地地方を支配するスペインの軍事力を弱めた。クーンによれば、ＶＯＣは香料諸島にいる正当な権利を有しているという。それは、その領土の多くを征服によって獲得し、ポルトガル人とスペイン人の侵略から防衛したからである。さらに、ＶＯＣの独占権は昔の教皇の布告によるのではなく、インドネシアの多様な国家、とりわけテルナテ島、バンダ諸島、アンボン島の国家との、正式の合法的条約にもとづいていた。香料はこれらの地域に豊富に生育しているので、供給が不足することはなかった。したがって、イングランド人との競争は我慢がならなかった。この競争のためヨーロッパでの価格が下がり、事業が儲からなくなるからであった。

香料の供給は、事業全体を存続させるように制限しなくてはならなかった。クーンは、この地域全域で会社の活動を広く拡大すべしと主張していた。もちろんのこと、同時にクローヴ、メース、ナツメグ（これらは、原産地域が孤立していたので、独占できる唯一のもの）に対するＶＯＣの独占権を、人工的に供給を制限し価格をつり上げておくため、情け容赦なく実施しなくてはならないと主張した。強力な会社の艦隊を招集し、ポルトガル人とスペイン人の残る保有地への攻撃を完了させ、フィリピン諸島にいる彼らをマニラで、中国にいる彼らをマカオで攻撃すべきである。最後に、奴隷労働者同様に、オランダ人植民者は、会社の離れたところにある交易前哨地に移住させなければならない。ＶＯＣが自己の立場を固め、その競争者が一掃されたとき、現地の支配者たちは仕方なく契約を尊重し、ＶＯＣとだけ言いなりのまま取引きをするだろう。そうなってはじめて、ＶＯＣは安定し、確実に厖大で持続する利益を生むことができよう、そうクーンは主張した。

これは不合理なほど野心的な構想であり、面白いほど規模の大きなものであった。〈十七人会〉は、それを保証するには必要な、特に指示はないがかんばしくはない暴力に目をつぶり、この夢中にさせる事業計画の株主になった。彼らはいまや、ヨーロッパ・アジア貿易だけでなく、アジアの島々のあいだの海運業をも支配する夢を抱くようになった。ここでこそ最大限の利益が得られる。「なぜなら、こうしたアジアの国々は、人口、物資消費、勤勉がヨーロッパよりまさっているからである」。クーンによれば、利益と安定への唯一の途は、会社の敵を制圧し、香料類の生産に規制をかけ、ヨーロッパだけでなく、全世界でそれを販売することだということであった。クーンのあっといわせる構想を実現しようとしたら、VOCは、ネーデルラント、あるいはヨーロッパよりもはるかに偉大な古くからの伝統と経済を持つ何百万もの人びとの交易を統制し支配しなくてはならなかった。『ヌサンタラ――インドネシアの歴史』で著者ベルナルト・フレッケは、こう記している――「この体制では、ペルシャ産の絹、インド産の綿布、セイロン産のシナモン、中国産の磁器、そして日本産の銅は、モルッカ諸島産の香料とチモール産の白檀と交換され、しかもVOCの役人によって監督される」。VOCは、巨大な網、つまり誰もいまだ訪れたことのない遠い土地の浜にまでのびたより糸にまたがったクモのように、広大で人口の多い地域全体の商業活動をすべて統括することになろう。もちろん、そこから上がる利益は、世界のもう一方の端に位置する小さなネーデルラントの投資家に戻ることになる。

しかし、クーンの画期的な提案を実施する前に、多くの仕事をしなくてはならなかった。その一方でクーンは、バンタム島の基地と主要な管理センターであったアンボンからおこなわれる会社の業務活動を合理化し専門職化しようと努力した。その間、彼はまた、VOCの独占にあえて挑戦しようとする者に対しては、できるだけ個人的闘いをした。彼は、依然として従属的な立場にあったからだ。クーンは、利益が自分の手からこぼれてしまうのを見ると腹が立ったが、まだVOCの契約を強制する立場にはなかった。

この間、彼がつかえていた総督は、一六一五年十二月までヘラールト・レインストとピーテル・ボスで、次いでラウレンス・レアエルであったが、クーンからしてみれば、あまりにも寛大で愛想がよすぎ、イングランド人と協力したり、地元の支配者と住民の権利と伝統を尊重していた。

クーンは、とりわけイングランド東インド会社の貿易業者を軽蔑し、香料獲得の彼らの努力を可能な限り挫折させようとした。一六一三年に起こったある事例をあげる。ジョン・ジャーディン率いるイングランド東インド会社の遠征隊が、クローヴ貿易のためアンボンに巡航してきたとき、ジャーディンは地元民からクローヴを購入するのではなく、それよりやや安くオランダ人から仕入れたいという自分の提案に対しクーンのした返事にショックを受けた。クーンはきっぱりと断り、彼に島を放棄するよう命じたのだ。それは、VOCが「この島に生育する」クローヴすべてに対し契約を取りつけたからだという。クーンはジャーディンに書簡で、「地元民とクローヴ取引きをしないよう」に告げた。それから彼は地元の村々に、もしイングランド人と取引きすれば攻撃して住居を焼くと通告した。

ジャーディンが地元民を説得できず、みずからクーンに会いに出向いたとき、この若く見えるオランダ人は、イングランド指揮官に大股に歩き会いにきた。当然のこと、傲慢なこのふたりはたちまち相手を嫌った。互いに、「怒って」侮辱しあった。ジャーディンはこの若いクーンのわずかばかりの顎鬚をあざけり、イングランド側の報告によると、「あらん限りを尽くし、彼の努力を挫折させようとした。なぜなら、彼が成功すれば、そこにいるわれわれはすべておしまいになるからであった」。しかしながら、敗北を認めたジャーディンは、クローヴを積まずに出航して去った。イングランド会社の収益を奪うことが、VOCのために収益をあげることと同じほど重要であると、クーンはわかっていた。

クーンがとりわけ関心を持っていたのは、バンダ群島におけるナツメグ独占権を確保することであった。この任務は実現可能であるとわかっていた。群島が遠方に位置し、規模が小さく、この貴重な香料の世界唯一の産地であったからだ。しかしイングランド会社もまた、バンダ群島にいくつも計画を持っていた。その辺鄙な群島のうちアイ島とラン島は、VOCと独占同意書に署名しておらず、イングランド人商人と自由に取引きをしていた。

一六一五年、総督ヘラールト・レインストは千人以上の会社軍をアイ島に率いて行ったが、バンダ島民に撃退された。島民は、イングランド会社の軍隊から銃をもらい訓練されていたのである。その結果、VOCは大敗北を喫し、この島から退却した。レインストは数ヵ月後に死去し、屈辱から立ち直れないままとなった。クーンは〈十七人会〉に手紙を何通も送付し、いきまくって、イングランド人は「われわれが種を撒いた物を刈り取りたいと思い、思いのままそうすることができると自慢している。彼らの国王が、ネーデルラント国に対し支配権を有しているからだとしている」と述べた。彼はまたこう報告している――「間違いなく、もし最初期の段階で大きな資本を送っていただけなければ、……インド貿易全体が無に帰すことでしょう」。翌年、VOCはさらに大きな艦隊をこの島に送り、島を占拠せんとした。クーンは、島民の防衛を援助していたイングランド会社の軍隊に一通の手紙を出した。その手紙でクーンは「もし、人が惨殺されても、……こちらに過失はない」と主張した。イングランド会社は脅え、島と島民を放棄し、クーンとVOCの残忍で息もつけない包囲に屈した。

VOCのアイ島征服によって会社の支配をのがれているのは、唯一のナツメグ産出の島、ラン島だけとなった。この島に、クーンの怒りの矛先がむけられた。たとえネーデルラントとイングランドがヨーロッパでは和平を結んでいても、ふたつの東インド会社はアジアでは交戦状態にあり、クーンは最終的征服にむけた計画をねりはじめた。彼はアムステルダムにいる上司にむけて、へりくだった文書を書いた――「昼夜を問わず、あなたの家に尊大な泥棒が入り、強盗や他の犯罪をものともしないとしたら、〈虐待〉に訴えることなく、どのようにあなたの財産を守りますか。こうしたことを、イングランド人はモルッカ諸島のあなたに対しておこなっているのです。したがって、彼らに身体的害を及ぼすことのないようにというあなたの指示を受け、われわれは驚いています。もしイングランド人に、他のどの国民に対してもこうした特権があるなら、イングランド人であることは素敵なことにちがいありません」。

〈十七人会〉には、クーンの構想に共感し、それにかかる代価をものともしない者たちがいた。結局、その代価は別の者が支払うものであったからだ。クーンが冷静に壮大な計画を設計するまでは、VOCの重役たちは通常のやり方で稼ぐことに満足していた。つまり、通商と貿易とであった。クーンは論理的かつ情熱的にその提案を説明したので、会社の遠方から活動をみる枠組が変化した。この活動はネーデルラントの市民と政府から遠くはなれ、細かく調べることができなかった。そこにいる誰が、会社がヨーロッパで行動を規制する慣習と法とに責任を持つようにするだろうか。クーンは、その厳密なカルヴァン主義的道徳観と保守的気質ゆえに、健全な環境のもとでの企業体が持つ以上の大きな関心を他人事に対して持った。クーンは人を支配し、おまけに金持ちになりたかった。意志力、ひたむきな目的、偏狭な考え、正しい確信、説得力のある欲望によって、彼はVOCの業務活動を、彼の憎しみと復讐の欲望に一致させることができた。

一六一七年十月、クーンは機会を得て、彼の計画のいくつかを実行した。〈十七人会〉はなかなか彼の流血の構想に応じようとしなかったが、彼の報告と行動を見ると、非凡な才能と意志力、決断力が感じられた。当時の総督ラウレンス・レアエルは、ヘラールト・レインストの後を引き継いだ洒落男で、支払われる給与が低いことに抗議して辞任した。そのとき当然のこと、クーンが東洋の作戦活動の新しいトップに選ばれた。選んだのは、とりわけVOCの儲けを確保し安定化する、より意欲的な政策に賛同していた者たちであった。一六一八年四月三〇日、クーンは弱冠三一歳で指揮をとった。アムステルダムから受けた最初の命令は、行動を要請していた――「なにかを大規模に、敵に対してなさなくてはならない。バンダ島の住民は殺したり、土地から追い出さなくてはならない。そしてもし必要なら、この国の木と薮を根絶やしにし、砂漠に変えなくてはならない」。

VOCの貿易を拡大し、香料の独占権を確保するための構想を抱いてから四年後、クーンはその計画を実行に移した。とうとう彼は自由裁量権を得て、長年の確信をほしいままにすることができた。つまり、暴力は利益に必要だということである。彼は〈十七人会〉にこう手紙を書いた――「閣下方は経験からご存知と思いますが、アジアの貿易は、閣下方の武器の保護と好意のもと実施し維持しなくてはなりませんし、その武器は、貿易から得られる利益によって代価を支払うことになります。その結果、われわれは戦争せずして貿易は遂行できませんし、貿易せずして戦争はできません」。

5

〈十七人会〉が、東インドで作戦活動を実施するために、新しい総督としてクーンを指名したとき、V

OCは依然、不安定な基盤のうえにあった。十年間以上にわたる戦争のあいだ、そしてその貿易独占権を保証する数々の協定を締結したあとで、オランダ人貿易業者の多くはその宿主を追いつめすぎた。彼らは主人役の文化的・宗教的伝統を容認しようとはせず、他の者には無礼三昧で、たえず喧嘩をしては物議をかもしていた。たとえば、イングランド人や中国人と口論をしていた。VOCの商人や船に攻撃がしかけられたりした。アンボンとバンダ島にいた他の国の人びとは、署名した独占同意書を無視しつづけ、ひそかにイングランド人、中国人、マレー人の商人たちと交易をしていた。スペイン人とポルトガル人の開拓者がVOCの船からのがれ、イングランド東インド会社の要塞に保護を求めた一六一八年、そのためにオランダとイングランドの会社間の脆弱な和平に亀裂が生じ、両者は通りで互いに小競り合いをはじめた。クーンは彼の撒いた混乱の種を自慢しながら、詳しく説明している――「ある日、彼らは武装してバンダに船でやってきて復讐をすると脅し、その翌日には、海でわれわれの船を攻撃すると言っている。彼らは、故国の海峡で報復することすら期していて、われわれの頭を割ろうとしている。日々、彼らは新たな脅威に出会い、そのことから彼らは完全に混乱していることがわかる」。平和的な商売をしようというふりすら、もはやない。

クーンは、いつもバンタムを嫌っていた。その空気が鼻につき臭いからで、だからバンタムのスルタンが、彼にその土地でイングランド人との喧嘩はやめるように命じたとき、彼は拠点をバンタムから、同じ海岸を八〇キロメートル東に行ったジャカルタという小さな町に移した。この土地で彼は、そこの実力者から歓迎された。しかしクーンはそこに行くと間もなく、この都市のイングランドの小さな工場を焼き打ちし破壊するよう命じた。期せずしてそのとき、トーマス・デイル卿率いるイングランド東インド会社の艦隊が到着した。彼は艦隊のうちの十一隻に、クーンの七隻の船を港に封じ込めるように命じ、クーンに降伏を要求した。人数的に劣勢だったが、クーンは拒絶。数日間にらみ合いがつづいたのち、一六一九年一月二日、双方の会社の船のあいだで海戦がはじまった。

船はジャカルタの前面で戦闘態勢をとって整列し、相互にそっと動いては「残酷な流血の戦闘」がくり広げられた。このインドネシアの港ではすべての船舶の航行が停止し、何千もの大砲が轟音を発し、つんと鼻をつく煙が大気を覆い、飛び散った木片に数百人が引き裂かれ、飛んでくるぶどう弾にめちゃめちゃにされ、索具にいる狙撃兵から狙い撃たれた。夜になり艦隊が戦闘をやめると、イングランド会社の艦隊が、VOCの船を打ち負かしていることがはっきりした。その晩、クーンは船長たちを呼び集め会議をひらき、彼らの弱い立場、つまり壊された船、多数の死傷者、使い果たした弾薬の備蓄について議論した。翌朝、さらに三隻のイングランド会社の船が到着したとき、クーンは歯ぎしりをして、ジャカルタ工場にいる部下にその倉庫を死守せよと命じ、ついで憎い敵の優越した戦力を前にして、彼の船に退却を命じた。いまだかつて、彼のしたことのないことであった。

ひどく損害を受けた彼の艦隊は、帆を上げモルッカ諸島にむかった。そこで彼は、もっと強力な艦隊の再編を画した。そこに集結する船は、その地域全体の多くの彼の交易貨物集散地に配置された船舶である。失敗に苦い顔をして、クーンは船室に戻った。骨ばった手に羽ペンを握り、彼は〈十七人会〉に一通の手紙を一気に書きあげた。部下、船、そして武器を十分に用意してくれなかったことに対して、彼らを厳しく叱責する内容であった。彼のこうした辛辣な書簡の背後に、不遜な姿勢を読みとることはむずかしくない――「さて、いまや、何が起こったかおわかりになるでしょう。……誓って申しあげるが、いかなる敵も、わが大義に対し、あなた方のあいだにある無知と愚かしさ以上の害をなすことはありません、みなさん」。こう彼は、上司たちにむかって書いた。

しかし、それからクーンにとって事態は好転した。無責任で散漫であり、独立心のつよい艦隊の船長たちを束ねることができなかったトーマス・デイル卿は、クーンの逃亡をゆるし要塞攻撃に失敗した。デイルは、打ち砕かれたクーンの艦隊で残った者を追いつめることはなかった。彼はインドの海岸をめざし、そこで数ヵ月後に病死した。かつては手におえなかったイングランド東インド会社の艦隊はちりぢりになった。理由の一端は、イングランド会社の厄介な統治体制にあった。デイルの艦隊は本当の意味で彼の命令下にはなかった。彼は説得する以外に手がなかったのである。それは、各船長が彼自身の遠征で起こる利益、もしくは損失に責任があり、上位の、もしくは協力する法人の命令もなければ長期的な融資もなかった。

うまくイングランドの攻撃者から離れ、三月二日、VOC守備隊の者たちは、その小さな要塞を「バタヴィア」と名づけることにきめた。「古代、オランダがそう呼ばれていたのだ」。五月、クーンは意気揚々とジャカルタに戻ってきた。イングランド会社のぶざまで分散した統治機構などものともしない、と言わんばかりであった。新たな千人の部隊をもって行進させ、要塞に入場させるや、彼は五月二八日、彼らに対し攻撃命令を出した。この予期せぬ裏切りに驚愕した土地の実力者はクーンの部隊を防ぐことができなかった。クーンは三千人のこの町を征服し、建物のほとんどを焼き払い、土地を押収してVOCのものにした。ついで彼は、熟知した伝統的なオランダ様式にのっとり、新植民地建設の設計図を描きあげた。

クーンはバタヴィアの名をこの新しい植民地にとっておいた。ここは強固な石づくりの要塞で、周囲

バタヴィア（今日のジャカルタ）の有名な港は、ヤン・ピーテルスゾーン・クーンによって、1619年に建設された。彼は、VOCの本部が設置されていたバンタムの鼻につく臭い空気を軽蔑していたからである。

には碁盤目状の通り、水路、橋があった。「これらの土地の王はすべて、わが植民地をジャカルタに建設することの意味も、その後に起こることも十分にわかっている。それは、ヨーロッパのもっとも賢明でもっとも先見の明のある政治家がそうであるように」と彼は自慢した。それから彼は、イングランド会社の船団に対し攻撃を強行した。この船団はいまやちりぢりになり、小さないくつかの集団となっていた。こうした船団を打ち負かし、七隻を拿捕し自分のものとして使用した。その結果、インドネシアでイングランド会社が試みたＶＯＣへの挑戦に終止符が打たれた。彼は「まぎれもなく、この勝利とイングランド人の逃走によって、東インド全体で熱狂的な称賛が巻き起こることだろう」とし、「これで、オランダ国民の栄誉と名声が高まろう。いまや誰もがわれわれの友人になりたいと願っている」と述べた。

ほぼ十年にわたり見てきた夢の頂点で、壮大な目的がまさに達成されようとしていた矢先のことだ。クーンは人生最悪の知らせを受ける。一六一七年七月十七日、彼は

〈十七人会〉から届いた書簡をひらいた。イングランド会社の船舶に対する攻撃は思いとどまらなくてはならない。その書簡は休戦協定書であった。オランダとイングランド政府間で、過去の敵対関係を「許し忘れる」ことの同意の一部として、両会社の代表が署名をしていた。両国は拿捕した船舶と捕虜とを返還し、「以後、信頼のおける友人として生活し会話する」というのだ。両会社は協力してポルトガル人とスペイン人をマラッカ諸島から追放し、その要塞と工場とを維持するために努力するとしていた。しかし独占権は、もはやそれぞれの会社を排除しないという。それは分け合い、三分の一がイングランド会社に、三分の二がオランダ会社の取り分となり、各会社は船と人員の割り当てを提供し、売りたいだけの香料を受けとることになる。

この共同関係は分別あるものではあったが、クーンは腹が立った。彼は知らなかったか、それとも配慮しなかったかのどちらかだが、東インドでの両会社間の敵対関係がヨーロッパに影響を及ぼし、香料貿易からせっかく得た利益のすべてと、それ以上のものを使いはたす金のかかる戦争がまさに起こらんとしていた。彼が知っていたのは、ヨーロッパで香料の値が急落し、もし競争が起こればインドネシアでの購入費用が跳ね上がるということだけであった。彼は熱烈な手紙を〈十七人会〉に急送した。皮肉なことばがいっぱいの手紙である。彼はこう嘲笑っている――「イングランド人はあなた方に感謝しています。東インドから出ていったあと、あなた方が彼らを戻したのですから。……イングランド人に、クローヴ、ナツメグ、メースの三分の一が分与されるというのは理解しがたいことです。モルッカ諸島、アンボイナ、あるいはバンダで、彼らは一粒の砂をも主張できないのですから」。

クーンは、この条約を守るつもりはまったくなかった。どのみちＶＯＣは強力であったので、オランダ政府の命令に耳を傾ける筋合いはなかった。ヨーロッパから遠く離れ、返事をもらうにも上限一年かかったので、クーンは命令の解釈にある程度の自由のあることがわかっていた。彼は、繁華な新しい首都バタヴィアに集結することになる、共同の「防衛艦隊」結成に着手した。ここでは彼はいまや、イングランド人スパイの暗躍をしぶしぶ許していた。彼は、イングランド会社に資本、人員、そして船のないことを聞きつけ、スペイン人とポルトガル人の残っている基地を攻撃して彼らを追い出すという、壮大な計画案を連続して提案した。あたりまえのことだが、まもなくイングランド会社は費用の三分の一を出すと約束したものの、それを守ることができなくなった。

一六二一年一月、合同協議会の会合が開催された。席上クーンは、バンダ諸島に侵攻し、失敗に終わった一六〇九年の使命の復讐をするという、のびのびになっていた計画を提案した。彼は強力な侵略軍を結成する計画をいくつか提示し、イングランド同盟者に必要な人員と船の三分の一を分担するよう要求した。彼らにはできない相談であった。その船の大半はすでに海上にあり、合同任務に送り出していた。クーンは承知のことであった。自分の権限のもと、それがなくても進めると宣言した。

一六二一年二月、クーンは大バンダ島のフォート・ナッソーにやってきた。同行した艦隊は、十三隻の船、数十の小型船舶、約二千人の軍隊からなっていた。軍隊には、死刑執行人として訓練された日本人傭兵の小隊とジャワ人の漕手と役夫がいた。フォート・ナッソー自体にも約二五〇人からなる守備隊があり、それに加えてクーンの私的軍隊は、バンダ諸島にこれまで集結した最大の軍隊となった。明らかにふたつの会社の合同作戦であったが、クーンは、多くのイングランド人不満分子がこの山がちの諸島に潜伏し、バンダ島民に銃の使い方や要塞の建設法を訓練し、切迫した侵略に備えさせているのではないかと、正しい疑念を抱いていた。あるイングランド人商人は、幾人かの村の古老に依頼されクーンに手紙をわたし、機先を制し暴力を回避するよう促した。伝えられるところでは、クーンはその使者を叱りとばし、自室のドアの外へ押し出し、「誰を見つけようと、その者を自分の完全な敵と見なすので、住民とかかわらず行動するように」と通告した。

クーンはほとんど通告もせず、小船一隻に島の周囲を周遊するように命じ、攻撃を開始した。砲撃を誘うためだった。そうすれば火砲陣地の位置が確定できるからだ。この情報を得るのに部下ふたりが死に、十人が負傷した。数日後、彼は士気の劣った部下たちに長広舌をふるい、その勇気に訴え（さらに、勝ったら現ナマの褒美があると示唆し）拍車をかけた。その後、VOC軍は攻撃を開始した。攻撃は容易ではなかった。大バンダ島は近づくことが困難なうっそうとした森の山からなり、VOCの覇権に対するバンダ島民の抵抗の拠点となっていて、他の島から戦闘員がやってきていた。二日間にわたる激烈な戦闘が険しい岩山と尾根に沿っておこなわれ、その後、クーンは数人の者をそれぞれ三〇枚の金貨の入った袋で買収し、仲間を裏切らせ、この島の防衛を切り崩した。会社の軍隊はそれから急速に、この島の防衛と村落のほとんどを支配下に入れた。死者はわずか六名、負傷者は二七名にすぎず、クーンは全島を接収したが、防衛側には膨大な数の死傷者が出た。

小集団のオランカヤ（富裕層）は山と平野からこっそりと開拓地にやってきて、クーンとの会合を要求した。クーンは船上で彼らが降伏するのを待っていた。彼らは深く礼をし、彼に一本の黄金の鎖と銅製のヤカンを差し出し、誠心誠意の印とした。勝利したクーンは、度量が大きくはなかった。彼は、彼らの武器をすべてさし出し、残っている防衛要塞の破壊に手をかし、彼らの息子たちを全員人質として乗船させるよう要求した。クーンの出した経済的条件も同じく苛酷なものであった。すべての島の支配権を譲渡し、彼らが毎年生産するすべてのナツメグの十分の一を総督（つまり、彼自身）に贈与し、残りの九〇パーセントを事前に取り決めた低価格でVOCに売ることに同意することであった。見返りとして、クーンは彼らをその敵から守ると約束した。敵とはたぶん、彼自身のことではなく、ポルトガル人のことであったろう。また、クーンはこうも約束した。つまりバンダ諸島の外では奴隷にされたり強制されたりして、労働や兵役のつとめをする必要がない、と。

オランカヤは自分たちのモスクがいくつも冒瀆され、家が焼かれ勝手に軍隊用に使用され、自分の島民が威嚇されるのを目にしていたので、クーンの人間的な扱いをするという約束が信じられることは望み薄であった。みずから認めていることだが、クーンはバンダ島民が表向きは同意していても、こうした条件を守るとは思っていなかった。オランカヤは山のなかに身をひそめ、さらなる捕虜も武器も運ぶことをせずに、彼の言うことを聞いていた。クーンはこう記している――「彼らは怠惰な民で、長所はほとんど期待できない」。じっさい数週間後、幾度かにわたりバンダ島民の武装集団が待ち伏せをし、VOCの見回り人らを殺害した。クーンはそうした事件を待っていたのだ。彼らを壊滅する口実になる。ジャイルズ・ミルトンは著書『ナサニエルのナツメグ』で、バンダ島民にその主権を譲渡するようにというクーンの要求は「有意義であった。それは、将来の暴動が戦争行為としてでなく反逆行為と見なされ、オランダでは反逆が死罪であったからだ」という。

いまやクーンは、自分の船の船倉から四五人のオランカヤをつれ出した。彼らは、最初にクーンと取引きにやってきたとき捕えた者である。彼らに拷問をするよう彼は命じた。クーンの司法手続きは拷問にかけ焼きごてをあてることであり、オランカヤはすぐ死ぬか、ＶＯＣへの攻撃の秘密計画を白状するかのどちらかであった。この反逆は死罪に値するとクーンは結論づけた。クーンお抱えの日本人傭兵たちは脅える長老たちを集め、きつくひもで縛り、竹の柵のなかに入れた。そこで彼らは反逆罪で有罪とされ、適切な裁判なしに判決を受けた。

ＶＯＣ副官ニコラス・ファン・ヴァエルは、自分の部下がその命令に立ち向かうことができず、その幾人かは従うことを拒み殺害されたので、クーンのやり方全般に対し反感を表明していた――「六人の日本人兵士もまた屋内で命令を受け、鋭い剣で八人の主要なオランカヤの首を切り、四肢の切断をして、さらに三六人の首を刎ね四肢の切断をした。この処刑は見るにしのびないものだった。オランカヤたちは、少しも音をたてず静かに死んだ。ただひとりがオランダ語を使い、『みなさん方、情はないのですか』と言った」。ファン・ヴァエルはこうつづけている――「起こったことすべてがとても恐ろしいことなので、われわれは唖然としていた。処刑された者の首と四肢は竹に突きさして陳列した。このようにそれは起きた。誰が正しいのか、誰にもわからない。われわれ全員はキリスト教徒と名乗っているので、この事態の推移にひどく狼狽し、そうした仕打ちを悦ばなかった」。また、別のＶＯＣの士官は、「事態はあまりにも犯罪的で凶悪に運んだので、哀れな人びとの血が天に復讐をと叫んでいる」と記している。

しかし、クーンは参らなかった。彼の計画は一六〇九年以来ずっと練られていたのだ。彼は島々の住民を減らし、住民のかわりに、輸入した奴隷とＶＯＣの支配下にある契約労働者を住まわせたかった。さらにその先を行き、バンダ諸島の民族的洗浄をしたかった。次の数ヵ月にわたり、ＶＯＣの軍隊は住居を焼き破壊し、すべての村民をかり集め、バタヴィアに輸送し奴隷として売ることができるように捕虜を船に積んだ。数千の男、女、そして子どもがこの航海中に病気と飢えで死んだ。おそらく一万三千人から一万五千人の全人口のうち、かろうじてもとの住民の千人がバンダ諸島に残った。他の百人は、その後、奴隷として戻され、プランテーション農園で働いた。

またクーンは、VOCとイングランド東インド会社間の取り決めを無視した。島々にいたイングランド人全員を捕え、そのうち幾人かに拷問を加え、彼らに手錠をし船の船倉に捕虜として入れ、彼らの商品を押収し、彼らの工場と住居を破壊した。クーンにとってそれは総力戦であった。勝者がすべてを手にする。だから彼は、それでもなおイングランド人に期待した。次に彼は、プランテーション農園を経営するため、奴隷と植民地開拓者を船に積みはじめた。その行動によって、クーンは〈十七人会〉から軽い譴責を受けたが、バンダ島のナツメグとメース（全世界の供給）を確保しVOCが独占できたので、三千ギルダーのボーナスを受け取った。

6

彼の第一の任務は完了し、復讐欲はみたされた。バンダ島民は反抗したので処罰され、結局、イングランド東インド会社は敗退し、VOCの独占は安全な地歩を占め、土地住民と輸入した奴隷労働者とを入れ替える彼の計画は十分軌道にのった。そこでクーンは休暇をとると決めた。低地地方に戻っても、これまで蓄積した富がある。一六二三年、バタヴィアとアムステルダムにむけて船出し東インドを去る前に、最後にひとつちょっとした取り決めをしようとした。彼は、船をアンボン（アンボイナ）のフォート・ヴィクトリアに入港させた。ここで彼はあえて、そこのＶＯＣ駐屯地総督であったヘルマン・ファン・スペルトに、うさんくさいイングランド人の活動に用心するよう警告した。クーンには確信があった。自分がおこなったバンダ諸島での行動に対し報復があるだろうと。アンボンはいくつかの主要な貿易ルート上で戦略上重要な島であり、クローヴの主要な産地でもあった。

次にクーンがむかったのはバタヴィアであった。身辺整理をして、いまや人口の減少したバンダ諸島の植民地化にむけ手はずをととのえることが目的だった。バンダ島に対する彼の計画は、一番端にある島々に生育するナツメグの木をことごとく根絶やしにし、残ったプランテーション農場を六八に分割し、各一・二ヘクタールのペルケン区画にすることであった。分割したペルケンは、会社がオランダ人農園主に貸し出し、借り手はアムステルダムでのナツメグ価格の一二二分の一を支払うことになる。これで十分であった。とりわけ低賃金と奴隷労働者のことを考えれば、巨大な利益が会社だけでなく、区画所有者《ペルケニール》にももたらされることは確実である。後者はそれから先の数十年間、絢爛たる邸宅を注文し、その富と土地所有者としての地位を強調した。

クーンが意気揚々と故国にむかっているとき、彼がアンボンにいるファン・スペルトに言った別れのことばがもとで、事態は怖ろしい道をひた走っていた。もっとも、クーンにとっては予想外のことではなかったが。彼の植えた種は病んだ果実をつけようとしていた。フォート・ヴィクトリアは会社の兵隊が二〇〇人配置され、彼らは高い石造の塔にすえられた多数の大砲を管理していた。ここは深い濠で町から仕切られ、一方の側は海に接していた。武装したＶＯＣの船はこの港に停泊していた。強力な軍隊なくしては、アンボンのＶＯＣの要塞に対抗することはできないだろう。にもかかわらず、ファン・スペルトはその堅固な城の胸壁から、島の周囲に疑わしい眼差しをなげかけ、小さなイングランド東インド会社の工場に的をしぼっていた。それはこの会社の財産を反映してか、約十人しかいない崩れかかった複合施設であった。

金をつかませた密告者とスパイからなるファン・スペルトの情報網は、予期された疑わしい活動をすぐに見つけ出した。イングランド商人に雇われた日本人傭兵がこのVOCの要塞の胸壁のあたりをこそこそ歩いているのを、ひとりの歩哨が見つけた。翌日、その男がスパイであるという噂がたち、ファン・スペルトの恐怖心がめざめた。彼は尋問のため、その不運な男を連行するよう命じた。拷問を賢明にも加えると、男は三〇人ほどの仲間とこの城を占拠する計画を練っていたとした。この地域の他の日本人がすぐに集められ、骨が折れるまで拷問にかけられた。その後、彼らも、イングランド人代理人長ゲイブリエル・タワーソンとの共謀を「明かした」。タワーソンは日ごろ、ファン・スペルトやその部下と食事を共にし、要塞に定期的にやってきていたのだが、それでもファン・スペルトの疑惑をしずめるにはいたらなかったようだ。

ファン・スペルトはかつての食事仲間を招待し、城で会った。彼らが無防備に歩いて入場したとき、VOCの重騎兵が彼らを捕えた。ある者は手枷をかけられ地下牢にぶち込まれ、他の者はオランダ船に乗せられ水深以下に監禁された。悲鳴がその後すぐにきこえた。恐怖と威嚇の雰囲気のなか、オランダ貿易商の多くは人間性を失ったように見える。言われていた秘密の攻撃でどのような役割にあったかと尋問され、イングランド人商人は、彼らを裏切らざるをえなかった日本人傭兵の運命をたどった。彼らは焼かれ刺され、拷問台で引っ張られ、溺れかけた。幾人かは石の壁に鎖で縛られ、火薬で手足を飛ばされた。

事件後に出版されたパンフレットがある。題は『アンボイナのイングランド人に対する、不正で残忍、かつ野蛮な裁判の真実の話』で、作者は〈良心の呵責に耐えかねたVOC使用人〉となっていた。ここには、イングランド会社の使用人が、VOCの強固な防備の交易所にむけたばかげた攻撃計画を白状させられ、死にぎわに、みずからの悪行を証言する文書に署名するよう命じられたとある。十名のイングランド人、九名の日本人、そして現地在住のひとりのポルトガル人が、一六二三年三月九日に斬首された。首謀者とされたタワーソンは四肢を切断され、それから斬首された。彼の首は棒に突き立てられ、公けに陳列されたという。

『ヌサンタラ――インドネシアの歴史』で、ベルナルト・フレッケは、こう記している――「二五〇年間、アンボイナのこの〈殺戮〉はヨーロッパで宣伝価値を保持していた。インドネシアでは、商業上の冷酷な競争の歴史に起こった多くの流血の挿話のひとつにすぎない」。いまや、インドネシアの香料競争から実質的に排除されたイングランド会社は、東インドに二度と足がかりを得ることはなかった。そして当然のこと、その虐殺によって、両会社間の連合協約は終焉を迎えた。クーンは勝利した。彼は、はじめからずっとこう主張していたのだ。つまり、この事業は利益を得ようとすれば、価格統制ができなくてはならないと。一六二三年以後、彼はこの目標達成にむけ、VOCがこの途を進むようにした。

ネーデルラントに戻ったクーンは身を落ちつけ、紳士として快適な生活をおくった。ホールンにあったVOCの会議所長の職についた。金持ちにふさわしい邸宅に住んだ。ふさわしい妻、つまりVOCの指導的重役のひとりの娘を手に入れ、著名な画家に自分と妻の肖像画をそれぞれ描かせた。オランダの歴史家ユリアン・ファン・ゴールはこの肖像画を「クーンの野心、誇り、そして自負心の証」と呼び、「彼の礼服とポーズは、ほとんど王者のそれである」という。しかし、彼の仕事のやり方の知らせがヨーロッパにぼちぼち届きだすと、同国人の多くはクーンの行動に驚愕し、VOCがオランダ国家全体におよぼそうとしている怖ろしい評判を心配した。

東インドに対するクーンの計画もまた、人びとを驚かすものであった。もしインドネシア人がオランダ植民者に置き替わり、すべての交易の独占権のもと、VOCの後援を得て働き、奴隷を使い自分たちの食糧を生育させるとしたら、土地の人びとはどのようにこの目的達成のために生活するのだろう、と。

VOCは貿易会社であったのではないか。「からの海、からの国、死んだ住民には利益はまったくない」、そう重役のひとりは主張した。しかし、直近の利益は莫大に見え、真剣にVOCの独占権に異議を申したてる者はいなかった。その海外活動は、結局、ネーデルラント連邦共和国の法に支配されることはなかった。ヨーロッパの外で彼らが遵守した唯一の国外法は、より大きな大砲を持つ敵に由来するものであった。だからVOC内で大いに論議されたあと、クーンは一六二四年、長官をもう一期つとめることを求め任命された。しかし、バタヴィアへの出発は遅れた。アンボンで起こった虐殺が原因の、予期せぬ外交的影響のためであった。一六二七年ごろになると事態はおちつき、彼はお忍びでアムステルダムで船に乗ることができた。妻と彼女の弟と妹を同伴し、香料にむけた彼の最後の航海であった。

クーンがバタヴィアについたのは、やっと一六二七年九月のことである。ひとたびそこにつくや、ほとんど時を待たず彼はVOCの独占権を強化しつづけた。しかし、土地の人びとはその生活の糧、昔からの伝統、そして数々の自由を容易に手放すことはなかった。到着後、数ヵ月した十二月、マタラム、すなわちバタヴィアのVOC本部を脅かしかねない拡大する中核的ジャワ帝国を支配していたスルタン・アグンが、本部にいたクーンに対し、二度にわたり致命的な包囲攻撃をしかけてきた。再度クーンは、自分がすぐれた戦略家であることを証明した。一ヵ月におよぶ攻撃にもかかわらず失敗したアグン軍は解散し、面目を失ったスルタンは敗北した軍隊を処罰するため、VOCの城壁の見えるところで七五〇人の処刑を命じた。

一六二八年末になる前、スルタン・アグンはさらなる大軍勢とともに戻ってきた。その数、数万人であった。帝国の全軍事力をもってすれば、確実にVOCの私的軍隊を打ち砕き、バタヴィアを攻略できるというのであった。しかし、数ヵ月間の包囲戦のあいだ、クーンは再度、狡猾で危険な敵対者であることを示した。彼に対抗して勢ぞろいした表面上圧倒的な軍隊に弱点を感じ取ったクーンは、的をしぼり攻撃の工夫をした。海に出たVOCはその地域最強の軍勢であり、クーンはその海軍の優越を利用し、アグンの穀物荷船すべてを破壊することができた。それらの船は、海岸づたいにゆっくり重々しく動いていた。アグンの供給艦隊の残りがバタヴィアに到着したころには、何千という彼の部隊は飢え死に寸前であった。クーンの最初の勝利に元気づけられ、VOCの砦を防衛する者たちは抵抗をつづけ、ついにアグンの艦隊は敗走し、列をなした死体があとに残った。

VOCの優位は、いまやこの地域全体で認められた。クーンにとって不運であったのは、バタヴィア包囲攻撃につづき多数の病気が襲ってきたことである。これは、長期間、閉鎖された空間に閉じこめられている大勢の人のあいだによく起こるものであった。病気の主たるものは赤痢とコレラで、クーン自身、城のなかでこうした病気のひとつが原因で死去した。一六二九年九月二〇日のことである。享年四二歳。ある者はこう主張している。つまり、彼の死は、彼の後継者ヤックス・スペックスと会うことを怖れ早まったのだと。数年前、スペックスの娘サラに、クーンは公開むち打ちの刑を科していたのだ。

クーンの死後、バタヴィアとオランダ人はインドネシア貿易の支配者であり、その地域最強の軍勢となった。真の貿易王であったクーンは、オランダ会社という帝国の礎を築いた。彼と彼が描いた流血の構想がなければ、VOCは一介の貿易会社にとどまり、他者の相利共生の日常的商業活動が自身のそれとならび繁栄することで満足していただろう。彼の死後、VOCはクーンが選択した途を歩みつづけ、もっと堅固に身を固め結束した勢力となり、征服をつづけて、軍事力の許す限り多くの自治を現地住民から強奪した。

一六四一年、会社はとうとうポルトガル領マラッカを征服した。六年間にわたり海軍が海峡を封鎖したあとのことである。バンタムの都市とそこを支配するスルタン国は一六八四年に屈服し、スルタンはオランダ人以外の、あるいはVOC以外の外国人をすべて追放することに同意した。VOCは、イングランド東インド会社と法人間戦争を継続したが、その大方はインド西海岸に焦点があった。しかし、両会社の戦争は重要なことに、十七世紀におこなわれた三度の英蘭戦争の一因となった。大方はヨーロッパ海域でおこなわれたが、あふれ出て北アメリカにまで行き、オランダ西インド会社の会社保有地をも巻き込んだ。その規模のおかげで、VOCはヨーロッパ貿易の多くを支配し、十七世紀中ごろにはヨーロッパ外国貿易の半分を牛耳るようになった。

生産を抑制し価格をつり上げておくために、VOCの軍隊は、VOC認定の農園外に生育しているナツメグとクローヴの木を引き抜いた。ティドレ島とテルナテ島の島民は、以前はその唯一の収入源であったクローヴ栽培が禁じられ、クローヴの木一本植えることは死刑に値する犯罪となった。VOCは全島から住民がいなくなるようにし、農園の管理可能な場所に住民を移住させた。もっともなことに、土地の住民による反乱が起こったが、こうした爆発は容易に壊滅することができた。巨大な利益を確保しているうちに、VOCは社会全体を貧困にしてしまった。どこにどれだけの量の香料が栽培できるかを決め、現地住民を移住させ、社会全体と伝統的な文化的慣習を整理しなおし、遠方の株主に可能な限り最高の収益を確保することによって、VOCは単に会社であることから進化し、準植民地の当体になった。それはインドネシア人の生活に侵入し、その生活のあらゆる側面を決定した。つまり、商業形態、関係性、宗教的慣習、食物、衣服、そして自由にまでおよんだのである。

十七世紀末ごろになると、VOCは、世界最大でもっとも富んだ強力な多国籍会社となった。その貿易は紅海から日本にまでおよび、一〇〇〇万人以上のヨーロッパ人をアジアに送り、広範な思想と文化の交流に貢献したのは決して偶然ではなかった。オランダの人口がかろうじて二〇〇万人であったとき、直接、数万もの者を雇用していた。その海軍は、多くの国のそれを小さく見せていた。なにしろ、私的軍隊はほぼ一万であったからだ。株主と投資家は潤った。しかしである。難問もいくつかあった。会社はほとんどの年に配当の支払いをしていたが、同時に、しだいに増える債務負担の利子も支払っていた。VOCのほとんどの管理はオランダの〈十七人会〉だけの責任であったので、会社は太り腐敗し、非効率になっていった。

VOCの歴史で、次の一〇〇年のあいだには多くの冒険がなされた。前進もあり停滞もあったが、世界規模の政治的出来事と結びついていた。しかし、究極的には、独占権を維持することは、香料の価値以上にお金がかかることであった。とくにそうであったのは、ナツメグとクローヴの価値が消費者の好みの変化に伴い、十八世紀中ごろに下落したときである。必要食物の供給をふくめ、地元の貿易を制限するというVOCの政策は、結果的に密輸と海賊行為を助長した。こうした違反行為を抑圧するには、軍隊、船、常時の内偵と警戒が求められた。独占を追求する闘いは、決して勝つことができなかった。VOCは争いを免れることができず、艦隊、要塞、守備隊を維持するためにその利益を失った。アジアにいる役人の多額の汚職によって、そうなったように。

VOCは一世紀半以上にわたり大きな配当をすると宣言し、莫大な価値のある株を所有してきたが、ナポレオン戦争のあいだの一七九九年に、かつての強力な会社が破産したとき、負債は千二百万ギルダーになっていた。巨額の配当金を支払ってはいたが、一世紀以上にわたり着実に金を失っていた。利益のある年の数が減少し、損失は数十年が経過するにつれてふくらんでいった。VOCの収入の巨大な流れのためにその負債も漸次増加し、債券を発行し資本を募ることになった。歴史家のウィラード・ハンナは『インドネシアのバンダ島』でこう記している――「さかのぼって帳簿を見ると、問題はVOCが最大の栄光を享受していた時代にあったことがわかる。……だから、巨額の富と権力を持ったVOCが、当初から損な商売であった可能性がある」。

しかし、ほとんどの歴史家は、十八世紀のあいだ会社が活発に活動していたこと、ヨーロッパの変化する消費者の要求に順応することができなくなったこと、一七八二年から一七八四年にかけて、第四次英蘭戦争の財政的影響を受けたことを指摘している。ユーリーン・ファン・ゴールはこう書いている――「戦争後、共和国内のVOCの重役は、無駄な努力をして会社をもとの状態に復活させようとし、新しい経営方法を探ろうとはしなかった。その結果、羅針盤のない船のように、VOCは財政的暗礁に乗りあげたのである」。

第四次英蘭戦争は最終的打撃であった。会社が一世紀以上にわたり支えてきた唖然とする債務が明らかになった。この債務は、国家がＶＯＣの以前の帝国を植民地の保有権として引きついだとき、政府とネーデルラントの納税者が引き受けることになった。オランダ東インドとして知られるこの新しい植民地は、オランダ政府の統治のもと一九四九年までつづいた。一五〇〇年以上にわたり、ＶＯＣはインドネシアの多くにあって効果的な統治をしたが、地元の部族の利益のための、あるいは土地の伝統と文化を維持するための統治ではなく、単に株主と重役を富ませるための統治であった。株主たちは数十万キロメートル離れたところに住み、一生のあいだヨーロッパを離れたことはありそうもなかった。

会社の成功と最終的な失敗、つまりそのライフサイクルは、その最高の貿易王が抱いた、論理的ではあってもややねじれた夢にもとづいていた。クーンは東インドの全商業活動を、自分で全体の管理ができるわずかな取引きに削減しようとした。つまり、数千人の集団による決定を削減し、その決定を自分の意志にそって曲げ、最大の利益を得るように整理しなおそうとした。彼は賢明な戦略家であり論理家であったが、過度に競争的であったためか、精神の病のためか、彼は世界を、駒が動き回り賭けと犠牲がなされるチェス盤のように見なし、人命の価値に対する配慮に欠ける傾向にあった。クーンにとって、勝つことがもっとも重要なことであった。他人の命は――たとえ母国の者の命ですら――すばやく効果的に処理すべき外面にすぎなかった。

歴史的記録に残されているだけでなく、それ以上多くのものが彼の性格にあったにちがいないと人は信じ、あるいは願う傾向にある。もし彼が実際以上に長く生きたなら、おそらくこれは明らかになったことだろう。あるいは彼は、年齢をかさねるにつれ成熟したことだろう。しかし、彼はＶＯＣをしっかりした基礎の上に位置づけたことで、長くオランダの国家的英雄と見なされていた――彼はネーデルラントの黄金時代にその富の主要な源泉だけでなく、その世俗的アイデンティティももたらした――が、彼の残忍な行為と暴力、つまり彼が生み出したＶＯＣの会社としての文化が、今日では彼の名声に影を投げかけている。

クーンが思い描いたＶＯＣの構想は、偉大なことをいくつも会社と彼の小国からうまく引き出したが、恍惚状態にある中毒者のように、結局、それらは消耗し燃え尽きてしまった。会社が独占できる状態にあるにもかかわらず、香料を管理し支配するコストは、結局、利益を上回ってしまった。それに会社同様、オランダの黄金時代の束の間の輝きは先細りになり、消滅した。何世代もの人間がＶＯＣの利益にあずかり、ついには最終的会計報告では、会社の腐敗した内幕が明らかになった。腐敗はその発端からはじまっていた。私的軍隊を使い、十七世紀に世界でもっとも価値ある商品（香料）を征服・支配するというクーンの大計画とともに。世界初の大貿易王の王国は、結局、不完全な基礎のうえで砕けたのである。

第2章
分裂した忠誠心
ピーテル・ストイフェサントとオランダ西インド会社

われわれに付与された権威の源は、神と西インド会社であって、少数の無知な臣民の快楽ではない。　　　　　ピーテル・ストイフェサント、1647年ごろ.

ピーテル・ストイフェサントは、オランダ西インド会社の厳格で父親的態度の長官であったが、1647年から、1664年にイングランド人に降伏するまで、ニュー・ネーデルラント全体をニュー・アムステルダムの砦から支配した。

1

一六六四年三月二二日のこと。清教徒革命後の十年間、議会派が支配していたとき、亡命生活を余儀なくされていたものの、このころ、イングランド王位に返り咲いた派手やかなイングランド国王チャールズ二世は、画期的な決定をくだした。ヨーク公にしてオールバニー公であった野心的な弟ジェイムズに、北アメリカ東部の広大な土地の支配権を与えたのである。つまり、「クロイ川とケネベック川のあいだ、そして海岸からセント・ローレンス川までのメイン州のすべて、コッド岬とナローズ川のあいだのすべての島、そしてコネティカット州の西の境界からデラウェア湾の東海岸にいたるすべての土地」であった。イングランド国王の名のもとに支配が許される権利を含んだこの勅許は、とりわけ「ハドソン川と称される川」に言及しており、まさにこの北に流れる川とその合流点、つまりボストン南部とカリブ海北部の唯一の重要な植民地に成長した価値ある中継地がその関心の中心であった。

この気前よい贈り物の返礼として、ジェイムズは国王に対し、年金として四〇匹の極上のビーヴァーを送る義務を負うことになる。兄弟間でなされるごく普通の寛大な行為といえる。ところが、以下の事実もあった。つまり、国王がもったいなくも弟に与えようとした土地は、本質的にいって、オランダ西インド会社の半植民地の保有地、ニュー・ネーデルラントというオランダ植民地のすべてであった。そこにはたぶん土着民のすべても含まれていたことだろう。しかし、王としてこの贈り物をするのは、軽々しい、あるいは気紛れからの決断ではない。それは、イギリス政府の最高レヴェルでまとめた、慎重に計算された政策であり、次のことを十分心得て請け合ったものである。すなわち、ニュー・ネーデルラントの支配権をオランダ西インド会社からもぎとるには、力が必要ということである。

西インド会社が運営しオランダの半植民地だったところに、イングランドの軍隊が包囲攻撃をしかけ、そこを占領したとしよう。そうすれば、イングランドは北アメリカの東海岸全域に対する支配権を手に入れ、北部のニュー・イングランド植民地とチェサピーク湾のイギリス居留地とを結ぶことができただろう。マンハッタン島のニュー・アムステルダムは、西大西洋におけるオランダの交易活動の中心であった。しかし、それだけでなく、イングランド植民地の交易の多くにとっても貿易の中心として浮上していた。北アメリカ東部の重要な港として、ニュー・ネーデルラント、とりわけオランダ入植地ニュー・アムステルダムは、オランダとイングランド間の大規模な商業的争いにおいてひとつの歩《ポーン》となった。

ジェイムズと彼の仲間の幾人かは、オランダ人に対し商業的挑戦をもくろむ他の会社をいくつか取りこんでいた。たとえば、ロイヤル・アフリカ会社などである。その目的とするところは、オランダが支配している西アフリカの奴隷貿易を壊滅させ、カリブ海の農園植民地にむけて奴隷を輸送する業務を引き継ぐことであった。一六六三年、ジェイムズに率いられていたこの会社は、西アフリカのオランダ奴隷貿易の交易所を奪取した。香料諸島と東インドから追い出されたイングランド人は、故国にずっと近い大西洋で支配され、その結果、彼らの拡張主義的野望が妨害されるのをよしとしなかった。ニュー・アムステルダム、ひるがえってニュー・ネーデルラント全体は奪取しなくてはならなかった。そして、報告によれば、予想に反してそこの管理を任されていたオランダ会社は、この町の防衛にほとんど貢献してはいなかった。

ジェイムズはすみやかに動いた。一六六五年、リチャード・ニコルズ大佐の指揮のもと、四隻のフリゲート艦がイングランドを出た。ニュー・ネーデルラントを攻撃する秘密裡の任務をおびていた。ほぼ二千の兵士たちが侵略の準備をととのえていた。大西洋を横断する航海でばらばらに分かれた小艦隊は集結しなおし、八月二六日、グレーヴズエンド湾に錨をおろした。歩兵隊が下船した。四五〇分隊が、ブリューケレン（現ブルックリン）の渡船場を徴発するため行進し、他の者は海岸沿いを行進し、オランダ植民地にいた多数のイングランド人植民者と町から支持を獲得しようとした。およそ千五百人がニュー・アムステルダムに住み、約一万人が植民地全体にいた。つまり、ハドソン川を中心とした地域全体の町と農園とである。

市民と長官からの嘆願にもかかわらず、オランダ西インド会社は弾薬と兵の増強を求める声のことごとくを拒否した。費用を負担したくなかったのである。役員会は、植民地長官ピーテル・ストイフェサントに宛てた書簡で、楽観的にこう示唆している。あなたは、イングランド人の侵略を心配する必要はない。なぜなら、「北部のイングランド人が、たいていは元のイングランドから上述の理由［宗教的自由］で移ってきたから、今後、われわれに対しそれほど問題を引き起こすことがなく、良心にしたがいわれわれのもとで自由に生活したいと思っているので、われわれの権威を奪い、以前逃れてきた政府に再度支配されたいとは思っていない、そうわれわれは期待しているからである」。重役たちは、会社がとっている宗教的寛容の政策に市民が刺激され、いかなる侵略にも立ち向かうだろうと期待していたのである。

四隻のイングランドの小型快速船がニュー・アムステルダムに巡航してきて、数百の兵を上陸させた。フォート・アムステルダムはそのような強力な軍勢に対する防衛が手薄だったが、ストイフェサントは侵略艦隊のことを事前に察知し、砦の防備を高めていた。歩哨を組織し、防御塹壕を掘り、荒廃していた壁の修復をおこなった。彼は、その小さなイングランド艦隊の艦長に一通の書簡を書きあげた。船がきた理由を彼は尋ね、双方の国は平和な状態にあるので、司令官は「われらに対していかなる偏見も抱かぬよう」望むと述べた。

急使がニコルズ大佐の返事を、フォート・アムステルダムの執務室にいるストイフェサントに届けた。九月四日のことだ。そこにはこう書いてあった――「閣下の名において、わたしはこの町、つまり全砦にはマンハットーズの名で一般に知られているこの島の町シチュエートが、閣下の服従に身をゆだね、保護は我が手中に納まることを要求いたします」。自分も国王も流血や暴力は望んでいないが、もし西インド会社が条件を飲まなければ、ストイフェサントは「戦争の悲惨」を招来することになろう、とそのメモは静かに宣言していた。

うやうやしく丁重にすることが最大関心事であった。手紙を見せられたストイフェサントはふんと鼻であしらい、返事をするのをやめた。その信書には適切な署名がされていなかったからだ。彼がそれを送り返すと、ニコルズは臨機応変の処置をとり、新たに文書を書き直して「マンハットーズ総督閣下」宛てとした。このなかで彼は要求をくり返し、ストイフェサントに手遅れにならないように求めた――「これから先の不都合を回避しようとするなら迅速な返答が必要で、そうしていただければ大変ありがたい」。ニコルズは、それに「あなたの親愛なる卑しき僕《しもべ》（敬具）」と署名した。

ストイフェサントは会社のおかれた状況を考えた。ニコルズは、ほぼ千人の戦闘員に攻撃態勢をとらせている。それなのに、会社はわずか五〇〇人しかニュー・アムステルダムに駐屯させていない。ニコルズは、さらに約千人の兵士をロング・アイランド全体に配置しているし、おまけに数十門の大砲をその艦隊に積んでいる。こちらは砦はあるし、わずかな大砲もある、周囲の土地もよくわかっている。しばらく持ちこたえられるだろうが、もし援軍がこなければ、結局、負けるだろう。だが、戦わずして降伏するのは恥だ。たぶん、ストイフェサントのような人物にとっては臆病なことですらあったし、会社とかかわる彼の経歴はこれで終わりそうであった。彼は大声で宣言した。戦わずして降参するより、「墓場に入るほうがましだ」と。とはいえ、彼は時間稼ぎにニコルズに対し、アムステルダムの重役からの指示を待っているのだと示唆した。

ストイフェサントは、それから地元のとある大衆むけ居酒屋で、ひとりのイングランド人の代表と会合を持った。提示された降伏条件を静かに読んだあと、彼はその紙をビリビリに破いた。これには集まった群衆が怒った。ストイフェサントに、イングランド人の提案を伝えるようにと要求していた傍観者たちである。しかし、もしそれを受け入れていたら、当人にしてみれば、あまりにも屈辱的なことになっただろう。彼は何年にもわたり、こうした人びとと居留地と植民地の統治をめぐり闘ってきたのだから。彼はその寛大な降伏条件を、従者にも居留地の指導的市民にも見せようとはしなかった。もしそうすれば、彼らは降伏に賛成するとわかっていた。提示された条件の多くは、ニュー・ネーデルラントの住民が長年にわたり求めていたまさにそのものであった。すなわち、宗教の自由、財産権、相続法、オランダとの継続的貿易、つまり「万民に財産、生命、自由」が保障されるというものであった。

ストイフェサントはおもむろに引き裂かれた手紙の断片を集め、それを群衆に見せた。多くの手がその断片をつかみ張り合わせた。それから多くの者が目を細め、損傷した手書き文書を見た。ある者は、一語一語声に出して読んだ。片足義足のストイフェサントは、大股でその場を離れ、砦の狭間胸壁に登り、海のむこうの船を眺めた。各船は、その銃口をこの居留地にむけ待機している。彼は長い髪を風になびかせ、砦の大砲の一門に発砲を命じようかと考えた。長期にわたり容認されてきた戦争ルールでは、もし正式の要求が提示されたとき拠点が降伏すれば、非戦闘員には危害が及ばない。その町も、また同様であった。しかし、もし一発でも発砲して攻撃すれば、その共同体は強奪と破壊を免れなかった。ストイフェサントの大砲から一発の砲撃があれば、住民はみずから身を守らなくてはならなくなる。彼は大きな暴力の奔流を引き起こし、その結果、間違いなく町は破壊され、多数の死者が出るだろう。印象的な名の聖職者メガポレンシスだけが、狭間胸壁で彼とひとりの砲手に付き添っていた。

翌朝、つまり一六六四年九月五日のこと、ニュー・アムステルダムの指導的民間人の九三名が、ストイフェサントに嘆願書を提出した。彼自身の息子の署名があり、降伏して不可避的な「悲惨、悲しみ、大火災、女性の凌辱、揺り籠の幼児殺害、さらに一言でいえば、約千五百人の罪なき者の完全な滅亡と破壊」を避けてくれるよう要請していた。ストイフェサントは、彼らに忠誠心がなくなったことを知った。

ニコルズが提案した降伏条件は巧みな計算がほどこされていて、外国の力に対していかなる反対もできないようになっていた。その条件とは、西インド会社の統治下では市民に許されておらず、決して得られないのではと危惧されていた。憎い敵、つまり幾度か最近の戦争でオランダの敵となった存在は、ニュー・アムステルダム住民によりよい生活ではなくとも、少なくともより大きな自由のある生活を提供していた。オランダの主要な北アメリカ植民地の市民が自国のために戦うより、外国、つまり数十年間にわたり戦争していた国による征服をよしとした理由には興味がそそられる。この問題に答えるには、ピーテル・ストイフェサントとオランダ西インド会社の遺産について、いくらか知らなくてはならない。

2

ヘンリー・ハドソンといえば、今日では、悲劇的な死をとげた人物として思い出される。彼はその名のついた湾で、一六一〇年、反抗的な乗組員の手にかかった。数世紀後、この事件を題材にした有名な絵が描かれた。この絵では、人が大ぜい乗った一隻の小さなボートから顎鬚がのびたこの孤独な船乗りが、ぼろに身をまとい悲しげで感情のこもった目をして、憮然としてどこかを見つめている。近づきがたい雪のかぶった山々が背後に聳え、大きな氷山が不気味に迫っている。この皺だらけの船乗りは、十代の息子、嘆願するような目で父を見つめるジョンの手を握っている。あたり一面、風雨を避けるところのない氷の荒野が広がっていることは明白である。ハドソンは一握りの忠実な部下と、不運な遠征で病気にかかり死にかけた者とともに氷一面の海を漂流し、死ぬにまかされたのである。そうなったのは、春になって彼が頑強に、しかも狂ったとしか言いようのないほど楽観的に、この湾からクローヴやナツメグの香る土地、モルッカ諸島への西回り海路の探索を継続すると宣言したときである。近くの島で、悲惨な状態で壊血病にかかり野営し、恐ろしい冬をやり過ごしたにもかかわらず、この事態に至った。この反乱が陰鬱で劇的であったため、香料に至るわかりにくい北回りルートをつきとめようとするイングランド人の試みは、数十年間なされなくなった。

多くの人びとが、多額の金を失った。ヘンリー・ハドソンが失敗したためである。ハドソンは、イングランド政府に依頼された、もしくは雇われたわけではなく、ヴァージニア会社、モスクワ会社、そしてイングランド東インド会社に後援されていた。それは、成功しない私的な投機事業であり、例によって、わかりにくい海路を探索するハドソンの他の三度の航海と同じであった。オランダとイングランドのほとんどの冒険商人は、喜望峰をまわりモルッカ諸島へ行くルートを確立しようと苦闘し、スペイン人、ポルトガル人、マレーシア人と闘いながら香料貿易の取り分を得ようとしていたが、それにかわる別の北方ルートを追求した者もいた。そのルートはより短く、敵国の者たちに荒らされている可能性が少なかったし、イングランドの主要輸出品のひとつである羊毛に、より関心のありそうな北方住民が住んでいた。

十七世紀初期に作成された地図は、船乗りの利用を考慮して、世界の地理が断片的に見えるようにされていた。こうした地図のほとんどは、なにも描かれていない広大な広がりで占められていた。そこは商業ないし略奪の可能性を秘めた未知の怖ろしいテラ・インコグニタ（未知の大陸）であった。神秘的な東洋の地の絹、香料、宝石へと至る唯一可能な交易ルートは、危険で長く、地球をぐるりと周回しなくてはならず、さらに敵対するスペインとポルトガルの船がうようよしている、地図に記されていない海を通らなくてはならなかった。可能性をもっとも秘めたルートのひとつは、カナダ北部の極寒の海にあった。もうひとつは、ヨーロッパの北部海岸を東へと進むものであった。どちらにせよ、航行可能な海のルートの発見は、時間と忍耐を必要とすると考えられていた。一六〇〇年にイングランド東インド会社が設立されたあと、イングランド商人は香料貿易から締め出されていたので、新しい市場を探っていた。一六〇七年、ロンドン市の主な商人は、自分たちの手で事にあたろうと決めた。彼らは、東洋にむかうそのような新ルートを発見すべく、航海を準備し推進した。

ハドソンは、当時、四〇代半ばの、経験をつみ技術を持った船乗りで、結婚して三人の子どもがいたが、北東航路を経由し、世界の頂きを越えていく航海に出た。七〇フィートの小さな船で乗組員は十二人であった。怖ろしい試練ののち、彼は戻ってきた。出会ったのは際限なくつづく氷の低湿地で、唯一の慰めはクジラがたくさん生息しているのを発見したことであった。翌年の一六〇九年、彼は再度、北東航路にむかって出発したが、またもや氷に戻された。年来の自分の考え、つまり大西洋を横断し北東へむかうという考えにしたがって行動したとき、乗組員は反乱を起こし、彼はロンドンに戻らざるをえなくなった。翌年の春、再度の航海に出られると確信していたハドソンは、モスクワ会社の重役たちに申し出を却下されたとき、唖然とし戸惑った。いきまいて会社を去った彼は、ほどなく次の手だてを思案しはじめると、著名なエマヌエル・ファン・メーテレンが声をかけてきた。この外国人は、彼の国とその国最大の企業との代表であった。

ファン・メーテレンは、ロンドン在住の教養の高い洗練されたオランダ人領事で、ハドソンの意欲をそそる展望を提示してきた。船乗りとして探険の夢が追求できるというのだ。彼は、アムステルダムに行ってはどうかと誘った。それは、主要なオランダ商人の依頼を受けていたからだ。彼らもハドソンと同じく、北アメリカ経由で東洋にむかう北西航路の構想を持っていた。こうした商人たちにやる気を起こさせたのは、スペインとの十二年間の休戦が緒についたから、つまりネーデルラント連邦共和国が疲れはて破産寸前のスペイン帝国から独立を勝ち取る闘争が休止されたからだ。

イングランドにとっての交易の主要競争相手が、ハドソンに好条件を提示してきたわけだ。VOCの〈十七人会〉は、東インドへむかう既存のルートに満足できなかったので、塹壕で強固に守られた要塞が支配する地域以外のところを航行し、もっと容易でもっと短いルートが、競争相手イングランド人によって開拓されないようにしたかったのである。ハドソンは〈十七人会〉に対し、計画している北方ルート発見が実行可能であると説得した。その際に彼は、北に航行し北極圏を越えると気候は暖かくなり、草に覆われた土地を放浪している野生動物を見たことがあると主張した。ハドソンの主張は、今日も当時も常識に反しているかに見えた。それにもかかわらず、オランダ人地理学者で後援者のペトルス・プランシウスは支持し、こう主張した。つまり「極近くでは、太陽は五ヵ月連続して輝き、光が弱いといえど日照時間が長いため土地が暖まり温暖となり、人の居住が可能となり、動物を養う草をはやすだけの力ができる」と。そこで、一六〇九年、つまり彼が運命的に劇的な死を迎える前年、そしてクーンがインドネシアにむけ最初の航海に出た年、ハドソンはVOCに雇われ、香料類を求める航路としてまったくありそうもない場所への航海をおこなった。

ハドソンがアムステルダムを出帆したのは四月はじめのことだ。〈ハルヴ・マーン号〉(半月号)に乗船し、以前おこなった北東へむかう航海をたどりなおすという命を受けていた。乗組員は約二〇名、半数がオランダ人、半数がイングランド人で、どちらも相手のことばが話せなかった。当然のこと、すぐ、以前の航海を妨げた例の通行不能の氷に遭遇した。

ハドソンがとりかわした契約の条項では、とりわけ「他のルートもしくは航路ではなく、ただノヴァヤゼムリャの上の北と北東のルートによって迂回路を発見することを考えよ」と警告されていたが、これを彼は無視し、船を逆向きにし、南西に急行し大西洋を横断した。友人ジョン・スミスから聞いていた噂をどこまでも追求した。スミスはヴァージニア植民地にいて、ハドソンにこう知らせてきていた。数人の先住民の報告では、西部につながる大きな川ないし水路があるというのだ。七月のはじめごろ、ハルヴ・

マーン号はニューファンドランド、あるいはケープ・ブレトン島の海岸を視界にとらえた。それから南進し、コッド岬を越え、途中、チェサピーク湾に立ち寄った。その後、北に向きをかえ、ゆっくり海岸線をたどりなおし、ハドソンの歴史的不朽の名声、さらにもっと重要なことだが、その富を保証してくれる秘密の開口部を探索した。結局、一六〇九年九月、ハルヴ・マーン号は錨をおろした。そこは「とてもいい港で、四、五尋《ひろ》（七～八ｍ）の深さがあり、海岸から二鏈《れん》（約三七〇ｍ）」で、すぐにハドソン川と名のつく幅の広い川の入江にあった。

ハルヴ・マーン号が錨をおろしたのは、今日、コニー・アイランドとして知られる島の沖合で、上陸設営隊が一隻の小舟を漕いで岸にむかい探索した。「とてもみごとなオークの木」の大きさに、彼らは驚いた。「高さと太さは、ほとんど見たこともない」もので、彼らは、好奇心を持った友好的な人びとに遭遇した。彼らはタバコや毛皮を提供してくれて、かわりにナイフと色のついたビーズ玉を求めた。ハドソンと部下は植生の豊かさに驚いた。とりわけ、木や薮からぶらさがっている果実、そして「とてもよい香り」の野生の花に目をみはった。

数日間逗留したあと、ハルヴ・マーン号は上流にむかい、「マンナ・ハッタと呼ばれるその川の岸」を通過し、モルッカ諸島に至るルートを見つけようとした。それから数日間、ハドソンと仲間たちは、土地の種族と通じあおうとした。彼らは、その岸に沿って群れをなしていたり、カヌーで船の脇を漕いだりした。一度ならず、ハドソンは先住民に酒をしつこくすすめ、西にある海の位置を教えるようにしむけた。彼は、食べ物のたくさんあること、多数の村の住居が頑丈に作られていることに驚いた。「昨年成長した大量のトウモロコシないしインディアン・コーンや豆」を称賛したことはもちろんであった。それらは

「乾燥させるために家の近くに置かれ、たっぷり三隻の船に積めるほどあり、おまけに畑で生育しているものもあった」。

それから一行は上流に航行し、「わたしの生涯で足を踏み入れたこともない、もっとも耕作に適し、あらゆる種類の樹木が豊富な」土地を通過した。約二五〇キロメートル行ったあと、現在のオルバニー市に近づくと、川は狭まりひどく浅くなったので、ハルヴ・マーン号は航行できなくなった。ハドソンはしかたなく船を引き返させ、下流の流れにのって海に出て思案した。どのようにこの失敗した冒険を何か実際的なものにして雇い主に話したものかと。

河口に近づいたとき、ハドソンはさらに探索をしたいと言ったが、乗組員たちは〈ひどく〉脅してきた。計画を変更した彼は、「海をまっすぐ横断」し、アムステルダムでなく、イングランドのダートマスに入港した。秋のことである。彼は急遽、雇い主のVOCに手紙を送った。航海のあらましを述べ、来年、再度の航海をしたいので追加の基金を出してくれるよう要求した。当然ながら、重役たちは悦ばなかった。すぐにハルヴ・マーン号をアムステルダムに戻すように求めた。しかし、船の出発準備をしぶっていた彼は、イングランド政府に逮捕された。「祖国に損害を及ぼす航海をした」かどで、イングランドを出てはならぬと命じられた。

ひとつの噂がとびかっていた。つまり、彼がオランダのために大発見をなしとげたというのだ。したがって、イングランドはその情報を失いたくなかった。ハドソンはロンドンで、国王の面前に出頭するよう命じられ、家の戸口に見張りが配備された。オランダ領事ファン・メーテレンは息まいてアムステルダムに報告書を急送した。イングランド政府の行動を非難するものであった。「イングランド人は、不実で性急、虚栄心が強く、軽率にして人を騙す。とても疑い深く、とくに彼らが軽蔑する外国人に対してはひどい」と彼は主張した。「彼らは洗練され気取った態度とことばにみちているが、それが上品さと叡知だと誤解している」と。

ＶＯＣはすぐにハドソンの発見が価値のないものと捨て去ったが、その後、一年たらずして、会社と提携していない個人のオランダ商人幾人かが、毛皮貿易の可能性に興味を持った。彼らは「再度、船をそちらへ、つまり発見されたマンハッテスと呼ばれた二番目の川に派遣した」。

ファン・メーテレンは、ハドソンの航海をめぐり自分の判断を公表し、その発見がオランダのものだと主張した。彼はこう記している――「見つけることのできる最上の川で、川幅も水深もあり、両岸には良好な投錨地がある」。そして、この土地には「友好的で礼儀のある人びと」が住み、彼らは相互に利益を生む貿易に熱心であるとした。彼らの提供する貿易品は、新しい機会を求めていたアムステルダム商人たちの関心をひいた。ＶＯＣの独占貿易から締め出されていたどの商人も、彼らの投資をもっとうまく統括してくれることを好んでおり、いずれにせよ、ＶＯＣの支配下に入りそうな東インドに至る、発見に至らなかった海路には関心がなくなり、ファン・メーテレンの主張に魅了された。「たくさんの皮と毛皮、イワツバメ、キツネ、それにその他多数の商品」があるというのだ。中国《カタイ》、あるいはインドへむかう海のルートは夢想家たちにとって格好のものであったが、ずっと近くて安全な事業がただちにまちがいなく収益を生む見込みは、金に匹敵するものであった。ヨーロッパ列強がいまだ支配していない広大な土地が、北はニュー・フランス（ヌーベル・フランス）、南はイングランド植民地ヴァージニアとのあいだに横たわっていたのである。

こうした魅力から、次のような事態が生じた。つまり、ハドソンの航海後数年して、独立のオランダ人水夫と商人がこの川を航行し、土地の探索にあたり、海岸を調べ、海岸と内陸に住む種族との関係を結び、多数の素朴な小屋や交易事業所を今日のオルバニーまでの内陸に建設したのである。ハドソンの航海から数年して、先住民は「柔らかい金」と呼ばれたビーヴァーの毛皮を、マンハッタン近くの三本の川沿いにあった干渉を受けないオランダ交易所で売買していた。つまり、ハドソン川、コネチカット川、デラウェア川である。密生した森林地帯に至る道はなかったので、川が旅行と交易の大動脈になった。マンハッタン島の南端でオランダ人が杭で囲んだ土地は、その後、貿易の中心地となり、オランダの領土主張を堅固なものとし、世界の大商業都市のひとつを生むことになる。ここで貿易業者は、手作りの小さな装身具とビーヴァーの生皮とを交換しはじめた。

ヨーロッパで毛皮はとりわけ価値があり、コート、カラー、ケープ、マフの裏打ち用になった。とりわけビーヴァーの毛皮は有用であった。外側の長い光沢のある外被の下には、柔らかで密に成長した短い毛のよりつまった層があったからである。これに有毒で危険な工業的処理を施すとフェルトに加工できた。この素材は今度は、耐久性のある暖かな、最新の帽子にすることができた。貿易商はまた、その土地に使える可能性があるとするハドソンの大言壮語が正確であると知り、数年を経ずしてこの島の南端にいまにも倒れそうな小屋がたくさん建ち、土地は農耕用に開墾された。

イングランド人船長で探検家のトーマス・ダーマーが、一六一七年、ハドソン川の河口まで巡航し、同時に、香料にいたる伝説的な北西航路を探していたとき、彼は「いろいろなアムステルダムの船と、毎年、そこで豊かな大取引きをしていたオルナなる人物」を目にして驚いた。彼がそれ以上に驚いたのは、「幾人かのオランダ人が、ハドソン川と呼ばれる場所に定住し、先住民と貿易をしていた」ことである。このようにして、オランダ人とこの新しい土地との長い関係がはじまった。

3

一六〇九年から一六二一年にかけて、スペインとネーデルラント連邦共和国は、十二年間の休戦に入った。これに刺激されたのは、アメリカの私的商人による商業的活動であった。この休戦期間、先見の明のあるオランダの〈三部会〉の構成員たちは、交戦が再燃したとき、いかにスペインに打撃を加えるか策を練った。彼らの計画は私的資本を活用し、独立戦争のための資金調達をすることであった。その際には、商業ネットワークと、貿易で開発・育成されていた技術を持った多数の船乗りと航海長を利用することとした。歴史家トーマス・J・コンドンは『ニュー・ヨークのはじまり――ニュー・ネーデルラントの交易の起源』でこう記している――「とびついたこの手段は目的が壮大で、助成金を出すことで、対スペイン戦で国家のパートナーになる西インド会社を編入した。広大な新世界の全域にわたり、この会社はスペインの息の根を元から断つことをめざすことになった。これを実行するために、会社の努力は戦争と貿易という対をなす分野にむけられた。戦争、そして貿易の順でなされ、しかもふたつのあいだに鮮明な線が引かれることはなかった」。

一六二一年六月三日、〈三部会〉は、隆盛で有名な東インド会社にならい設立したオランダ西インド会社に、最初の二四年間の特権を与えた。東インド会社は、当時、ヤン・ピーテルスゾーン・クーンの苛酷な流血の構想の後押しを受けていた。西インド会社の運営審議会は〈十九人会〉と呼ばれ、有力な商人、財産家、政治家で構成された。彼らは資本を提供し事業を推進する五つの会議所、もしくは出資金センターの長であり代表者であった。一六二三年以後、ニュー・ネーデルラントの私的貿易は許可されなくなり、そのときこの会社の独占がはじまった。

オランダ西インド会社は、ふたつの主要な目的を認可されていた。海賊行為とその北アメリカの領土に生産的に（つまり、利益の上がるように）定住することであった。その領土はまた、スペイン船船に対する海賊行為目的の襲撃をするための基地となった。西インド会社は西インドと北アメリカで貿易活動をし、同時にこの地域にいたスペイン船を攻撃し拿捕することで投資家と相場師に資金調達をした。〈三部会〉はこう宣告していた――「法人組織の西インド会社は、まず近隣の王や君主との紛争に立ち入るのではなく、むしろ彼らに対する良好な対応と友好を実施すべきである」。

それにもかかわらず、会社の最初の事業のひとつは、一六二三年から一六二四年にかけて、バヒアのスペイン砂糖農園に対して軍事的襲撃をすることであった。関与した船は二三隻で、人員は三〇〇〇人以上であった。一六二五年、会社はプエルトリコのサンフアンを攻撃・略奪し、一六二八年、提督ピート・ヘインは、強力な小艦隊とともに出撃し、千百万ギルダー以上の価値の荷を積んだ十六隻のスペインのインディアス艦隊を待ち伏せし襲撃した。そのため、その年、会社は五〇パーセントの配当を支払うことができた。次の十年にわたり会社は、七〇〇隻以上の船と六万七千人以上の人員による作戦行動に金を出し、彼らは意気揚々と五〇〇以上の敵船の戦利品とともに戻ってきた。競売にかけたところ、四千万ギルダー以上で売れた。明らかに、初期の投資家はこの新規の投機的事業で十分の見返りを受けた。

会社はまた、ブラジルのポルトガル植民地を征服したことはもとより、西アフリカ、カリブ海のアンティル諸島やその他の島々、南アメリカのスリナムとガイアナに交易所を設置した。一六二〇年代全般にわたり、会社は同じように、北アメリカ中央と東部に地歩を固める努力をした。この地域が毛皮貿易の利益が見込めるだけでなく、西インド会社の船舶がカリブ海の略奪場へむかう途中の中間地、もしくは基地として役立ったからだ。

会社の植民者として最初の二四家族がネーデルラントから、船長コルネリス・メイとともにニュー・ネーデルラント号で出帆した。一六二四年のことだ。彼らは、広大で人もまばらな土地の最もへんぴな地域に散り散りになった。この土地は、アメリカ先住民の多様な種族、主としてレナペ族とモヒカン族が住んでいた。こうした頑健で例外的に勇敢な人びとは、荒野に「いくつもの樺の小屋」、交易市場、あるいは交易事業所を主要な川沿いに建設していた。

翌年、もっと多くの植民者／被雇用者がやってきて、彼らはすぐ、毎年、二万七千ギルダー相当の毛皮をアムステルダムに送った。ある者は、マンハッタン島という「草が豊富で都合のよい場所」で農耕をはじめた。家畜が牧草地を歩きまわる一方、風車小屋、製材所、粗雑な木造の大きな家ができ、ニュー・アムステルダムの居留地は完全なものとなった。ある植民者が熱狂的にこう記している――「食べ物に適した牛、豚、その他の家畜（最初の船の上で毎日期待していたもの）がいれば、オランダに戻りたいとは思わないだろう。なぜなら、オランダという楽園でわれわれが望むどのようなものも、ここに見つかるからだ」。

この会社の重役たちは、この土地への強い関心をこの植民者のようには持っていなかった。この新居留地は交易前哨点と見なされ、オランダ植民地拡大の足掛かりとはされていなかった。被雇用者の行動管理をする暫定的指令書は、会社の利益を第一にしていた。つまり、居留地は交易所として運営され、重役の任命した長官が支配していた。指令は本部からきて、現場から上にではなかった。植民者／被雇用者は、「会社が当時、もしくはこれから発する指令に矛盾なく従い実行しなくてはならず、運営と処罰の問題に関する上記の会社から受けるすべての規制は言うまでもないことであった」。彼らは会社の要求をみたし、指示された場所に居住・生活し、会社が指示したように作物を植え、要塞やその他の必要な建物、たとえば長官の家に対し求められるとおりに労働力を提供し、必要な軍事的業務に従事した。六年後にはこうした冒険的開拓者には、好きなように処理できるいくらかの土地が与えられる可能性があった。ただし、会社の指令に従う限りの話であった。多くの者が望んでいたのは、まさに楽園の端にある牧歌的な農園ではなかった。つまり、ニュー・アムステルダムと呼ばれたマンハッタン島南端の最初の居留地にいた労働者たちは、彼らの最初の任務のひとつとして、土と柵からなる粗末な星型砦を建設するよう命じられていた。彼らはそこに、独創的ではないにしても、適切な名、フォート・アムステルダムを付与した。

北アメリカの荒野の端にあって、この特定の会社の町に住む市民は粗暴な者たちであった。彼らは「船上の乗組員にはおなじみの固くて味気ない食べ物」を口にし、荒れ果てた掘っ建て小屋で雨露をしのいでいた。彼らは「住むというより、群がっていた」。酩酊、喧嘩、窃盗、攻撃、殺人、そして強姦は四六時中起こる犯罪で、主として男の住民のあいだで噂されていた。ニュー・アムステルダムの四ヵ所にある建物のひとつは、酒場、あるいはビールとタバコを販売する大きな商店であった。住民のほとんどが、会社所有の白人年季奉公人、被雇用者、そして奴隷からなっていたことを思えば、市民の混沌とした不道徳な

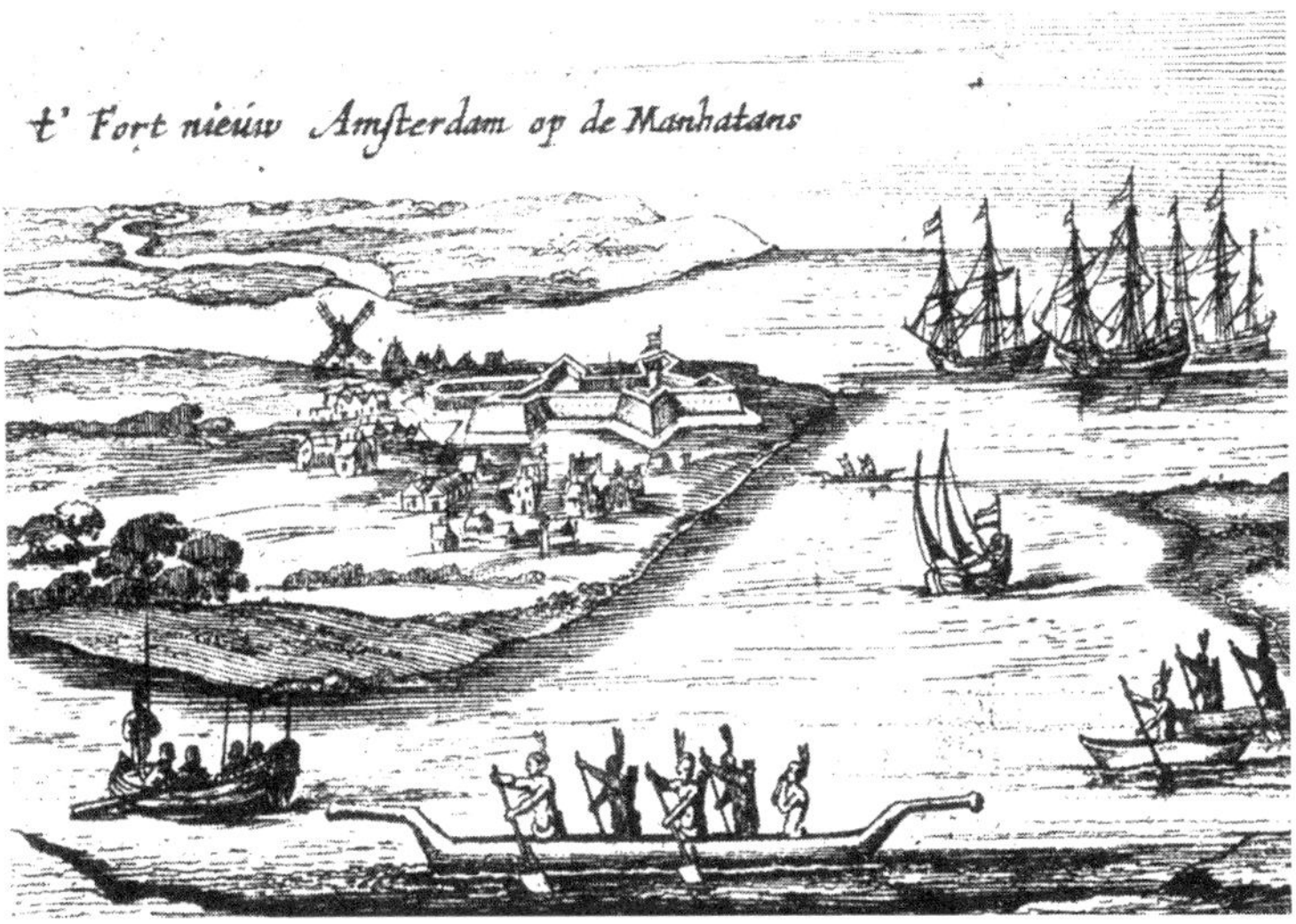

マンハッタン島のニュー・アムステルダムという、芽を出しかけたオランダ西インド会社居留地を描いた最初期の銅版画のひとつ。アドリアーン・ファン・デル・ドンクの『ニュー・ネーデルラント案内』所収のもの。

行動の唯一の源は会社にあった。明らかに会社は、居留地とその住民に不快感を持っていたにもかかわらず、彼らにビールと酒を独占販売し、かなりの利益を得ており、それは毛皮から上がる利益に次ぐものであった。むさ苦しさ、不潔、無秩序はこの上なかった。

ほとんど無能で堕落した知事がつづき、さらに会社が微妙に開発を制限していたので、この植民地の繁栄は思うにまかせなかった。オランダ会社の重役たちは懸念を抱いていた。定住はじっさい、事業にとって利益にならないのではないかと。植民者たちがいろいろな便宜を要求するようになるからだ。たとえば、教師、教会の聖職者、法体系、軍事的防御など。これらすべてはひどく金がかかった。農耕と土地をめぐる先住民との衝突は、価値ある毛皮の流れをとめる可能性がある。会社が好ましく思っていたのは、住民が少数にとどまり、直接雇用されることであった。自立したわずかな人びとがわずかな農場を運営したり、自分で個人的取引きをすることはかまわない。ただし、会社に毛皮や製品を売り、必要な商品すべては会社の店で買うという条件つきで。初期の知事ピーター・ミニュイットは、マンハッタン島すべてを六〇ギルダー相当の貿易品で購入したといわれ有名になったが、アムステルダムに呼び戻された。増えていく私的な毛皮貿易をうまくおさえることができなかったからだ。これは、植民者のすべてが、わずかな賃金の足しにしようとおこなっていたことである。もっとも会社は最善の努力をし、阻止しようとした。

一六三〇年の終わりごろ、ニュー・アムステルダムの人口はわずか四〇〇人にすぎなかった。ここは荒廃し、要塞は修理を必要とするありさまで、五つの会社の農場は「空き地となり、朽ち果てていた。いま述べたバウアリーの農場では、会社所有の生きた動物は一匹もいなかった」。この町はすでに、ニュー・イングランドのもっと若い共同体ボストンのせいでその影が薄れていた。会社が無視して金を出さなかったので栄えることができなくなり、多くの者は企業全体がイギリス人に負けるのではないかと案じていた。北アメリカのイングランド植民地ヴァージニアとニュー・イングランドが、生きいきと拡大していたからだ。（イングランドの内乱のため、ピューリタンたちがアメリカに逃げてきて、理想の社会建設をめざし、わずかな年月のうちにイングランド人の人口は劇的に膨れあがった。）やむなく会社は、新しく入植してくる者の人数制限を緩和したが、その一方で市民の権利と自由はきちっと抑えていた。新来者は表向き自由市民であったが、オランダ西インド会社の統治権を、毎年、納付金、もしくは税金を支払うことで認めなくてはならなかった。

二〇年たつと、ニュー・アムステルダムは繁栄したオランダの町に似てきた。破風造りの屋根、風車小屋、石造りの教会、いくつかの大きな石造りの家、拡大された要塞、知事の住居、学校ができた。しかし、こうしたものの主要目的は、その雇用者のためにお金を生むことであったので、ニュー・ネーデルラントの知事たちは、市民社会を作りたいとする植民者たちの願いに熱心に耳を傾けることはなかった。彼らは、非情にも植民者にあれこれ命令し――気紛れで彼らを解雇したり奨励したり――重税を課したりしたので、初期植民者のひとりは「王様のもとでは、これ以上ひどい仕打ちにあうことはなかった」と不満をぶちまけた。多くの者は不満のとばりのもとで生活をし、その結果、共同体と外の居留地は栄えることがなかった。歴史家ジョージ・J・ランケヴィッチとハワード・B・フュアラーは、『ニューヨーク市小史』でこのように記している――「物理的にこの町は、〈オランダ様式にのっとって〉いたが、その野心と利益の観点からすれば、大いに非オランダ的であった」。つまり、独創力とエネルギーが不足していたのである。この活力のなさは、この町と植民地が、利益を生むことを唯一の目的にした株式会社によって運営されていたことを考慮するなら、驚くべきことに見えるかも知れない。しかし、個人的自由と昇進が制限された国民が、指定された任務に飛びつく可能性がないというのは、それほど奇妙なことだろうか。

一六四〇年代初期、残忍な知事であったアムステルダム商人ウィレム・キーフトは、ハドソン渓谷下流の先住民部族と戦争をはじめた。それは、彼らに貢物を要求したあとのことである。彼が十分練らず立案した収益を得る計画は、結果的に、恐ろしい先住民の虐殺、数十人の植民者の死、ニュー・アムステルダムの外にあった会社の前哨地の破壊や放棄となった。ニュー・アムステルダム自体は、当時、逃亡者たちであふれていた。この植民地の指導的市民八人からなる協議会は、アムステルダムの〈十九人会〉に報告書を送り、キーフトの過度の行動によって生じた企業の悲惨な苦境のあらましを説明した――多くの者は

「まだ生きている妻や子どもと一緒にこそこそ隠れ、一時間も安全でいられないマンハッタズ（マンハッタン島）の要塞内外にあって、まったく困窮状態にある」。

一六四三年、キーフトは、ジョン・アンダーヒル率いる一団のイギリス人〈インディアン・ファイター〉を雇用し、近隣先住民のすべての村を襲撃させた。彼らは千六百人の先住民を拷問にかけ殺害し、数十人の捕虜をフォート・アムステルダムにつれ帰った。そこでキーフトは、噂では「彼の右腕をこすり、大きな笑い声をあげ、まさに心から笑い」、一方、兵士たちは、捕虜に残忍行為をおこない殺害した。捕虜のひとりは壮絶な死をとげた。兵士たちが「彼を投げ落とし、彼の局部を殴打し、それを切断して彼の口に入れた。そのあいだ彼は生きていていたが、そのあと彼は石臼に置かれ、首を刎ねられた」。当然のことながら、キーフトの残忍性と貪欲が原因で、「短期間のうちに、この土地はほぼ無に帰した」。商人・戦士キーフトの行動は、ニュー・ネーデルラントに生活する圧倒的大多数の人びとの願いとまっこうから対立していた。しかし、まさにこうした人びとこそ、ひとたびお決まりの報復攻撃が起こると、キーフトの攻撃からもっとも被害を受けたのである。このタイプの戦争、つまり会社の財産が破壊され、その建前上の顧客と供給者が皆殺しにあうという戦争は、商売にとってわりがあわない。

キーフトの行動の知らせが、不満を持っていた植民者によってアムステルダムに伝えられるや、彼はただちに呼び戻された。指導的な植民者たちはまた、執拗な長い手紙を急送し、植民地問題に対しもっと大きな発言権と共同の前哨地を要求した。さらに、彼らは〈三部会〉に嘆願し、オランダの各町にあった適切な公民統治機構に似たものを求めた。つまり、会社から独立した責任ある施政である。

キーフトをすえ替えるなら、ニュー・ネーデルラント居留地とニュー・アムステルダムの町を利益の上がる場所に戻す必要があった。新任の知事はふたつの相容れない構想に直面した。つまり、株主にとって会社は利益を生む商業的企業であり、ニュー・ネーデルラントの住民にとってその居留地は、彼らの故国であり、誰かに彼らの社会を組織し規制してもらいたかった。ニュー・アムステルダムは、つねに会社の町として運営されてきた。人びとに何ができるか、彼らがどのように生計をたてられるか、どこに居住できるか、どの商品を購入、あるいは輸入、あるいは輸出できるか、どのような便宜が使用可能かなどに規制があった。税金は高く、施設は貧弱であった。会社は、被雇用者が規制なく抑制されず行動することを畏れた。規則を緩和することがいかに植民者にとって好ましくとも、直接会社のためにならなかった。〈十九人会〉が会社の最高の町の知事としてキーフトの代わりに派遣した人物は当然のこと、究極の会社人間であった。

4

ピーテル・ストイフェサントは真面目で知的な人物で、斜視で傲慢な物腰をしていた。そのきれいに髭を剃った肉づきのよい顔は、突き出した鼻と大きくずんぐりした顎が目立っていた。有名なその肖像画では、彼は恐れ気もなくじっと見つめ、そのはげつつある頭にきっちりした黒いキャップをかぶり、長いカールした髪束が肩まで垂れ、ずんぐりした顔は、首にきちっと巻かれた糊のきいた白いカラーで相殺されている。こうした装いは、彼の個性と彼の人生の取りくみ方を明確に示している。つまり、厳格で妥協しない、独善的で人を寄せつけないというもの。当時は稀な大学教育を誇りにし、文化と教育を讃嘆し、平易な「ピーテル」でなく、そのラテン語名「ペトルス」を好んだ。ストイフェサントは友人のひとりと、韻文だけの厖大な数の手紙のやりとりをしていた。彼は人生の苛酷な障害、あるいは現実から尻込みするような人物ではなかった。挫折が目的の邪魔をすることを許さなかった。たとえその挫折が、三二歳のとき右足をスペインの大砲で吹きとばされるほど恐ろしいものであったときでも。彼は銀の輪をつけた木製の義足で知られるようになる。それは会社のために失った足の代用をするもので、成人以降ほとんど彼は会社に忠実に仕えた。

ストイフェサントは一六一二年ごろ、北ネーデルラントのフリースラントという平坦な農地にある小さな町に生まれた。父は厳格なカルヴァン派の聖職者であったが、若いころのストイフェサントは、フランエーケル大学にいるとき厳格な道徳的養育から離れた。地主の娘を誘惑し（何かそれに似た醜聞で）、哲学の学士号を取得する前に彼は退学せざるをえなくなった。剛胆で抑えきれないエネルギーを持っていた彼は、ただちに自己の才能と野心にふさわしい場所をいろいろと探した。当時、トールシップ（伝統的な帆装を持つ大型の帆船）が、マストと帆を空に伸ばしいくつもアムステルダム港に群がり、世界の彼方からやってきて、また彼方へと、毎日、発っていった。この若者は西インド会社を選択し、地位の低い事務員となった。生涯はじめて船に乗った彼は、カリブ海に出帆した。上官は彼の熱意、エネルギー、そして任務に献身的であることに感心し、彼が会社の所有地を転々と移動しているとき、すぐに彼を昇進させた。彼が専門にしたのは、兵站学、ブラジル、カリブ海、そしてニュー・アムステルダム間の通信と輸送であった。天性の指導者気質と権威をものともしない姿勢とを兼ねそなえていた彼は追随者を得たが、同時に敵をも作った。幸運なことに、彼にとっての主たる敵、会社のカリブ海作戦の軍事的・政治的上級士官ヤン・クラースゾーン・ファン・カンペンは、一六四二年に死亡した。ちょうど三〇歳であったストイフェサントは、アルバ、ボネール島、キュラソー島（オランダ西インド会社のアメリカ本部）の総督として、カンペンの地位を引きついだ。

一六四四年四月、ストイフェサントは十二隻の戦艦からなる艦隊を率い、千を越える部隊をカリブ海域を横断して、プエルトリコ近くのアンティル諸島の一部、スペイン保有のサン・マルティン（英語・セント・マーチン、オランダ語・シント・マールテン）島へ運んだ。この島は、数年前、西インド会社の支配から奪い取られていて、それは、衰退の一途をたどるスペイン帝国と台頭してきたネーデルラント連邦共和国間の戦いが進行中のことであった。この闘争には、イングランド人、フランス人、そしてポルトガル人も巻き込まれた。最近数十年間のこのカリブ海の闘争と比べると、インドネシアでおこなわれていた強国間の戦闘すら小さく見えた。大艦隊がヨーロッパからくり出し、訓練をつんだ部隊をアメリカ海岸へ吐き出していた。一六三〇年、六七隻からなるオランダ艦隊は、一、一七〇門の大砲と七千人の人員を運び、ペルナンブーコ（今日のブラジルのレシフェ）沖に到着し、急遽そこを征服した。その後、数年間、西インド会社は、多数の他のポルトガルの拠点を征服し、ブラジル北東海岸の支配を拡大した。もうひとつ別の戦闘、バイーアの包囲は、八六隻からなるポルトガル艦隊と一万二千以上の部隊が関与した。

支配目的の闘争が十七世紀中葉を通じてつづいていたので、混沌状態が支配していた。貿易と旅行は、手におえない私掠者、海賊、そして国家の海軍に翻弄されていた。賭け金は高かった。ブラジルとカリブ海の農園経済の支配は、西アフリカからの奴隷貿易の支配と結びつき、利益が望めるカクテルのようなものであった。もっとも、そこから生じる悲惨な状態という恐ろしい代償を無視、ないし正当化できなくてはならなかった。平均的船員の生活条件は、ばかばかしいほど苛酷なものであった。つまり、病気にかかり、栄養不足となった哀れな者が何千と、熱帯の暑さとマラリアが蔓延した港で死んでいった。

ストイフェサントはこれらすべてを見て、鉄の意志でこうした混沌からの秩序確立を命じた。彼は、その敵対者の地位を奪い取ろうと密かに企てた。その一方で、同時に会社所有の土地から利益を搾りとり、西アフリカからブラジルにつれてこられた膨大な数の奴隷を使った。金のかからない労働が奴隷要員によってもたらされていたので、会社は砂糖、塩、馬、タバコ、染料木の貿易をおこなった。当然のこと、宝を満載したスペインのガレオン船を襲撃した。

一六四四年四月、ストイフェサントはサン・マルティン島を攻撃したが、運に恵まれなかった。スパイの情報では、この島のスペイン勢力はまばらで、準備不足であるということだった。会社の部隊を上陸させ、スペイン砦下の浜で自分たちの防御を強化したあと、スペイン人に対しただちに降伏するよう要求した。彼らは降伏する意思がなかった。じっさい、彼らは最近、増強し補給していたので猛烈に大砲を射ってきた。それでもストイフェサントは部下に攻撃を命じ、長期の包囲攻撃にそなえ大砲を備えつけた。この性急な司令官が土の防衛堡塁によじ登り、部下に対し憎いスペイン人をやっつけてもっと大きな栄光へむかおうと扇動していたとき、要塞から大砲の弾が火薬の煙で充満した空気のなかを飛んできて、彼の膝から下の右足を直撃した。足は粉々になった。呻きながら地面に崩れた彼は、それでも包囲攻撃の継続を命じた。しかし、それは望みがなかった。彼の部下は追い返され、壊れた彼の体は荷車で船に運ばれ、外科医にひどい傷の診察をしてもらった。いいとは見えなかった。足は切断しなくてはならない状態にあった。

十七世紀の外科技術では、ほとんど慰めも成功の見込みもなかった。的を絞った麻酔が使えない。あるのは非衛生なノコギリとナイフだけで、外科医は手足を切断するとき、速さとかなりの運に頼るしかなかった。死の確率は成功と同じくらいで、とりわけ西インドではそうであった。ここでは、息苦しい湿気と刺すような暑さのため感染にもってこいの環境にあったからだ。ストイフェサントは難局を乗り切った。それは外科医の技術だけでなく、彼の鉄の意志を明かすものである。手術後、精神錯乱状態で熱にうなされた彼は、それでも西インド会社の上司たちに手紙を書いた。「栄誉ある、賢明な、先見の明があり、とても謙虚な閣下方」と彼は書きはじめ、次のように報告した。「わたしは望んだほど成功できず、右足を失うという小さくはない障害を負いました。足は無粋な弾により吹き飛ばされたのです」。

彼の言うその「小さくはない障害」のため、彼は管理の任務に集中できなくなったのだろう。もっとも彼は最善を尽くし、ひどい苦痛とヒリヒリする切り口から出る胸の悪くなる膿に気づかないふりをしようとした。その部分には、血のついた湿った包帯が巻かれていた。傷はきちんと治る気配がなかったので、ストイフェサントの内科医たちは、感染がはじまる前にもっと気候の良いところに戻るように助言した。しぶしぶ彼は受け入れ、カリブ海での作戦行動の指揮官としての地位を辞した。任務についていたのは一年にみたなかったので、彼は自分の経歴のことが心配になった。十月に出発した彼は、熱と苦痛とに悩まされたひどい航海ののち、一六四四年十二月、アムステルダムについた。

オランダに戻った彼は姉夫婦の家に逗留し、そこで傷が癒えはじめた。この家庭にはまた、姉の夫の妹ジュディス・バイアールトがいた。彼女はカルヴァン派聖職者の三七歳の娘で、彼が療養中に看護婦役を引き受けてくれていた。年齢から彼女はオールドミスとみなされ、結婚はまったく諦めていただろうが、彼は彼女に恋をした。彼女はなんといっても数ヵ国語が話せ歌がうまく、音楽の洗練された趣味と流行服の勘があった。ふたりは一年経ずに一六四五年八月に結婚し、新世界で一緒に暮らす準備をした。とはいえ、今度はストイフェサントは、はるかに北で新しい挑戦をはじめることになる。ニュー・ネーデルラントの長官になったのである。オランダ西インド会社は、彼がこの地で独立政府を求める不穏な圧力を鎮め、ヴィレム・キーフトが残した窮地を処理してくれることを望んでいた。会社は、彼が献身的に義務を遂行し、会社のために英雄的にも片足を犠牲にしてくれたことにひどく感じ入っていた。しかし、彼は同時に、物事には自然の配剤のあることを疑わず、自分の忠誠がどこにあるべきかを十分心得ていた。

〈十九人会〉は、もっと強力な長官なら、しだいに増えていく不満の書簡が〈三部会〉に届くのを止めてくれるだろうと考えていた。植民者たちの多くは〈十九人会〉の被雇用者であったが、政治的権利を求め運動していた。会社は屈服するより、独占を勝ち取る計画を立てた。ストイフェサントにしてみれば、足を失ったことはまぎれもなく自分の運をまっとうせよという明快な声であると見ることができた。たしかに、自分はまず確実な死を免れた。主が自分に対してもっと大きな意図をお持ちだったから、と考えた。

一六四七年八月、ストイフェサントとジュディスは、船の甲板から生涯の残りのあいだ故郷と呼ぶことになる場所がどこか探っていた。遠くからは、ニュー・アムステルダムが風車、破風屋根、不規則に広がる農場を備えた、風変りでおもしろい町に見えた。しかし、成長をつづけるこの町のこうしたかわいい姿の下には、この場所を分裂させかねない頽廃が隠れていた。それは畜殺場であった。強い確信のない者はひるむ可能性のあるものであった。しかし、ストイフェサントはやはりストイフェサントにほかならなかった。この場所を立てなおすことが彼の任務であり、また挑戦でもあった。

キーフトが起した「土地を荒廃させ、人を追い払う戦争」の余波はいたるところに見られた。数百人の兵士と義憤にかられた植民者、そして会社の被雇用者は目的もなく放浪していた。流血の場と化した彼らの住居は、泥だらけの通りに散在し、荒廃したアムステルダム砦の中庭をふさいでいた。ストイフェサントは、この砦は「要塞というより、モグラ塚に似て門がなく、壁と稜堡は人と牛に踏みつけられている」と記している。人と牛は自由に彷徨い、囲い地と居留地のなかで草を食べていた。適切な港がなく、酒場は雨後の筍のように建っていた。人は、その居留地のように「とても野蛮で、道徳心がゆるんでいた」。

ストイフェサントは、三年でこの植民地を完全に再編しなおし、次の課題に移る計画を立てていたが、ニュー・アムステルダムで〈将軍〉としてすぐに知られた彼は、次の十七年間、そこを統治することになる。彼は多くの変革をなしとげ、がたがたの前哨地を、産みの苦しみの時期を経由し、繁栄した居留地に導いていった。彼は日曜日のアルコール販売を禁止する法を実施し、ナイフを使った争いに罰金を課し、その他の軽犯罪や犯罪に厳格な処罰をくだした。彼の処罰には通例、投獄、重労働、パンと水だけの食事が含まれていた。ふたりの水夫が時間通りに船に帰還できず岸でみつかったとき、科した処罰は「手押し一輪車や四つ手運搬器に三ヵ月連続して鎖でつなぎ、もっとも過酷な労働に従事させ、食事は厳密にパンと水だけであった」。

ストイフェサントは命令と法令を発布し、不潔な社会を綺麗にし、公式の街路を作った。でこぼこでうねった横丁とヘビのようにくねる山羊の通り道では、家を移動させて敷地境界線を引きなおした。荷車にスピード制限を設け、主要な大通りは玉石で舗装した。次に彼は、無法の「どこにでもいる豚」、牛、山羊、馬に着目した。こうした家畜は共同体を思いのまま彷徨し、惜しげもなく通りに撒かれているゴミをあさっていた。居住者たちはすぐ罰金を課せられた。「ゴミ、汚物、灰、牡蠣殻、動物の死骸など」を、片付けてまっすぐにしたばかりの街路に捨てていたからである。もはや肉屋は、食肉用の胴体から出るくず肉を表の入り口から投げ捨てるわけにはいかなくなった。動物の糞は、その動物の持ち主がきれいに処理しなくてはならなかった。さらに屋外便所は、もう汚物が溢れないように掃除・管理するよう命じられた。なぜなら「大悪臭と、それゆえ通行人にとって大迷惑となるだけでなく、街路を不潔で使用できなくする」からであった。

〈将軍〉は木製煙突と藁ぶき屋根を違法とし、火災監視員を設けて、革製の火消しバケツを戦略上、街路の隅に設置することを義務化し、「本物のアムステルダムの〈エル〉（英国で使用された長さの単位で、約一一四㎝に相当）、度量法、重量単位があらゆる商取引きで使用されるよう」要求した。彼は貨幣体系を作り、そのひとつは貝殻玉を標準価値にし、それを法定貨幣として受け入れない場合は非合法とした。次にストイフェサントは、公式の市場の日を火曜日と土曜日に設定し、拘置所をつくり、警備隊の巡回制を確立し、公式のゴミ捨て場をつくった。いまだできていなかった大きなドックの建設を命じ、船舶の荷物の積みおろしをするようにした。しかし、彼は貧民救済制の確立に抵抗し、孤児院と病院に資金を出すことを拒み、大いに要求があったにもかかわらず、公立学校を義務化しようとはしなかった。ところが彼は、砦と教会の維持と拡大には公金を惜しみなく使い、大きな溝、あるいは厚板を張った運河を町に通すよう命じた。旧来のやり方を変えることに不平は多々あったが、彼は疑いもなくこの町をより住みやすいところにした。

父親的で権威主義な彼のやり方こそ、人びとをいちばん苛立たせた。彼は自分で決定し、税金、ときどき不人気のものを課す場合も、相談や警告はなかった。多くの者にとって、彼は会社の頭にほかならなかった。つまり、会社の要求を最優先にする人物であった。それは、ある程度まで正しかった。つまり、ストイフェサントは、忠実で着実に彼の雇用者の利益を守っていたが、もっぱらそうであったわけではない。彼が居留地と植民地に対しておこなった改善の多くは金がかかった。そうしなければ、会社の本部に利益として送られるはずの金である。しかし、植民者にとってもっとも癪に障ったのは、先住民部族との取引きをふくむ、植民者の貿易活動すべてにわたり、会社の独占を維持・執行していたことであろう。ここは、人間の独創力にこうした束縛を加えていては繁栄できない、そう多くの者は不平を述べていた。

会社の被雇用者だけが、長官と彼の粒よりの協議会の規制に従うよう強制されるべきと提案されたとき、ストイフェサントは腹を立てた。「われわれの権威は、神と西インド会社からのものであり、少数の無知の家来の快楽によるものではない」と、彼は冷静に彼らに伝えた。もうひとり別の者が、ひねくれた態度でこう意見を述べた。つまり、ストイフェサントに公然とたてつく者は、「太陽と月を敵にするようなものだ」と。誰かが挑戦してくると、長官は激しい怒りにかられ、いまにも癇癪を起こしそうになったので、ある植民者たちは、彼は少々おかしいか、頭が変になって、権力を保持しておく熱情と欲望がそれほど強いのだと信じていた。信じる宗教についても熱烈であった彼は、会社の植民地での宗教的自由を切り詰め、住民にオランダ改革派教会の信条を守るよう強制しかねなかった。彼の政策が標的にし迫害したのは、ユダヤ教徒、ルター派、洗礼派、クエーカー教徒で、ついにはアムステルダムの会社重役たちは、遅まきながら民衆の意見にこたえ、彼に他の見解に耳を貸し、同時にネーデルラント連邦共和国の寛容な慣習に従うようにと要請した。

数年間、ストイフェサントは、会社、母国、そして植民者のあいだの利益をめぐる明白な葛藤に関し、器用に細い線をまたいで立っていた。彼は、権威ある地位、そこからもたらされる尊敬、入ってくる金、可能な生活様式を享受していた。十七年間、バランスのとれた行動をなんとか維持し、植民地を一方では前進させ、他方では抑止していた。彼のような気概を有し、ひるまず狡猾に人の管理ができる者だけが、それほどの長期間、事態をまとめておくことができただろう。つまり、計りがたい複雑な夢、野心、計画を持った数千人の植民地を経営し、株式会社の統治機構を使って彼らを封じ込めることである。しかし、数年にわたり、増加の一途をたどる植民者は、もはや会社に直接雇用されておらず、会社が自分たちの生活に対し権力を振るうことに憤慨していた。

とはいえ、ニュー・アムステルダム住民の自由と権利に関するストイフェサントの努力は、顕著にも彼の熱意のなさを例証した――つまり、彼の妨害と抵抗、彼の〈家臣〉との長期にわたる葛藤であった。彼が好んだのは、時の試練をへた軍隊的独裁モデルであり、これを一種の企業効率で加減していた。この効率は、アフリカの奴隷貿易や他の会社がさらに南で実施している活動に効果てきめんであった。厄介な問題がはじまったのは、彼が最初にした演説からであった。それは、彼とその側近たち（ここには、数人の助言者と船三隻分の兵士がいた）が海岸に上陸したときにおこなったものである。胸当てが花綱で飾られ、ベルトで尻に剣をさげ、義足を恐れ気もなく脇に突き出していた彼は、集まった町の住民に語りかけ、居留地、つまり会社の居留地に対する自分の計画を伝えた。彼は住民たちを「子どもに対する父親として、特権的な西インド会社、市民、国家のために」扱うとした。おそらくこの順序で。さらに、たぶん、このやり方が賢明であることがわかるだろうとした。

5

アドリアーン・ファン・デル・ドンクが最初にニュー・ネーデルラントにやってきたのは一六四一年のことである。卒業したての法律家として、年齢は二二歳くらいであったろう。彼はライデン大学で学位を修得していた。この大学は、ネーデルラント連邦共和国がスペインのくびきを脱しようとしていたとき、その努力の周辺でなされた哲学的・法的論争の中核にあった知的センターである。この時期は低地地方の黄金期で、共和国の世俗性と繁栄が結びつき、保守的社会の融通のきかない絆をゆるめ、新しい思想や物事のやり方を認めようとしていた。早口で話し、自己宣伝にたけていたファン・デル・ドンクは、ことば巧みにしかるべき地位についた。一種の巡回警官と検察官としてである。今日のオルバニー市に近いハドソン川上流のレンセラルウィックの、広大な半独立の敷地の所有者キリアーン・ヴァン・レンセラール(キリーン・ヴァン・レンセリア)のために働いた。やさしい目のこの理想主義者は、ヴァン・レンセラールの敷地で遠くまで広がった、住民もまばらな地域で、自分が正義の支持者、つまり住民へ法を施す存在になることを心に描いていた。

しかし、彼の雇い主は別の考えを持っていた。ファン・デル・ドンクは、特別な許可のもと〈十九人会〉から認められた敷地をぐるりと旅してまわり、その美しさと自然の壮観を大いに楽しんだ。しばしば彼はその雇い主に相談せず、自ら対応した。主人はヨーロッパにとどまっていたからだ。彼は割り当てられた土地を捨て、自分用に新しい農場を選び、あまりにも貧しくて払えないと思われる借地人からは賃貸料の徴収はしたくないと言い、ビーヴァー毛皮の闇市売買をことさらきびしく取り締まることはしなかった。このおかげで必要な収入が、大いに敷地の貧困な借地農民に入っていたのである。ヴァン・レンセラールはファン・デル・ドンクに宛てた手紙のなかで、居留者の利益を擁護しないようにと忠告し、彼の任務は「わたしの利益を追及し、わたしの損失を防ぐこと」だと指示した。「当初から、あなたは士官でなく、管理者として行動してきた」とヴァン・レンセラールは不満を述べている。しかし、彼は遠く離れたところにいた。じっさい彼は、ニュー・ネーデルラントの自分の敷地を訪れたことがなかった。そこでファン・デル・ドンクは、自分で適切と思った行動をつづけた。

ファン・デル・ドンクは、彼の新しい家が好きだった。マンハッタン島本土の北に大きな土地を得て、メアリーという名の若いイングランド女性と結婚し、自分用の土地で農業をやるために人を雇いはじめた。彼は土地の先住民部族や動植物の研究をつづけ、最終的に『ニュー・ネーデルラント案内』として彼の知識と見解を公表した。しかし、とりわけ重要なことは、厄介者という評判をとったことである。彼はオランダ西インド会社に反対する訴訟で、人びとの代表者になった。彼は傲慢にして無遠慮、頑強であった。彼は長官ウィレム・キーフトに取り入り、植民地運営を手伝う法律家として雇われる一方で、さらに目立つ役割をになった。つまり、デン・ハーグの〈三部会〉に宛てた、頑強さを増していくいくつかの抗議の手紙を巧妙に作成し、「オランダの慣習にのっとり」個人の権利を擁護した。彼は助言者の常設協議会のために闘い、すぐにキーフトの更迭を主張した。

この間キーフトは、長年にわたるニュー・アムステルダム植民者たちの大変な努力や、数十年にわたる先住民とのかなり安定した関係を平気で台無しにしたが、ファン・デル・ドンクは、彼の生涯の仕事となるものに偶然出会った。政治的に責任ある形で住民を代表する必要性であった。ラッセル・ショートは、ニュー・ネーデルラントの歴史書『世界の中心にある島』でこう書いている──「じっさい、司法体系はなかった。いやむしろ、その体系とはキーフトのことであった。判例法典はなかった。彼が好きなように、紛争解決をした。訴えはなかった。キーフトや植民地の他の長官たちには、政治的・法的体系の確立を監督する権限が付与されていなかった。かわりに会社は、ただひとつの道具を持たせて彼らを送り出していた。つまり、軍事独裁である」。

会社の指令によるこうした統治は、見知らぬ危険な外地の縁に置かれた遠方の商業的前哨地にとっては、それなりに利点があった。が、その一方で、ニュー・アムステルダムはすでにこうした制限された会社の前哨地様式を越えて発展し、ショートによれば「立派に一人前の社会に急速になりつつあった」。この社会は、オランダ西インド会社の鉄のように強い支配力から自由な統治体を求めていた。包括的な統治に対してキーフトがおこなった大いなる譲歩は、住民の利益代表者二名からなる統治協議会を設置することであった。ひとりは彼が個人的に市民から選び、もうひとりは自分であった。この新しい協議会メンバーのひとりには二票の投票権が付与され、他方、もうひとりには一票しかなかった。キーフトが二票を有する役に任命した者が誰かは想像にかたくない。そして、多数決で決定を実施したキーフトの助言者協議会は、笑いぐさのなにものでもなかった。彼と会社が農奴にほかならないと見なした住民にとっては、侮蔑であった。この植民地の中世的政治組織はもはや、この共同体の拡大する精神を封じ込めることはできなくなっていた。

アメリカで家庭を持ちたいと願う、増加の一途の居留者の多くの者のように、ファン・デル・ドンクはこの居留地の貧弱な状態に悩まされていた。多くの面で、その潜在力を発揮できそうにないことは明白であった。理想主義者ファン・デル・ドンクは、この新しい土地へ熱情を抱き、自身がたどる未来の進路を決定する人びとに自由があると信じていた。後者は、ライデンで大学生活を送っていたとき、徐々に彼に教え込まれた理想である。こうした熱情と信念のはけ口を探し出していた。オランダ市民としての居留者は、オランダと同じような法的権利にあずかる資格はないのだろうか。従来、他の独占貿易前哨地がこうした問題に関心をよせることはなかった。なぜなら、ほとんどの場合、決められた期間をつとめあげて故国に帰る被雇用者が配されていたからである。ニュー・アムステルダムの場合、住民のほとんどが現実に留まり、この新しい土地を自分の故郷とすることを望んでいて、大勢の不満を抱いた商人、小売商人、農民はファン・デル・ドンクという代弁者を得た。しかし、会社は統括組織に強力な代議制度を有し、その独占権に容易に異議が唱えられることのないようにしていた。この問題はもっと自治を与えれば解決できるというものではなく、もっと断固とした管理をすればよいのだと、〈十九人会〉は踏んでいた。

ストイフェサントが一六四七年八月、最初に大またで下船してから、何日も何週間もかかったが、ただちに会社のこの居留地を徹底的に見なおしはじめた。彼は、ニュー・アムステルダム――地域の会社本部と見ていた――を価値ある資産にした。同時に彼は、反逆的な輩が起こす問題の処理をはじめた。彼らは、植民地にもっと大きな自治統治権をよこせとする文書を作成していた。ストイフェサントが統治していた期間のほとんどで、若い弁護士ファン・デル・ドンクは目の上の瘤といってよかった。だが年齢差が八歳しかないファン・デル・ドンクとストイフェサントは、敵として出発したわけではなかった。じっさい、ファン・デル・ドンクははじめ、きびしい新任の上司に取り入っていた。この共同体は小さく、誰もが互いに歩ける範囲に生活していたので、日々の仕事を円滑におこなうには良好な関係が必要であった。ファン・デル・ドンクの妻がイングランド出身であるので、英語がとても流暢で、隣接のイングランド植民地との取り引きではストイフェサントの助けとなった。これは重要な任務になっていた。というのも、一六四〇年代ごろになると、ニュー・アムステルダムは北アメリカ船舶の中心的な拠点として頭角をあらわしはじめていたからだ。南北にあるイングランド植民地にとって、集散地としても機能していた。

一六四八年ごろ、ファン・デル・ドンクと仲間の扇動者たちはストイフェサントを説得し、彼の絶対的権力にいくらかでも制限を加え、九名の助言者からなる評議会が、植民地の共通の利益に関し長官の決定を指導できる権能を、ストイフェサントから取りつけることができた。ファン・デル・ドンクは、ストイフェサントが評議会に彼のポストを承認した直後から、自分はじっさい、改革の駆け引きに関与し、長期にわたり関わっていたことを明かした。彼はこの協議会の座長になり、協議会のための政治活動に精進し、周辺の農場や村落へ出かけ、居酒屋で商人に会い、港を巡回し船長たちと仕事の議論をした。支持を集め市民の欲望と願いについて知る一方、彼は不満のリストをまとめ、ニュー・アムステルダムの住民に対する市民権を主張した小冊子を作った。こうした所感は、オランダに見られた責任ある市政の伝統に深く根ざすものであった。つまり、任意の税、腐敗、政治的・商業的情実に染まらない伝統であった。しかしながら、ストイフェサントのような自尊心の強い男は協力を困難にした。つまり、彼の究極的な責任は会社に対してであった。こうした状況からは葛藤が生じ、それを乗り越え公共の用を充たす必要があった。

ファン・デル・ドンクは、オランダ政府が居留地を引きつぎ、会社の支配を実質的に終えてほしかった。ふたつの対立する推進勢力が、この時期、ネーデルラント連邦共和国内にあった。ストイフェサントはひとつの勢力を代表していた。貿易王、奴隷商人、戦士、つまり残忍な拡張主義者たちであった。彼らは会社と国家に忠実で、しばしば地球規模の貿易を支配しようという忠誠心と、敵対するイングランド人、スペイン人、ポルトガル人に対する商業的・軍事的戦争に求められる忠誠心とを混同していた。ファン・デル・ドンクはもうひとつの勢力を代表していた。思慮深く、ルネサンスに刺激された哲学者と法思想家たちであり、自然法と個人の自己決定権を擁護していた。当然、彼の立場は、ストイフェサントの究極的な仕事と相容れなかった。つまりそれは、ニュー・ネーデルラントを運営し、遠いところにいる株主の財政上の利益を図ることであった。市民の権利は二の次であった。

このふたりの男の軋轢は、年がたつにつれ大きくなっていった。ストイフェサントは、ファン・デル・ドンクの行為を反逆的であると考えすらした。ファン・デル・ドンクが統治評議会に高い地位を与えてもらったあとで、なぜ執拗に嘆願書を書いて集会を持つのか理解できなかった。彼は権力の観点から世界を理解していたので、ファン・デル・ドンクが彼を退け、その権力を自分のものにしたいと思っていると考えた。ファン・デル・ドンクは同じように、ストイフェサントが妥協することなく、だんだん敵意をつのらせていることに困惑していた。ファン・デル・ドンクはこう主張していた――「こうした人たちは彼といつも仲のいい友人であり、少し前まで彼らのことを彼は、国家のとても栄誉あり有能で知的な、そして敬虔な者と見なしていた。しかし、彼らが長官の意向に従わなくなるや、彼らはあれやこれやの者になり、ある者は早い話があれやこれやで悪漢、嘘つき、反逆者、金貸し、浪費家とされ、絞首刑が彼らにふさわしいものとなった」。

ストイフェサントはファン・デル・ドンクを逮捕し、協議会から追放して刑務所に収監した。その間、評議会がやった「反抗的で侮蔑的」行動が審議された。彼はファン・デル・ドンクを反逆罪で訴追した。死刑の免れない罪である。絞首台が立てられていたのに、手を引こうとする者は誰もいなかった。しかし、ストイフェサントは、共同体の余りにも多くの傑出した人たちが自分に反対していることがわかり、ファン・デル・ドンクを釈放した。もし、ストイフェサントがオランダの法を露骨に無視したというのなら、彼を暴君として糾弾できた。しかし、ファン・デル・ドンクは釈放されるや、市民権を議論する活動に戻った。市民権は時代精神のものであった。一六四八年、ヨーロッパ中に平和が宣言され、三十年戦争が終結した。スペインは公式にオランダの独立を認めた。西インド会社が海賊行為の認可された企業組合になる必要は大いに減り――じっさい、いまでは違法であった――、会社の軍隊式長官に共和国最大の植民地のひとつを統治させることは、時代錯誤であると見られはじめていた。結局、会社に認可された特権は、第一に、カリブ海でスペイン船舶を攻撃することに私的資本が利用できることであった。

一六四九年七月二六日、ファン・デル・ドンクは評議員とともに「ニュー・ネーデルラントの平民の嘆願書」に署名し、彼は「抗議書」に最後の一筆を加えた。後者は八三ページに及ぶ公式の告訴状であり、ネーデルラント連邦共和国の基礎であった法的原理にもとづくものであった。それは、ファン・デル・ドンクの最後を飾る業績であった。長年たずさわった仕事の頂点とも言えるものである。彼と評議会の他の二名は船で大西洋を横断し、彼らの申し立てをデン・ハーグのオランダ政府に提出した。ファン・デル・ドンクは「ネーデルラント連邦三部会へのニュー・ネーデルラントの人民による挨拶のことば」において能弁に語った。彼の主張はこうだ。つまり、居留地は無能で堕落した西インド会社によって壊滅・窒息・抑止されており、住民は国家政府の権威のもとに置かれるべきであり、そうすれば現在ある「とても貧しく低級な」状態が軽減されるだろう、と。彼はさらにつづけ、ストイフェサントは「ニュー・ネーデルラントの繁栄を破壊する強欲な人間」であり、「すべての常住住民、商人、市民と小作農民、農園主、労働者、雇われ人」から罵られている、と主張した。植民地はその潜在力を発揮しておらず、もし住民に対し、経済的自由と現地の政府と低い税が許されないなら、将来もその可能性がある、と。

彼の指摘によれば、イングランド植民者らは「わが国が彼らの国より優れていることを十分知っている」が、会社が管理していては成長と発展は窒息してしまい、「ニュー・ネーデルラントの名すらなくなり、オランダ人はそこでは何も言うことができなくなる」という。「抗議書」は、校舎、教会、孤児院、その他政府機関がなく、これらを会社は設置しそうにないと訴えている。この嘆願書は、会社からそのすべての権威を剥奪すべきで、それは「栄誉ある会社の統治下では、この国は繁栄しない」からだとしていた。

「抗議書」に促された〈三部会〉は一六五〇年に行動を起こし、西インド会社にオランダの伝統にのっとり、もっと自由な統治形態を作るようにと暫定的命令を出した。それにより、会社は制限していたのだが、もっと多くの移民を促進するようにと命じられた。一方、ファン・デル・ドンクは大いなる努力をはじめ、植民地への積極的関心が引き出せたので、「以前は、ニュー・ネーデルラントなどは語られもしなかったが、いまでは天地がそれに掻き立てられているようで、誰もがその土地のいちばんよい場所を最初に選ぼうとしている」と言う。二年後の一六五二年、〈三部会〉は会社に対し、機能を果たして責任のとれる市政府を設立するよう命じた。ストイフェサントはオランダに戻り、彼の行動の責めを負うよう命じられた。ファン・デル・ドンクは、数年間、家と家族から離れていたが、その後戻ったとき、〈三部会〉の書簡をストイフェサントにみずから渡し、九人の評議会における彼の地位は回復された。

6

それは、記念すべき画期的な決定であった。北アメリカと世界の歴史を書き換えた可能性がある。もっとも、戦争による浮沈がなかったならの話である。ファン・デル・ドンクが大西洋を横断する前、オランダとイングランドの艦隊がイギリス海峡で激突した。それが、第一次英蘭戦争のはじまりであった。大方は、地球規模の貿易をめぐってのものであった。いまやオランダ西インド会社は優位に立ち、〈三部会〉を説得し、以前くだされた命令を撤廃させた。オランダはイングランドの侵入を懸念していたので、ニュー・ネーデルラントで長年夢見られていた自由は再度否定された。ラッセル・ショートはこう記している――「ファン・デル・ドンクの行動主義はわずか数週間前には、オランダの法的進歩主義が満開状態にあり、国家の海外の州にテスト・ケースとして適用されたものとして賛美されていたが、突然、ひどく危険に見えはじめた」。会社の特許状は無効になることはなく、ストイフェサントは召喚されなかった。戦争が開始されたので、会社の本来の目的、つまり外国の敵と戦う代理人としての目的は、再度、重要になった。しかし〈三部会〉は、機能をはたす市評議会を設立するようにという会社に対する要求は少なくとも保持していた。

〈十九人会〉はその勝利で復讐的態度に出て、この状況を利用した。彼らはファン・デル・ドンクがニュー・ネーデルラントに帰還することを許さなかった。結局、植民地は彼らの独占的特別保留地として再度肯定され、ドンクは彼らの特許状と権力を失わせかねなかった悶着をおこす人物ということになった。幾度も交渉したすえ、やっと家と家族のもとへ帰る旅券が交付された。一六五三年の終わりのことである。行政で働く権利を放棄し、北アメリカ植民地で永遠に弁護士業をおこなわないと同意してのことであった。会社は、彼が去勢される限り会社の保有地で生活することを許可した。彼の大義は永遠に失われたように見えた。ファン・デル・ドンクは、みずから「完全に気落ちし、落胆した」としている。

大西洋を渡ったのち、彼は市民権獲得の扇動活動をつづけたが、秘密裡にであった。ストイフェサントは、いくつかの改革をめぐり行動を起こさなくてはならなかった。たとえば、標準的営業許可税の徴収、保安官ら官吏のポストを埋めること、公的な市庁舎を建設することなどである。ヨーロッパで戦争が起こり、ニュー・アムステルダムが攻撃される可能性があることを考慮し、ストイフェサントは大きな防御壁の建設作業を開始するよう命令を出した。この壁は旧要塞の周囲七〇〇メートル以上にわたり、結局ウォール・ストリートを生むことになった。このように率先しておこなったこともあったが、こと市だけでなく軍事的基盤となると、会社の財布の紐はとても固いと市民は感じていた。居留地の防衛は貧弱だとストイフェサントは十分わかっていたので、会社の重役に対し、より多くの軍隊、船、装備をしばしば要求したがなしのつぶてであった。これらには金がかかったし、切迫した要求がなければ認可されることはなかった。植民者たちは十分に守られていないことを知っていて、その状況について頻繁に不満を述べていたが、ストイフェサントは同情はしても、板挟み状態にあった。ニュー・ネーデルラントにとって幸いなことに、戦争は北アメリカまでやってくることはなく、イングランドとの平和条約が一六五四年に調印された。

しかしながら、植民者と会社との葛藤はつづいた。ストイフェサントは、限られた市政に対しいかなる税徴収の権限をも与えなかったので、市政の新規構想への資金提供は会社に依存していた。会社と市政は共同で植民地経営をおこなったが、その協力関係は幸せなものではなかった。エドウィン・G・バロウズとマイク・ウォレスは『ニュー・ヨーク市の一八九八年までの歴史』でこう記している。つまり、ふたつの両立しない協議会は、一方は人民を代表し、他方は会社を代表するものであったが、「たえず上位にあろうと口論し、けちな利益をもとめ策略をめぐらした。両者間に、任務の明確な区分がなかったからだ」。会社は利益の上がる取り決めにはいかなる変更もよしとはせず、独立した植民地になるより、植民地が事業所の中心であること、つまり会社の所有地でありつづけることを望んだ。結局、会社は数十年前に植民地を開始していたので、独立の制度的機構の必要はないと考えた。ネーデルラント連邦共和国が平和なときには、しかしながら、商業管理が必ず時代遅れのものになり、被雇用者でない恒久的な住民の要求がだんだん耳障りになってきた。

トーマス・J・コンドンは、『ニュー・ヨークのはじまり』でこう記している――「西インド会社と平民の指導者間の闘いを、独裁勢力と民主勢力の抗争、あるいは貪欲な商業的企業と努力する自由人集団の抗争と理解しようとしたら、かかわった歴史的問題の様相を公正に扱うことにはならない」。しかし、会社に全面的に悪意があるというわけではなく、その最大の失敗は植民者に忠誠心をつちかうことができなかったことにある。居留地住民の多くはオランダ語すら話すことができず、北アメリカで生まれた者も、また厳格な親政主義の法律と世界観を持つニュー・イングランドの抑圧的社会から逃れてきた者もいた。他の者は、ドイツ、フランス、あるいは他のヨーロッパからの出身者であった。十八の異なった言語が、初期マンハッタン島居留地で話されていたと言われている。このように多文化的集合が生んだその結果のひとつは、人民の忠誠心が流動的であったため、封じ込め方向づけることが困難だったことである。それだけ多くの異なった方向に引っ張られていたのだ。

市民にむけた市民の責任を独占企業に任せる際、ネーデルラント連邦共和国の〈三部会〉は忠誠心の喪失という代償を払った。植民者たちは共同体には忠実であったが、同じように会社に忠実ではなかった。とりわけ、その本拠地が広大な海のむこうにあったからである。彼らは国家に裏切られていると感じていた。国家は望まれない、たぶん憎まれていた企業を彼らに押しつけつづけていて、だから彼らは国家の敵と戦う意志を失っていたのである。そこで、リチャード・ニコルズ大佐とイングランドのフリゲート艦が一六六四年にニュー・アムステルダムを脅かしたとき、植民者たちはほとんど抵抗する気がなかった。彼らは自分たちの生活を捨て、家族の生活を危険にさらす、あるいはその農場や仕事を賭けてまで妨害的独占を守ること、そしておそらく西インド会社とその傲慢な長官ストイフェサントの利益を守るために死んだり財産を失ったりすることは望まなかった。とりわけそうであったのは、イングランド人が彼らに多くのことを約束したときであった。その約束は、彼らが長年にわたりオランダ会社から勝ち取ろうと闘い、うまくいかなかったものであったのである。

一六六四年九月八日、ストイフェサントとその少数の守備隊は住民の意志にうながされ、フォート・アムステルダムを行進して「太鼓を叩き、旗を翻させ」出て行き、正式にニコルズとイングランド軍に降伏した。オランダ会社の軍隊は乗船し、争う余地のない政治権力としてのイングランドをかつてのオランダ植民地にのこし、すぐヨーロッパにむけ出発した。新しい政治的主人となったニコルズは、自分のなしと

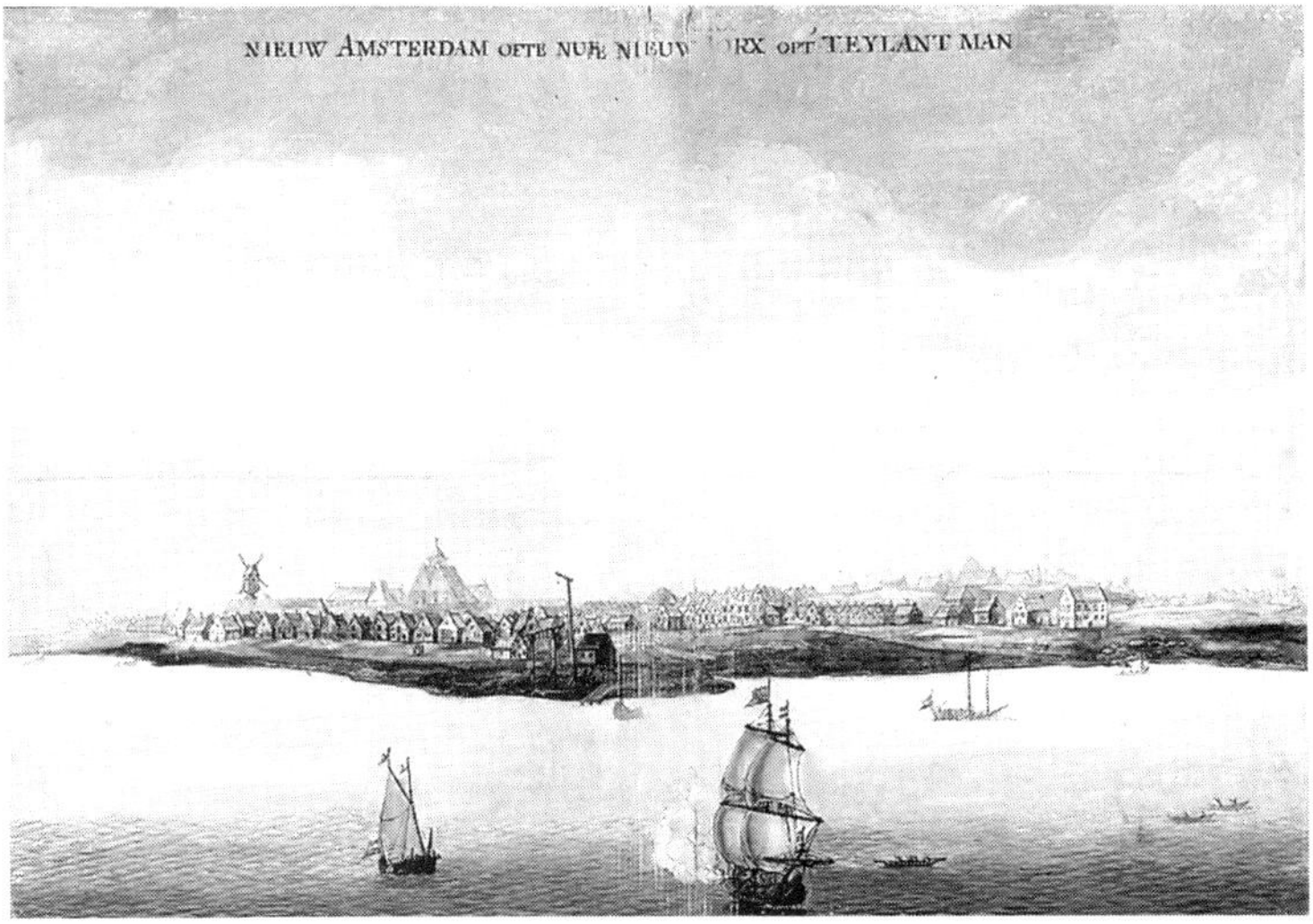

9月にイングランド軍に占領された直後のニュー・アムステルダムを描いたヨハネス・フィングボーンスによる色刷り版画（1664年）。イングランド人はこの町をニュー・ヨークと改名した。

げたことを悦びながらその新しい所有地を巡回した。なにしろ彼は、一発の銃も撃たずにこの全植民地を手に入れ、イングランドに対し以前のニュー・ネーデルラントだけでなく、北アメリカ東海岸全域におよぶ支配権をもたらしたのだから。

彼は急ぎこう宣言した。つまり、以後、フォート・アムステルダムは、フォート・ジェイムズと呼び、ハドソン川に沿った内陸のフォート・オラニエは、フォート・オルバニーとして知られるようになり、ニュー・アムステルダムの町は、そしてじっさいにニュー・ネーデルラント全域は、いまやニュー・ヨークとなる、と。イングランド国王チャールズ二世はこの知らせを聞き、フランスにいる妹（オルレアン公フィリップ一世妃ヘンリエッタ・アン）宛ての手紙でこう記した――「わが国がニュー・アムステルダムを手中におさめたことを聞いたことだろう。そこはとても重要な場所で、……われわれはそれをしのぐようになり、いまではニュー・ヨークと呼ばれている」。当時、その植民地全体には約九千の住民がおり、そのうち数千人がマンハッタン島のニュー・アムステルダムに住んでいた。

その後、一年もしない一六六五年二月に、チャールズ二世は連邦共和国に対し宣戦を布告した。数十年前に起ったアンボイナの虐殺をスローガンとして使った。これは第二次英蘭戦争の開幕であった。二国の大艦隊はもう一ラウンドの戦闘をする準備を整え、ストイフェサントは〈十九人会〉からただちにヨーロッパに戻るようにとおざなりの命令を受けた。彼はわかっていたにちがいない。ニュー・ネーデルラントをイングランド人に明け渡した不名誉の責めを負わされようとしているのだと。そして彼は防御行動に出た。アムステルダム行きの船に乗船したとき、このかつての長官は文書で武装していた。それは「もっとも正直な経営者にして国の志士であり、改革派宗教の擁護者」としての、彼の性格を証明するものであった。ニュー・ネーデルラントの庶民の社会的指導者たち、つまり過去十年にわたり彼と法的槍試合をした者たちは、過去のことは水に流すときめ、自分らがイングランド人に降伏したことをともに弁護しようとした。彼らは降伏が唯一の選択であったと主張し、こう述べた――「栄誉あるペトルス・ストイフェサント、当時、ニュー・ネーデルランド長官であった者は、イングランドのフリゲート艦が到着し逗留するや、ただちにあらん限りの手段を講じ、ニュー・アムステルダム市の市民と外の村、とりわけロングアイランドの住民を激励し元気づけ、あらん限り抵抗をするよう訴えました。まちがいなく、ニュー・アムステルダムの町と砦を可能な限り防衛するためでした。しかし、前者も後者も説き伏せてそうさせることはできませんでした。いい結果を願っていても、不可能であったからです」。

それにもかかわらず、ストイフェサントがアムステルダムにつき、大股に船をおりてきたとき、西インド会社は公けに彼を臆病、無能といって非難し、植民地をイングランド人に取られた責任を問うた。こうした告発に対し、彼は〈三部会〉で激しく反駁した。彼が成年になってから生活のすべてをささげてきた会社は彼に襲いかかり、彼が「聖職者、女性、臆病者に牛耳られ、名声をもって守れたものをイングランド人に明け渡した、それも、彼らの私的財産を救うためであった」と主張した。

会社は、ストイフェサントが大西洋を渡り会社の保有地に戻る権利を否定したので、そのため彼は妻子から、また彼が故郷とみなすようになっていた場所からはなれ、流浪することになった。自分の置かれた苦境の皮肉な事態を彼が理解したかどうか、それはわからない。最終的に彼は戻る権利を〈三部会〉から勝ち取り、マンハッタン島の彼の農場に引退し、公的生活から身を引き、ジュディスと子どもたちと静かで尊敬に値する豊かな生活を送った。十七年間、彼は、会社の主人たちに代わり北アメリカの広大な地域を支配したが、自分の関心はもはや西インド会社やオランダにはないことを悟るようになった。彼はさらに四年間ニュー・ヨークに生活し、一六七二年、ついに他界した。享年六〇歳であった。

英蘭戦争を終結させたブレダ条約で、〈三部会〉はイングランドに対し、ニュー・ネーデルラント返還要求の権利を放棄し、その代わりにスリナム（オランダ領ギアナ）を取りもどした。ここはイングランド軍が、最近、占拠していたところであった。奴隷と砂糖農園は、当時の会社にはより大きな価値があった。この取引きでネーデルラント連邦共和国は、またナツメグのラン島を獲得した。ここはＶＯＣが、最近、イングランド人から征服し保持したかったところである。その後、世界でもっとも有名な市となるところを手放し、インドネシアにある小さく不毛のナツメグの島と、南アフリカで奴隷に依存した砂糖農園をいくつか獲得した。ほぼ一世紀たった一七六四年、元のオランダ西インド会社は債務負担で崩壊した。再融資を受けて組織しなおし、一七九一年までなんとかもちこたえた。このときオランダ政府は、その株と、カリブ海と南アメリカに残っていた領土の支配権を引き受けた。

横柄で頑固、そしてみずからの権威を守ろうとするピーテル・ストイフェサントは、暴力的な男ではなかった。彼はニュー・ネーデルラントの人民を気にかけていたように見えるし、彼らの要求に同情的であった。しかし彼らに対してはきびしい管理が必要で、責任や権威を委任することはできないと信じていた。彼はニュー・アムステルダムを清潔で秩序ある法遵守の場所にしたが、貿易と移民とを制限したので、人口増加は周囲のイングランド植民地のそれとくらべ遅々としたものであった。過度に規制されていた市民は、十分に潜在力を解き放つことができなかった。彼は共同体の利益を切望してはいたものの、所詮、主人たちと株主に恩義を受け、会社の長官でありつづけた。会社、つまり植民地全体の法的所有者たち、そして彼がだんだんみずからの同胞と見なすようになった住民への義務、この両者への均衡を保つことは困難であったにちがいない。

彼は、どちらの義務にも十分こたえることができなかった。初期植民地は、強力な個性の男がそこに力づくで形をもたらす必要があった。ストイフェサントはあまりにも尊大で、短気で頑固であったので、身のひきどきがわからなかった。生まれつきの保守的本能と自分の雇い主への忠誠心に邪魔された。その雇い主とは、みずからの政策がグローバル経済の観点からいかなる意味を持つかわかっていないように見えた会社である。何年にもわたり西インド会社は植民者の自由を制限し、彼らを軍事的に保護するための十

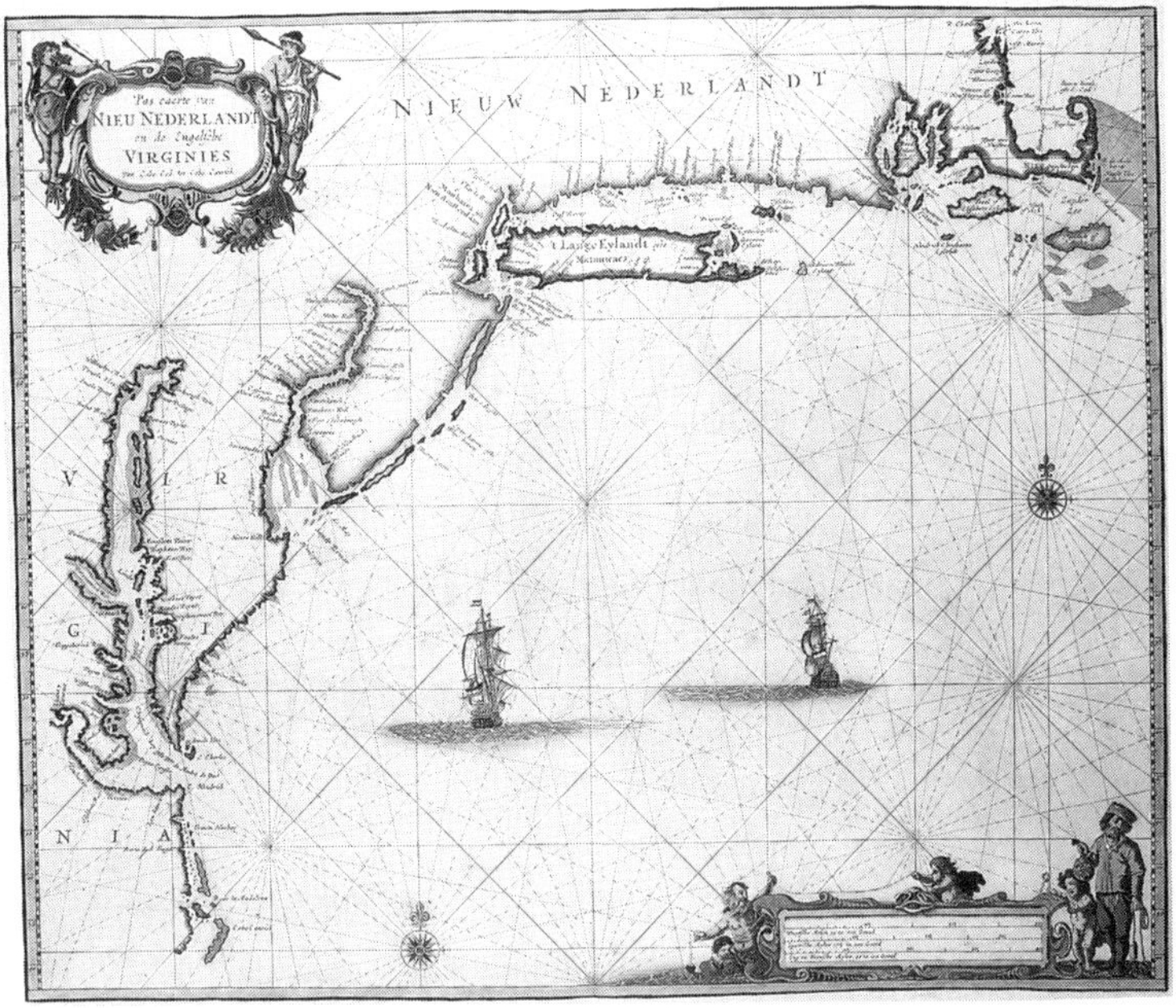

ピーテル・グースによる『コッド岬からカンリック岬に至る、ニュー・ネーデルラントとイングランド領ヴァージニアの1667年用海図』。南北に至るイングランド植民地と、オランダ西インド会社が主張する地域とが描かれている。

分な備えをしなかった。市民と会社間のこうした反目は、結局、痛烈な憤りに帰着した。

妙なことがある。ニュー・ネーデルラントをイングランド人に明け渡す前に、ストイフェサントはひとつの譲渡条項を主張していた。つまり、市民は、新たなイングランド支配において「宗教における良心の自由」とその他の自由を「保持し、享受する」というものである。その結果、イングランド人の統治下にあったニュー・ヨークは、文化的・宗教的寛容がオランダ共和国に似ており、周囲のイングランド植民地とはまったくちがっていた。ニュー・ネーデルラントのこの貿易王は、ニュー・アムステルダムを賑やかなコスモポリタンの港に作り、将来の成長にそなえて理想的位置づけをした。と同時に、彼はそこを抑え込んでその命を吸い取ってもいた。酸素の供給を断たれた炎のように、ニュー・アムステルダムは会社の支配のもとで衰えて燻る石炭になっていたが、ついに新鮮な微風を受けて生き返り、ニュー・ヨークになったのである。

第3章
会社間の争い

サー・ロバート・クライヴとイングランド東インド会社

プラッシーでの勝利によってわたしが置かれた状況を考えていただきたい。偉大なる藩王の運命もわたしの心ひとつ、裕福な都市もわたしの思うがままでした。最高の富を蓄えた銀行家たちはわたしの歓心を買おうと競いあい、わたしにのみ開かれる貴重品保管室は、右も左も金銀宝石が山積みになっていたものでした。しかるに、議長殿、いま現在、わたしは自分が人並みであることに驚いております。

ロバート・クライヴ、1772年ごろ.

ロバート・クライヴ。彼は際立った軍事的天才で、事務員から身を起こし、イングランド東インド会社を指揮し、18世紀中葉のムガール帝国滅亡期に巨大な領土を獲得した。サー・ナサニエル・ダンスによる古典的絵画。

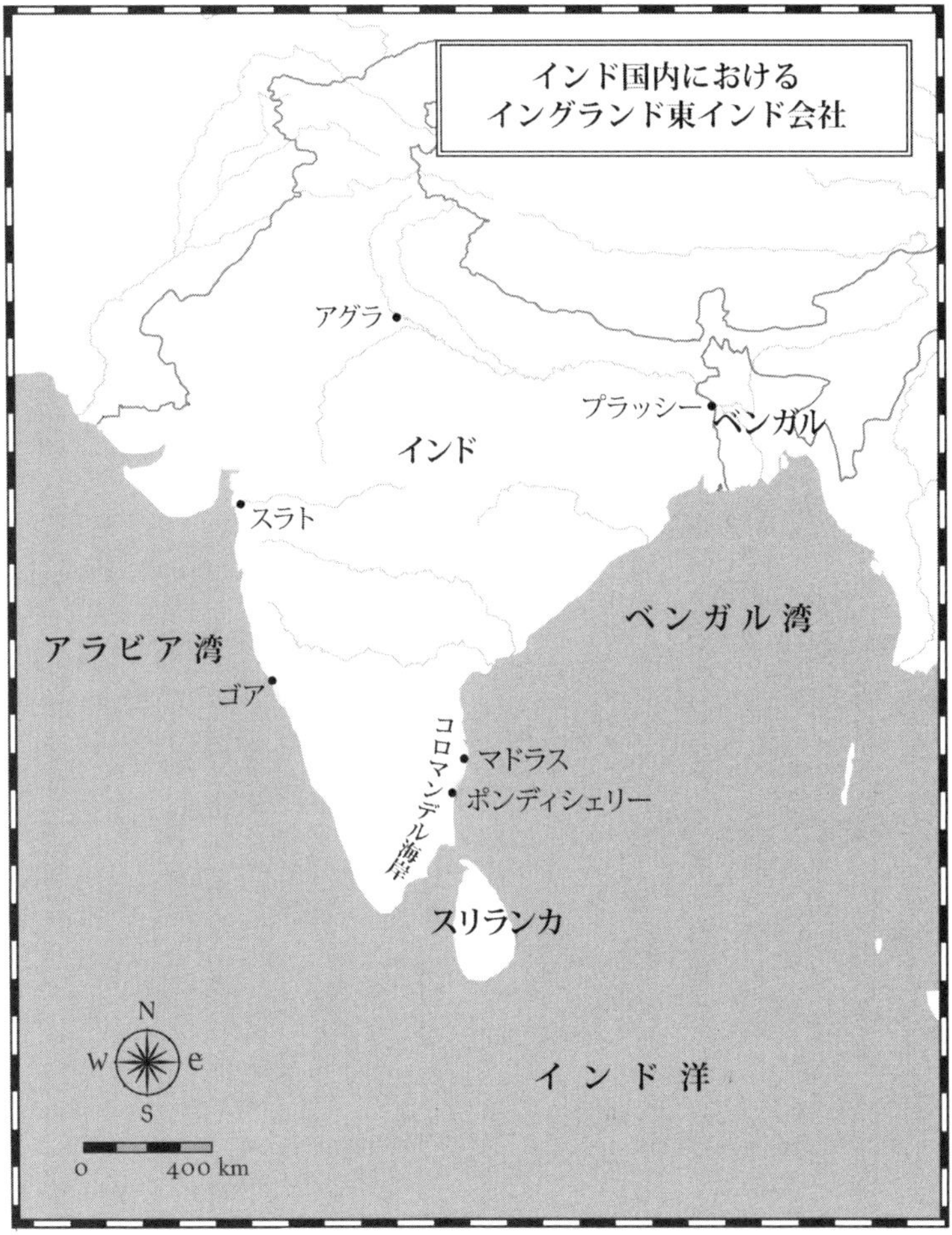
インド国内における
イングランド東インド会社
アグラ
プラッシー
ベンガル
インド
スラト
ベンガル湾
アラビア湾
ゴア
コロマンデル海岸
マドラス
ポンディシェリー
スリランカ
N
W
e
S
インド洋
0
400 km

1

一六二三年のアンボイナの虐殺以降、イングランド東インド会社の命運は行き詰った。いまや、東インド全土のイングランド商人たちはパニックに襲われ、生命の危険に脅えるようになった。オランダ東インド会社（VOC）がイングランド人に対してさらなる暴虐や虐殺を先導することに、いったいどうしたら歯止めをかけることができるのだろうか。憎きヤン・ピーテルスゾーン・クーンはヨーロッパに立ち去ったとはいえ、新総督ピーテル・ド・カーペンティールの心のなかは誰にもわからない。数年のうちに、会社の従業員たちは実質的にほぼ全員がこの地を逃れ、残るはバンタムの最小限の貿易拠点だけとなった。この大脱出は全体的な経済の衰退とあいまって、東洋市場の海運業が六〇パーセント以上も急激に落ち込む要因となった。会社は一六三〇年代の末までに巨額の負債をかかえ、資産や船舶や建物などを売却しはじめた。こうした不毛な時代には、ささやかなインドとの貿易だけが会社の命脈をかろうじてつなぎとめていた。

数年前の一六〇〇年代初頭、ウィリアム・ホーキンズは外交使節団を率いてムガル皇帝ジャハーンギールのもとを訪れた。イングランド国王ジェイムズ一世の書簡を届けるためであった。その書簡でジェイムズは、インド北西部の海岸の町スラトに貿易拠点を開設する権利を要求していた。イングランド東インド会社のインドでの貿易は、のろのろと手探りで開始されたが、十七世紀のあいだずっと、船が東洋とのあいだを頻繁に往来し、ロンドンから船出しては異国趣味の船荷を積んで戻るということがくり返された。

しかし、一六四二年、イングランドで内乱が勃発し、その後の不穏な十年間に、船旅が徐々に危険になり、交易に大きな災いをもたらした。さらに一六四九年、オリヴァー・クロムウェルが国王チャールズ一世の斬首を命じ、共和制を宣告したことから、東インド会社の国王特許状は無効となった。やがて、ライバルの貿易商たちは船体に艤装をほどこし、インドにむけて出帆するようになった。クロムウェルは会社に造船と海外貿易とを続行するようしきりに促したが、独占という恩典がなくては、会社の命運に翳りが生じるのはいかんともしがたかった。会社は苦闘した。クロムウェルもオランダ東インド会社に対し、アンボイナの虐殺に端を発するイングランド海運業への損害賠償を法的に激しく追及した。その結果、彼は会社には八万五千ポンド、また、拷問・殺害されたイングランド商人の家族には四千ポンドの賠償金を払わせることに成功した。

一六五七年一月中旬、東インド会社の総裁サー・ウィリアム・コケインは、まだ残っていた投資家たちの会合を召集し、会社の不健全な財務状況を強く訴えた。収入は減少し、短期的に見れば改善の見込みはない。これまで経費の削減がおこなわれたが効果はなく、会社の負債は増加の一途をたどっている。かくてコケインは残りの資産の清算と事業の停止を提示し、「会社はインド諸国における島・顧客・家屋敷・権利などの売却を決定した」と告げた。これまで衰退する事業を維持するために、すでに貴重な資産のほとんどが売却されていた。かつてテムズ川を彩った大いなる船隊は、世界中の刺激的な香料・香水・織物などをヨーロッパにもたらしたが、そうした遠方への出帆もやがて途絶えることになるはずだった。しかしこの件に決着がつく前に、クロムウェルと国務議会は、国家の大貿易事業のひとつがいまにも終焉を迎えようとしていることに驚き、東インド会社のために新たな特許状を作成し、十月十九日に議会を通過させた。

しかし、会社はもはや以前のような組織のままではいられなかった。たしかに、ふたたび独占権の行使を認められ、東方貿易の主要通貨だった銀の輸出禁止という法の拘束をふたたび免れることができた。しかし、それでも会社の経済的な構造はオランダ東インド会社に類似したものにならざるをえなかった。すなわち、共同資本の事業でありつつ、資本は一時的でなく永続的とならざるをえなかったのである。かつてのイングランド東インド会社は、今日のような包括的な管理や戦略を持った企業ではなく、一連の個々の投機の統合をもくろむペーパーカンパニーのような組織であった。個々の航海はそのつど資金が調達され、個々に利益を生んだり損失をこうむったりした。しかし、それでは簿記は煩雑なうえに、船出する船舶ごとに新しい資金を調達するのに手間がかかる。また、会社所有の船のあいだに競争が生じて、オランダ東インド会社に対抗する一貫した戦略を立てることも難しい。もし東方貿易で収益を上げるための足場を確立しようとするなら、オランダ東インド会社に似た構造が必要だった。そこには、たとえば強固な防備、船舶間の協力、合同工場の建設、効果的な防衛力など、共通の目標を追求するために入手可能な資本のすべてを利用できる能力がなければならなかった。新しいイングランド東インド会社が成功するためには、兵站業務・支援・防衛のための組織的戦略と、それを財政的に裏づける資金の両方が必要となるはずである。そして新しい法人の構造には、これらの問題を解決できるという見通しがあった。じっさい、ロンドンの投資家たちは、数ヵ月のうちに新しい資本のなかに七五万ポンド以上もの金額を提供した。会社はここ数十年にしてはじめて、明るい未来が待ち受けているように見えたのである。

翌年、クロムウェルが亡くなると、特許状のことはふたたび忘れ去られた。しかし二年後、王政の回復がなると、新しい国王チャールズ二世は会社に対して新たな特許状を発行し、かつて見られなかったような絶大なる権力を与えた。おかげで会社は、交戦、法の正義の執行、国外の君主との外交、領土の取得、軍隊の召集と指令、会社の独占を阻む船舶の拿捕や掠奪などがおこなえるようになった。イングランド東インド会社は、いまやオランダ東インド会社と同様、国家権力の多くを獲得した。ただし、会社に委任されたのは、それらの新しい権力を国家のためというより、出資者の利益のために展開することだった。イングランド会社は、規模からすればオランダ会社のごく一部に相当するにすぎなかったが、事実上、いまや国家のなかの国家であるといえるようになった。少なくとも、ヨーロッパの外ではそうしたものとして活動できるようになったのである。

会社は香料諸島［モルッカ諸島］において、新たにオランダ東インド会社との私的な貿易戦争に陥ることを避け、かわりに、これまでまずまずの成功を収めていたインドにふたたび照準を合わせることにした。香料はもはや貿易事業の主要な目的ではなくなった。香料を供給源から直接安く入手する道はオランダの会社に牛耳られていた。一方、インドは絹、藍色染料、綿織物、チリ硝石など、貴重な新しい取引き商品を提供してくれる。とくにヨーロッパで絶えず品不足だったチリ硝石は火薬に欠かせない成分であり、一世紀以上にわたって会社の発展を促すことになる。正式に会社の新しい本部となったのはスラトで、バンタムに残っていた数人の職員たちはスラトに移籍した。ただし、イングランドとネーデルラント連邦共和国との闘争が終わったというわけではなかった。ほんの数年後の一六六四年、リチャード・ニコルズはピーテル・ストイフェサントとオランダ西インド会社に対して、ニュー・アムステルダムの町と港をイングランド軍に明け渡すように命令した。

その後、十七世紀のあいだ、イングランド会社の貿易と利益はささやかながら堅実に推移し、インドにおいては時がたつにつれて徐々に増加していった。十八世紀初頭には、インド亜大陸に三つの明確な〈プレジデンシー〉［インド三大地域の行政上の名称］が確立された。北西海岸沿いのスラト、東海岸中央沿いのマドラス、北東部のカルカッタ（コルカタ）の三つである。インドではオランダ会社の存在感は大きかったが、インドは広大であり、オランダ会社には貿易を独占する力もなければ、ライバル会社と戦う能力もなかった。これらふたつのインド会社はある種の陰謀をめぐらせたり、チリ硝石の入手をめぐっていざこざがあったりすることはあっても、かつて香料に関して生じたような直接的な戦争とはならなかった。

チリ硝石とは、動物の糞尿に対してバクテリアが熱の力をかりて働きかけることによって、地中に形成される結晶のことであるが、カルカッタ周辺では、ベンガルの農業中心地の汚物の土壌で盛んに生成される。そこでは並はずれた温熱や長引く乾期のおかげで、最高品質のチリ硝石が産出するのである。十七世紀の貿易商によれば、「東インドは香料に劣らずチリ硝石の産出を誇りにしていた」という。インドは十七世紀末には、ほとんどヨーロッパ全土に対してチリ硝石を供給する主要な原産地となり、十八世紀までには、多くのヨーロッパの会社がインドに代理店や倉庫、またさまざまなチリ硝石生産者たちとの社会的あるいは商業的な関係を持つようになった。チリ硝石は重量があるところから、船が出港する前にバラストとして用いられ、その上で、他の貴重な船荷が積み込まれたものであった。

インドのチリ硝石は十七世紀中葉から十八世紀末まで、ヨーロッパの戦争のほとんどをいわば沸騰させた。ホールデン・ファーバーは『東方における対抗する交易帝国――一六〇〇〜一八〇〇年』において、十七世紀後半から十八世紀に入るまで、イングランド東インド会社の「販売活動は、ベンガルのチリ硝石の収益が徐々に増えて、ますます好戦的になるヨーロッパを反映するものであった」と記している。また、歴史学者ジャガディッシュ・ナラヤン・サーカーは『インド史四季報』のなかで、「チリ硝石はイングランドでの需要がきわめて高く、会社幹部筋から年間供給の継続注文があった」と述べている。チリ硝石の価格変動（戦闘状況による）は激しかったにもかかわらず、イングランド会社とオランダ会社はそれぞれ貿易活動から莫大な利益を得て、株主たちには巨額の配当金を、またそれぞれの政府には税金を支払ったのである。

十八世紀初頭には競争が激化した。オランダとイングランドの東インド会社に加えて、フランス、デンマーク、スウェーデン、オーストリアなどの会社がインドのチリ硝石を競って入手しようとした。オランダの会社はインドネシアのときのように、他国を排除することはできなかったが、この間、ほとんどチリ硝石産業を支配した。彼らは最大の倉庫やもっとも経験豊かな人びと、もっとも効率的な平底荷船の輸送システム――チリ硝石は重すぎて陸上輸送に適さない――を有していた。イングランドの仲買人や会社代行者たちは、当初、妬ましげに自分たちの窮状について記録した。彼らのなかには、残念そうに「オランダ人はわれわれより物事を上手に処理する」と記す者もあれば、「オランダ人は傲慢で、あらゆる契約を平気で反故にする」と主張する者もあった。

しかしまもなく、フランスでインド貿易に参戦しようとする別のライバル会社が活動を開始した。一六六四年に認可されたフランス東インド会社はインド南部で傑出した存在となり、一七〇〇年代初頭にはベンガル西部のシャンデルナゴルと、コロマンデル海岸沿いのポンディシェリーに根を張った。そこはイングランド会社が拠点をかまえるマドラスに近かった。フランス、オランダ、イングランド、それぞれの会社はムガル帝国の中枢権力の衰退にともなって三つどもえの競争となり、インドとの術策によって、あわや武力衝突という段階にまで達した。しかし、ムガル帝国の崩壊によって、ヨーロッパの貿易商たちは絶好のチャンスに恵まれることになった。

2

若いころのロバート・クライヴは出来のいい学生ではなく、両親は彼の未来に暗澹たる思いを抱いていた。クライヴ家はシュロプシャーの代々つづいたほどほどの地主で、修繕を要する桁外れに大きな古い邸宅があった。ロバートの父親は荘園の収入を増やすために法律の仕事に従事していた。一家は長男のロバートに大きな期待を寄せていた。ロバートは一七二五年の生まれで、下には五人の妹と弟がひとりいた。しかし、この長男は手に負えない悪ガキとなり、いくつかの有名校から放校処分になった。生まれながらのリーダーだったが、大胆で軽率、何か面白いことを考え出しては、社会道徳のグレーゾーンに吸い寄せられた。若者グループを組織して、暴力団風の用心棒代として、小売店主から金銭をゆすり取ったこともある。

クライヴは抜け目がなく独りよがりのうえによこしまで、他人の弱みにつけこむ才にたけていた。たとえ自分に分が悪いように見えても、また失敗したときの報いがどんなに酷いものであろうと、自分の本能にもとづいて行動しようとする信念を持っていた。彼はまた、同胞に対する強い義務感と忠誠心も持っていた。かつて東インド会社の取締役たちが彼の勇気を称えて、貴重な儀式用の剣を授ける決定をしたことがあった。そのとき、彼の司令官だった人物にも同様の栄誉が与えられないなら、そんな栄誉はいらないと拒んだのはその一例である。彼は金銭にはきわめて大らかで、気前がよく、社会通念にあてはまらない人物だったようである。

彼は自分の良心に従って行動し、その後の結果に対応した。この衝動的で屈託のない若者は、行動の結果には無頓着で、疑わしい冒険に心が傾きがちだった。そんな彼が、将来、インド亜大陸の大半で、イングランド東インド会社の軍事的・政治的優位を構築し、イギリスのインド統治のいしずえを築くなどと、いったい誰が想像できたろうか。後年、正式な肖像画に描かれたクライヴは、いずれも途方もなく裕福な貴族の華やかな正装に身を包み、社会的地位を維持する責任の重さに汲々としているように見える。それらの肖像画には、若いころの偉業を明るく照らし出す火花、雇用主のために帝国を勝ち取った予測不能なエネルギーの火花が、まったく感じられないのである。

クライヴは十七歳のときに、両親の意志によってイングランド東インド会社に入れられ、海外で事務員として勤務した。こうして財はなされたが、よく知られたところでは、それは事務員の業務によってではなく、狭義の事務職の埒外にあった多くのうさんくさい活動や、なかば非公式の仕事によるものであったという。当時、生き残れるかどうかは予見できない時代であり、遭難に疾病、偶発事故などはきわめて現実的な脅威であった。早世する確率は会社の初期のころほど高くはなかったが、まだ無視できない状況にあった。クライヴは海軍に守られた会社の小さな船隊でイングランドを出発し、フランスとスペインの海岸沖を航行した。そのおり護衛にあたっていた姉妹船の何隻かがカーボヴェルデ諸島近くの岩に衝突し、こなごなに砕け散るのを目撃した。たまたま磯波から引きあげられて助かった者はほんのわずかだった。その後まもなく、彼自身の乗った船もブラジルの海岸沿いで座礁した。人命が失われることはなかったが、船の損傷は激しく、竜骨から帆柱まで修理しなければならなかった。おかげで九ヵ月もの遅延が発生した。長ずるにおよび、集中力を身につけるようになっていたクライヴは、この時間を無為な楽しみで浪費することなく、ポルトガル語の学習に専念した。そして、マドラスに到着したのは一七四四年六月一日、故国を出てからおよそ一年半が経過していたが、そのころまでに、彼はポルトガル語を流暢に話せるようになっていた。

イングランド東インド会社はクライヴが到着したときには、すでにポルトガルを上まわるほど繁盛しており、まもなくオランダ東インド会社をも凌駕しようという勢いだった。そのころ、インドの政治的状況はいくぶんヨーロッパの緊張関係を反映して緊迫していた。ヨーロッパでは十七世紀後半から十八世紀初頭にかけて争いがたえず、スウェーデン、デンマーク、フランス、オランダ、スペイン、ポルトガル、神聖ローマ帝国、ロシア、ポーランド、オスマン帝国のあいだで同盟国が絶えず入れ替わっていた。ヨーロッパ大陸のどこにも戦争がないといった状況は五年とつづかなかった。ネーデルラント連邦共和国とフランスは、一六二二年から一七一三年にかけて戦闘状態にあり、フランスの貿易は打撃をこうむっていたが、その後、オランダとフランスの和平が成立したおかげで経済活動が拡大し、同時に経済上の警戒心・敵意・競争も増大した。

一七〇五年、ムガル皇帝アウラングゼーブは約半世紀にわたる統治ののち、四八歳でこの世を去った。ムガル王朝は、十六世紀に中央アジアからインドに入り込んだ侵略軍のモンゴル族に由来する。十六世紀のあいだ、ムガル軍は進軍と征服によって、徐々に、現在のインドの大部分、パキスタン、アフガニスタンの一部を支配下に収めていった。アウラングゼーブが没すると、彼の過酷な統治に苛立っていた各地の領主たちが、これを好機とばかり独立を宣言するようになり、帝国は崩壊しはじめた。権力の求心力が弱まり、帝国政府は除々に平和を維持できなくなったのである。旅行や貿易は、ますます地方領主の意向や山賊たちの動向しだいとなり、その階層が崩れて汚職がはびこるようになった。スティーヴン・R・ブラウンは『もっとも呪わしい発明――ダイナマイト・ニトロセルロース・近代世界の生成』のなかで、「各会社は武装しはじめ、小さな職業軍人の常備軍を持つようになり、地域の権力争いを解決するためにそれを地方の領主たちに貸し出した」と記している。

争いごとはますます激化したが、数年後、ジョゼフ・フランソワ・デュプレクスを頭目とするフランス東インド会社は、崩壊したムガル帝国の基盤に立ってインド支配を構築しようとした。歴史家ヘンリー・ドッドウェルは『デュプレクスとクライヴ――帝国のはじまり』において、「ヨーロッパでは東インド会社は私的組織だったが、インドでは政治的存在だった。……現実の係争中の問題はインド領有を決定づける闘争に乗り出すか否かだったが、誰ひとりこのことに気づいていなかった」と書いている。こうして、崩壊する中心的権力の混乱から、会社常備軍の優れた軍事技術へという大変化の舞台がととのうことになったのである。

問題はつねに存在していた。チリ硝石・絹・綿などの定期的輸送を確保するためには、会社のエージェントは納税や脱税の方法、贈賄の相手、苦情を訴える相手など、その地域の政治に精通し、それに関与しなければならなかった。貿易商たちは何十年ものあいだ現地に駐留したのち、政府だけでなく主導的な取引き先の家族たちとも深い政治的・社会的関係を持つようになった。そして、ヨーロッパの会社は貿易の保護や商取引きの安定をはかるため、除々に現地の政治に介入せざるをえなくなったのである。さらに平和を守るために、地元の領主たちに会社の常備軍を賃貸して収入を得たりもした。そのため彼らは、否応なく地元の領主たちとの争いや領主同士の争いの渦のなかに、いっそう巻き込まれることになった。

貿易と国際政治は長いあいだ、きわめて強固に結びついており、それらが切り離されることはなかった。とりわけフランス東インド会社は、ほとんど国家の手足といってもよかった。それは国家によって設立され、国家によって資金提供がなされ、国家によって配当が保証されていた。国王や長老たちは自由に会社の業務に介入し、対外政策の目的を推進するために、ためらうことなく会社を利用した。しかし、フランスの会社は、いかに無慈悲で異様なほどその目的達成に努めたとしても、当時、主として株主の利益を上げるために存在していたオランダやイングランドの会社にくらべれば、はるかに独占貿易会社という性格は薄かった。

一方、イングランド東インド会社は、自社の独占権を維持するために果たさなければならない義務があった。そのひとつは、毎年、イングランドの王室に五千トンのチリ硝石を有利な価格で提供することだった。それができなければ、東洋貿易の通貨となる銀塊の輸出義務を破綻させる事態に直面することになる。かくて会社は、毎年、イングランド国家に安いチリ硝石を提供することで自社の独占権を買っていたことになる。しかし、イングランド東インド会社は、そうしたうらやむべき独占的立場から穏やかな利益を得ることだけで満足しており、国際政治にまで踏み込むことは避けていた。直接的にはいかなる政府の支配も受けなかったし、外国の戦争に援軍を出せという圧力もなかった。しかし、それも一七四〇年代までだった。そのころ、会社の取締役たちは政府にひとつの依頼をした。インドの海岸からフランスの船船を駆逐するために、戦艦を派遣することに対して同意を求めたのである。

若いクライヴがやってきたのは、ちょうど事態がひときわ加熱してきていた世界だった。来たるべき闘争において、自分が一時代を画する役割を果たすことになろうとは夢にも思っていなかった。彼は仕事熱心な若者に見えたが、当初からデスクワークの事務職にうんざりしていた。家に宛てた手紙には、「近ごろ、世のなかは大いに堕落しているように見えます。世のなかを動かしているのは資質よりも利害関係なのです。とくに、ここの仕事はそうです……利害関係の力が働かないと、まったく誰からも目をかけてもらえません。わたしの出世のために、あらゆる手立てを講じてくださることと信じております」と記されている。クライヴは両親に自分の出世のために力を貸してほしいと頼む一方で、自分の未来を確固たるものにするために、ついにみずから積極的に動くことを選択した。彼はときどき意気消沈したり発作を起こしたりする病気がちで華奢なタイプだったが、それでも行動家としての新たな役割にみずから挑戦したのである。

3

フランスとイングランドのそれぞれの東インド会社は、インド南部で不穏な平衡状態を保っていたが、それも一七四四年、オーストリア継承戦争の勃発によって突然の終局を迎えた。イングランド政府は、東インド会社による海軍の軍事的支援の要求に即座に応じた。なんといっても、フランス東インド会社は、事実上、フランス国家の手先なのであり、それゆえ他のすべての標的同様、攻撃しなければならなかった。

イングランド海軍は、一七四五年にインドに到着。何隻かのフランス会社の船舶を攻撃して拿捕した。その後しばらくしてフランス国家の艦隊が到着し、一連の報復攻撃をおこなった（ポンディシェリーとマドラスの距離はわずか一三〇キロで、イングランドとフランスのそれぞれの会社の主要な貿易拠点はほとんど肩を接していたといってよい）。イングランド艦隊の司令官は自分の船を修理させるため、北方のベンガルに送ったことから、マドラスの会社の基地は無防備状態となった。じっさい、この居留地にはしっかりした防御が施されていなかった。基地の建設費は会社の利益から捻出されることになっており、そもそも防御という点まで配慮が行き届かなかったのである。ポンディシェリーのフランス総督デュプレクスは、一七四六年九月七日、これを好機としてフランス艦隊を湾沿いに北上させ、マドラス攻撃を開始した。デュプレクスは五〇歳前後の抜け目のない人物で、以前、イングランド海軍の攻撃によって個人的資産のほとんどを失っていたこともあり、復讐の念に燃えていた。

イングランド東インド会社のマドラス基地は、防御が不備だっただけでなく、人員配備もお粗末だった。町に駐在している会社の人員はわずか三〇〇人程度で、これはフランス軍の人数の四分の一以下、しかも大部分が軍事的な経歴や経験を持っていなかった。現地の支配者すなわち太守（ナワーブ）は、デュプレクスにイングランド人に対する攻撃を禁止したが、命令に従わせるだけの強制力を持っていなかった。マドラスの要塞はわずか二日後には降伏した。おそらく人びとは、爆破された酒蔵の酒をがぶ飲みして、戦いを放棄したものと思われる。給料が安く、敵の人数が圧倒的に多かったことを思えば、彼らを責めることはできないだろう。しかし、若い事務員ロバート・クライヴは、降伏の交渉の混乱に乗じて、「現地通訳の衣装を着て身体を黒く塗り」、大胆にも数人のイングランド人とともに逃亡した。彼らは徒歩で約一五〇キロ南の海岸沿いの最後の基地セント・デーヴィッド要塞まで落ちのびた。フランス軍はセント・デーヴィッド要塞を攻撃したが、驚いたことに、応戦したのは一万人にもおよぶ太守の軍勢だった。それでも、フランス軍ははるかに小規模ながらも、なんとか彼らを駆逐することができた。その後、セント・デーヴィッド要塞が救出されたのは、折よくベンガルから帰還したイングランド海軍のおかげだった。

一七四八年に戦争が終わるまで、ちょっとした小競り合いが何度かあったが、マドラスは平和的解決の一環としてイングランド会社に返還された。しかし、この短期間の戦いによって覚えた興奮の味は、クライヴの人生を変えた。もはや、きまりきった事務職の退屈きわまりない日常生活に耐えられなくなり、所属部署の変更を申し出たのである。

セント・デーヴィッド要塞の総督は「服務中の書記ロバート・クライヴは勇ましい性格で、先日の戦闘において志願兵として戦ったことにかんがみ、志願どおり連隊旗手に任命した」と報告している。クライヴはつねに自己を鼓舞するタイプだったが、上役たちに取り入り、またロンドンの会社の取締役たちに自分の「大いなる勇気と武勇」を誇らしげに記して、昇格を要求する手紙を出した。彼に与えられたポストは司厨長だった。これは潜在的に利得の多い地位で、その地域の会社の従業員たちにあらゆる食糧・食材を販売する業務を担当するところから、個人的な取引きをするチャンスが生じてくる。それは、彼のように未経験な若者にとっては願ってもないポストだった。

一七四八年、和平が成立して、インドの湾岸地方にふたたび商取引きの味気ない生活が舞い戻ってきた。しかし、希薄ながらも過去に存在していた平和は、敵対意識によって完全に粉砕されてしまっていた。陰謀が激化し、敵対する会社は互いに懐疑の目を光らせ、最新の敵の脅威を探りあっていた。クライヴはこのときの短期間の戦争から、一般には認識されていなかったきわめて貴重なことを悟った。後年、彼はそれを利用して、衝撃的な結果をもたらすことになるのだが、それはフランス軍やイングランド軍の武器や軍事教練は地元の軍隊をはるかに凌駕するという認識だった。クライヴは東インド会社を新しい視点から、すなわち、会社を人畜無害の貿易商としてだけでなく、恐るべき軍事勢力として見るようになった。

地元の軍隊は、数のうえでは会社軍を圧倒していたが、粗末な原始的武器しか持たない統制の取れない暴徒たちといってよかった。クライヴは当時を追想して、「われわれは当時、戦争の技術についてなんと無知だったことか。工兵たちのなかには、実体験のない理論だけの大家がおり、そうした連中は決断力がないように見えた。また一方では、実体験もなく理論も知らないのに、取っかかりをつかみさえすれば、どんどん仕事を進めていける勇気ある兵士たちもいた。ただ、時機を失する前に、工兵たちの行動が正しいのか誤っているのか判断できるような職員は、ほとんどひとりもいなかった。再度、取組むには、あまりにも多くの人命が失われてしまった」と語っている。

しかし、〈習うより慣れろ〉という。クライヴは地元の兵士たちが自分たちの軍隊よりはるかに数が多くても、彼らと交戦すれば勝てることに気づいた。フランスやイングランドの会社は彼らと戦って勝とうとしなくても、地域において強力な軍事勢力となり、貿易の領域以上に大きな変化をもたらすことができるようになった。軍隊は東インド会社の利益に貢献したが、それだけでなく、地元の領主たちに売るための最上の商品のひとつとなった。領主の利益が会社の長期的な交易の利益と一致する場合は、なおさらであった。

一七四八年の和平の成立後、クライヴはさておき、イングランド会社の従業員たちは邪魔されずに収益

『東インド会社が所有するコロマンデル海岸のセント・ジョージ砦の眺望』と題する18世紀の版画。インドにおける会社のもっとも重要な貿易・軍事の前哨地のひとつが描かれている。

の多い貿易をつづけたいと願った。そもそもそれこそ、彼らがインドに滞在している理由でもあった。しかし、デュプレクスとフランス会社の考えは違った。イングランドとフランスは国家として公式に和平を結んでいたが、インドでは両国のインド会社は敵対していた。ムガル帝国が崩壊したとき、地元の領主たちはこぞって勢力の拡大をはかったため、一七四〇年には多くの地方が、事実上、独立した国家や王国になっていた。そうした領主のなかでもっとも大きな勢力を誇っていたのが、マドラスやポンディシェリーのあるデカン地方の統治者アーサフ・ジャー(カマルッディーン・ハーン)であった。一七四八年、アーサフ・ジャーが亡くなると、デュプレクスはそれを好機として、自分の勢力と影響力の拡大につなげようとした。彼は王座を求めて張りあう人物たちと画策し、結局、彼らを権力の座に据えることに成功した。かくてサラーバト・ジャングがデカンの王座に就き、また彼の地元の部下で副官のチャンダー・サーヒブが、コロマンデル海岸沿いのカルナータカ地方を治めることになった。

イングランド会社の職員たちは難題を課せられた。ロンドンの取締役たちは彼らに、インドの王家の権力争いに加担して経費のかかる軍事行動に巻き込まれるのではなく、貿易と利潤を追求するよう求めてきた。しかし、そうした無干渉の平和的貿易の方針に従えば、結局、フランス軍は自分たちに好意的な領主を権力の座に据えてしまう。そのことはこれまでのデュプレクスの行動を見れば明らかだった。そうした領主はイングランド会社を完全に追放するようそそのかされ、結果的にフランス会社の独占を許すことになりかねない。イングランド人は一世紀ほど前、オランダ人によって香料諸島から締め出されたことがあった。同じように今度は、フランス人によってインドから締め出されるかもしれないのだった。

残された唯一の道は、敵対する領主を支援することだった。彼らはまもなく、思いどおりに操れる人物をデカンの王座に就かせようと画策した。廃位されたカルナータカ太守の弟ムハンマド・アリーである。クライヴはこの戦いのあいだ、指揮官として軍務を再開した。ムハンマド・アリーとイングランド会社の連合軍はティルチラーパッリの城砦で、チャンダー・サーヒブとフランスの同盟軍に包囲されたが、そのとき、カルナータカの首都アルコットに攻撃をしかけることによって包囲網を解こうとする計画が提出された。アルコットは防御が手薄であり、そこを攻撃すればチャンダー・サーヒブは防衛に駆けつけるに違いなかった。クライヴは攻撃命令を要請した。それは、失敗すればマドラスとセント・デーヴィッド要塞の貿易拠点を敵軍の攻撃にさらし、フランスが湾岸の覇権を握ることになりかねない危険な賭けだった。

クライヴ率いる軍勢は、わずか二〇〇人程度のイングランド会社軍と三〇〇人の傭兵からなっていた。彼らは内陸のうだるように暑いジャングルや枯れた低木のなかを進み、またいくつかの川を横切って、らせん状に丘陵地帯へと入っていった。それは八月の炎天下、足場の不安定な山道を六日間で一〇〇キロ進むという困難な強行軍だった。さらに彼らは、数日間、モンスーンの叩きつけるような嵐によって乾燥した土ぼこりが泥沼に変わるなかをも進まなければならなかった。クライヴは密偵の情報から、人口約十万の都市アルコットでは、千人もの敵軍が城砦の防衛に当たっていると予想していた。しかし驚いたことに、そこに敵軍の影はなかった。疲れ果てて身も心もぼろぼろになったゲリラ部隊は、人びとが好奇の目で見つめるなか、薄汚い狭い通りを練り歩き、駐屯地の中央に位置する城砦にたどりついた。城砦の駐屯兵はすでに、「迷信と臆病風の相乗効果によって」、すなわち攻め寄せてくる軍勢の勢力を誇張した流言の餌食となって、夜のうちに逃亡していた。指導者の資質に恵まれていたクライヴは、すぐさまフランス国旗を降ろすよう命令し、この日のために用意しておいた旗を掲げた。それは、当然予想されるようなイングランド東インド会社の旗ではなく、ムハンマド・アリーの三角旗だった。彼はアルコットの町も城砦もいまや、カルナータカの正当なる太守の手に落ちたと布告した。そして、部下たちには略奪を禁じ、また防衛の報酬として、人びとから賄賂やプレゼントを受け取ることも禁止した。これ以上、敵を増やす必要はなかったし、中立を勝ち取るだけでも苦労した甲斐はあった。じっさい、彼の礼儀正しい敬意によって、少なくとも人びとの中立は保たれたのである。

次にクライヴは当然予想される敵の反撃にそなえ、部下たちに荒廃した防壁の修理と再建に着手させた。

彼の部隊はそれから五〇日間、増援隊によって救出されるまで、敵の総力挙げての包囲戦に耐えた。しかしクライヴは包囲戦のあいだも、無為に過ごしたりはしなかった。闇にまぎれて電光石化の早わざで敵陣を侵略したり、城門への激しい攻撃をはね返したり、容赦ない銃弾や砲火に真っ向から立ち向かったり、また乏しい食料や汚水にじっと耐えたりして、めざましい活躍をみせた。クライヴの近くにいたふたりの部下が銃撃されて死んだこともあった。彼がそうした運命に見舞われなかったのは、幸運としか言いようがない。やがて、チャンダー・サーヒブの息子ラザに率いられた一万を超える軍勢が城砦を取り囲み、アルコットのうねりくねった狭い道を埋めつくした。そしてクライヴに対して城砦を放棄するよう、甘い賄賂の誘惑や激しい脅迫がおこなわれた。部下にも豊かな富と通行の自由を与えるが、もしこれを断れば恐ろしい拷問と苦痛が待っているというのである。それでも、彼の心は揺るがなかった。どうせ約束は守られないと考えたのか、マドラスやイングランド会社の同盟軍からの援軍を期待していたのかはわからない。一番考えられるのは、強情きわまりない彼の頑固な性格と揺るぎない道義心のゆえだったということだろう。彼はかつて城砦を奪い取り、それを守ってみせると言ったことがあった。実際、彼はそのつもりだったのであり、結果などはどうでもよかったのかもしれない。

マドラスの役員会に報告されたところによると、「クライヴは敵が突破口を開いても護り切れると考えている。それゆえ、彼の唯一の懸念は部下が疲労で倒れてしまうことである。敵軍の情勢は堅固で、日に日に人数が増えている。こちらに救援を送るつもりがあるなら、少なくとも千人の黒人兵と二〇〇人のヨーロッパ兵が必要であると考える」とのことだった。攻撃が開始されたのは一七四八年十一月十四日、預言者ムハンマドの孫の殉教を追悼するイスラム教の聖日、アーシューラーの日だった。攻撃側の軍隊の多くはイスラム教徒で、戦場で死ねば天国に直行できると信じていた。朝日が地平線から姿をあらわそうとするころ、兵士の大群が砲撃された城砦の門に何百もの大きな攻城梯子を持って殺到した。群集の先頭には、足を踏み鳴らしながら突進してくる何十頭もの武装した象たちの姿があった。象たちの大きな顔は、破壊突入用の金属板に覆われていた。

こうした攻撃は確実に成功しそうに見えた。しかし、それもクライヴが爆発物に点火するよう、また狙撃兵たちにひたすら哀れな象たちを狙うよう命令したときまでだった。象たちは苦痛や欲求不満から荒れ狂い、突撃する歩兵のまっただなかに旋回し、狂ったように逃げまどう人びとを踏みつけたり投げ飛ばしたりした。それでも攻撃兵たちは、飛び交う弾丸をものともせず城門に突進し、筏に乗って堀を渡ろうとした。クライヴは一門の大砲を下にむけ、大群のなかに発射した。人びとはパニックに陥り、筏は転覆、ほとんどの攻撃兵が溺れ死んだ。一方、フランス人司令官と彼の軍隊は、明らかにこうした激戦には参加せず、殺戮と破滅の様子を目にしていながらほとんど加勢しなかった。ラザは攻撃を中止して、敗因をさぐるべく近くの砦に撤退した。数時間後、ようやくマドラスからイングランド会社の援軍が、ムハンマド・アリーの名目上の同盟者のひとり、モラーリ・ラオーの指揮する数千のマラータ族の騎兵をともない到着した。

しかし、休んでいる暇はなかった。東インド会社軍は強化され、いまや約千人を数えた。さらにマラータ族の騎兵六〇〇騎が加わり、彼は一気に攻勢に転じた。周辺のいくつかの要塞を襲撃し、さらにフランス会社の援軍と行軍していた五千人ものラザの軍勢を敗北に導いた。勝利のカギは、数百人のインド兵がラザの軍隊から寝返ったことにあった。それから数ヵ月間、クライヴは自分の小さな軍隊を率いて、その地域で次々と勝利を収めていく。そこで彼が用いた戦略は、後年、彼の名声をいっそう高め、会社のために莫大な富と数千万人もの臣民を確保するに至った。地上での迅速な移動、躊躇なき急襲、さらに地元軍の忠誠心に欠ける分遣隊を離反させる収賄などによって、事実上、彼はその地域からフランス会社軍を一掃し、ムハンマド・アリーに、カルナータカ太守の座を継承させることに成功したのであった。

一方、マドラスでは、クライヴの部下たちが彼の職務をこなしており、彼のために財産を築いていた。一躍裕福な若き英雄となったクライヴは快適な家を借り、その小さな駐屯地で社交に精を出した。そうした社交のひとつに、友人の妹マーガレット・マスケリンとの交際があった。彼女は最近イングランドからやってきたばかりで、十七歳。一方、ロバートは二八歳になっていた。ふたりは一七五三年二月、イングランドに帰国する数週間前に結婚した。教養豊かで美しく魅力的だったマーガレットが、夫の策謀や大胆な手柄の片棒をかついだとは考えにくい。クライヴの伝記作者のひとりが記すところによれば「クライヴはつねにマーガレットに愛情を注いでおり、彼女を裏切ったことはなさそうである。彼が自分の計画について彼女に相談したり、彼女が彼の行動について何らかの影響を与えたりしたという証拠は存在しない」とのことである。ふたりはクライヴが死ぬまで共に暮らした。

クライヴはいまや、インド南部の恐るべき軍事力となっていた会社を去った。彼は人生のこの時期、すなわち故郷へ帰る長い船旅の途上においてさえ、自分の英雄伝説をはぐくむ作業を進めていた。思いやりのある新妻の相手をしているときは別として、のちに彼を聖人扱いして伝記を書くことになる同僚ロバート・オームとの談話に熱中したのである。そこで彼は、経験した多くの戦い、勝利、英雄的行為、一か八かの大冒険、間一髪の危機脱出、死地からの生還などについて詳細に語った。オームは当時、イングランド東インド会社のインドにおける偉業の歴史をまとめようとしていた。クライヴは並みの身長で、とくにハンサムというわけでもなく、小さな目と球根のように膨らんだ鼻、それに角張った顔をしている。そんなクライヴとしては、自分が英雄として描かれるように、何らかの策を弄したものと思われる。彼は激しい野望の頂点を極めるためには、業績だけではだめだということを本能的に承知していた。もちろん業績はけっこう。それは必要でもある。しかし、彼が目的を達成するためには、伝説が必要だったのであり、また十八世紀イングランドでは財産もまた同様に必要だったのである。

4

クライヴがインドでイングランド会社のためにおこなった英雄的行為の話は、まもなく平和だったヨーロッパで広く知られるようになった。彼はいまや有名人で、あるインド総督によれば〈有名な無敵の人物〉という評判を勝ち得ていた。首相ウィリアム・ピット（大ピット）も、彼を〈天性の将軍〉と呼んでいる。しかし、豊かな財産と国家的名声にもかかわらず、彼は体調不良に悩まされていた。戦闘や指令のストレスはもちろん、粗末な食事、汚水、不眠の夜、銃創、焼けつく炎暑下の野外活動、しのつく雨のなかの強行軍などは、誰にとっても身体にこたえるものである。クライヴも例外ではなかった。彼は疲労感や高熱、腹痛に襲われた。マラリアや赤痢に罹患していたのかもしれないし、他の病気だったのかもしれない。やがて同胞のあいだに、彼は不機嫌だとか、憂鬱症の発作をかかえているとかいう噂が広まった。そうした発作のときには自殺を考えたりもしたが、一方で、あり余るほどの激情や精力でじっとしていられないときもあった。ただし対照的に、歴史家によって発掘された資料のなかには、彼は穏やかで責任感があったとするものもある。またクライヴは躁病的憂鬱症、すなわち躁鬱病だったという人もいる。いずれにせよ、こうした病気や憂鬱な気分は、激しい緊張やストレス、熱狂的な行動のあとにくり返され、生涯、彼を苦しめた。そして、鬱状態のときには苦痛を和らげるため、アヘンを使用するようになる。

クライヴはインドの在任期間が終わると、イングランドに広壮な屋敷を購入し、妻マーガレットと共に穏やかな生活を送るようになった。一七五四年三月、マーガレットは第一子エドワードを産んだ。そしてクライヴは会社と契約を交わし、体調回復後、すぐにインドに戻ることになった。このころ、理由は不明だが、国会の議席獲得を決心し、当時の慣習に従って約五千ポンドもの大金を賄賂として費やした。しかし、こまかな専門的事情により、議席獲得はならなかった（同時に、豊かな財産の約八分の一を失った）。それから彼は会社との契約に署名して、五年間、セント・デーヴィッド要塞の副総督を務めることになった。これには、現職のマドラス総督が亡くなるか退職するかした場合、その後任となるという条項が付されていた。かくして一七五五年四月、クライヴとマーガレットはインドへと戻る長い航海に船出した。彼らの乗った船は、インド南部の赴任先に到着する前に西海岸のボンベイに停泊した。クライヴはそこでふたたび行動を起こし、海賊たちの砦を奪取するのに一役買い、やがてまたインド中で活発化してきた権力をめぐる駆け引き・計略・策動の世界に身を投じることになった。

クライヴに随行した仲間たちは、セント・デーヴィッド要塞に到着後、惨事の種になりかねないニュースに接した。フランス東インド会社が内陸の現地領主たちに取り入ろうと、政治的陰謀をめぐらせているというのである（イングランド会社とフランス会社とのあいだには、以前、フランスはクライヴが勝ち取ったコロマンデル沿岸地域において政治に関与しないという約定があった)。それだけではなかった。前ベンガル太守が亡くなると、孫のシラージュ・ウッダウラが太守の座に就き、さっそくカシムバザールの町のイングランド会社に攻撃をしかけてきた。イングランドの尊大な現地仲買人たちは、これまでシラージュ・ウッダウラを軽んじ、彼の権威に歯むかってきた。おそらく、彼らは太守の座を争って敵対する人物を支持したというか、少なくともその敵対した人物をカルカッタの城砦にかくまったことがあり、さらに新太守の攻撃を予期するかのように、彼らは城砦の強化工事に取りかかったのであった。

激情的で不安定な若いベンガル太守シラージュ・ウッダウラにとって、自分の権威に対する侮辱を許すことは、人びとの敬意を失う危険を犯すことにほかならない。ヨーロッパから戦争勃発の噂を耳にした太守は、フランス会社の多くの兵士たちに、自分の軍隊の軍事教練を担当させた。一七五六年六月、イングランド会社の仲買人たちがカルカッタの防備を固める工事を中止せず、またかくまった反逆者の引き渡しを拒否したことから、太守はフランス人に訓練された大軍の先頭に立ち、イングランド会社のカルカッタ城砦を攻略した。カルカッタは会社のなかでもっとも重要な居留地のひとつで、綿とチリ硝石で有名な繁栄した貿易拠点だった。シラージュ・ウッダウラはカルカッタに入城したとき、「イングランド人はきっと馬鹿な連中にちがいない。こんなにもすばらしい都市から自分たちを追放するよう仕向けるなんて」と語ったという。ベンガルはカルナータカのように大ムガル帝国の一地域で、新しい太守は帝国への忠誠の仮面のもとに、じっさいは独立を主張し、デリーのムガル皇帝が消え去るときに備えていたのだった。

当時、マドラス周辺には噂があった。十九隻からなるフランス国家の強力な艦隊が、数千人もの兵士を乗せてフランスを出発、ポンディシェリーのフランス東インド会社の居留地に向かったというものである。

艦隊の最終的な目的は不明だったが、もしこの噂が本当なら、イングランド会社を強襲すること以外にどんな理由が考えられるだろうか。セント・デーヴィッド要塞のイングランド人は、またもうひとつの異様な噂にも惑わされていた。それはカルカッタのブラック・ホール事件の話で、のちに語り継がれるイギリス領インド神話のひとつとなるものである。

シラージュ・ウッダウラは、カルカッタのイングランド会社の城砦を攻略したとき、一四六人のイングランド人を穴倉に投げ入れるよう命令したらしい。その穴は幅わずか五・五メートル、長さ四メートルしかなく、空気を入れる桟つきの小さな風窓があるばかり。そこで、うだるような暑さのなか、何十人もが仲間に押しつぶされて息絶えたという。歴史家の出した結論によれば、じっさいに亡くなったのはおそらくその半数ぐらいであり、それも直接的にベンガル太守の責任とはいえないとのことだが、それが真実であるかどうかは別にして、カルカッタのブラック・ホール事件の話は、ベンガル太守や一般的なインド人支配者の背信・蛮行・残虐性の一例として広く知られるようになり、のちにイギリス人を〈教化する人びと〉として正当化する根拠となった。

クライヴは、事実上、カルカッタ救出に向かうことを願い出た。彼は憤怒と不安でいたたまれず、セント・デーヴィッド要塞を歩きまわってはロンドンの取締役会に手紙を書き、「カルカッタの敗北の結果、会社にはこのうえない屈辱を、また哀れな住民にはこのうえなく野蛮で残酷な状況をもたらした」と主張した。彼は報復軍の司令官に任命されたが、国家の軍隊のプロの将校ではなく、ただの〈会社〉の一兵士とみなされたことが彼を苛立たせた。マドラスの会社役員会はクライヴを、当時マドラスに駐在していた国家部隊を指揮するジョン・アルダークロン大佐の上にすえた。アルダークロンは、プライドが高く気むずかしい人物であった。そのため諍いが絶えず、職業軍人・船員たちと会社の兵士たちとのあいだに妬みや嫉みを撒き散らした。クライヴとアルダークロンは明らかに馬が合わず、のちにふたりの諍いによって、ほとんど敗北を喫しそうになるほどだった。自分の兵隊たちのなかに敵を作ることは、とりわけクライヴが得意とするところだったようである。クライヴは傲慢で自慢をすることが多く、他人の栄光を横取りすることもあり、また自分より高位にある同胞との駆け引きに対して無頓着だった。このことは、後年、彼を苦しめることになる。

クライヴはロンドンの取締役たちに自信をもって勝利を予言し、また「カルカッタ奪還」だけでは満足せず、「これらの地域の会社の所有地が、これまでよりも永続的に安定した状態で保有されるようにしてみせる」と公言した。「カルカッタや会社の損失、権利や特権」を回復してみせるというのである。マドラスで彼が受けた指示は、「もっとも会社の利益につながると思える方法を追求せよ」というものだった。これは曖昧で、彼の分別に委ねられる部分が大きいという点で、彼を大いに安心させたにちがいない。

一七五六年十二月、クライヴはチャールズ・ワトソン提督の率いる五隻の海軍重装備艦隊、三隻の会社の戦艦、それに数隻の小型船とともに出港した。そこには歩兵や砲兵をはじめ、ほとんど二〇〇人にも及ぶ兵士たち、それに千人もの地元インドの軍隊や一般の野営労働者が乗船していた。クライヴは父親に宛て、「この遠征でうまくいけば大手柄をたてることができるでしょう。これまでのわたしの仕事のなかでも、ずば抜けて大きな仕事です。わたしは大軍勢とともに威風堂々と出かけるのです」と書き送っている。

クライヴは攻撃を開始するにあたって軍隊を再編し、ベンガル太守に傲慢ながら正式な手紙を送った。

そこには、「わたしは過去十年間、つねに戦ってきたが、偉大なる神のご意志によっていつも勝利を手にしてきた」と記されていた。それから彼は攻勢に出るや、いくつかの小さな砦を攻略し、またいくつかの大きな損失をこうむりながらも、やがてカルカッタに進軍し、一七五七年一月二日、カルカッタに凱旋の入城を果たすことができた。一ヵ月後には太守がカルカッタ奪還をめざして大軍を投入したが、彼はそれに屈しなかった。太守軍は二〇〇〇人の騎兵と三万人の歩兵からなりたっていたといわれており、多少の誇張があったにしても、クライヴの数千人からなる分遣隊を数においては圧倒していた。それでも二月五日、彼は部下たちに攻撃を命じ、大規模ながらも混乱した敵軍を敗走させた。敵軍の馬や象はパニックを起こして自分たちの隊列のなかに逃げ込み、兵隊たちは恐怖で総くずれとなって逃げまどった。

クライヴはのちに父親に、「わが軍は大勝利でした。……千三百人の兵士と五〇〇〜六〇〇〇頭の馬、それに四頭の象を殺害しました。太守はこの打撃によって撤退せざるをえなくなり、会社にとってたいへん名誉ある有利な和平を結ばざるをえなくなったのです」と書き送った。しかし、カルカッタ市街は廃墟と化した。建物は焼け落ち、樹木は切り倒され、きわめて悲惨な状況となった。損害額は二〇〇万ポンドを超えると見積もられた。

平和は長くはつづかなかった。シラージュ・ウッダウラの大軍団は敗北を喫したわけではなく、ただ蹴ちらされただけだった。太守はフランス同盟軍からヨーロッパの戦争——一七五六年五月に勃発した戦争——の知らせを聞き、同盟を強化し、クライヴとの戦いをつづける準備をした。一方、クライヴもまた、今日、ヨーロッパ七年戦争と呼ばれる戦争の勃発の知らせを受けていた。それゆえ、カルカッタを制圧しようとする戦いは、もはやただの会社の戦争ではなく、より大きなヨーロッパの戦争の一環となっていた。

かくてクライヴは、自分の軍隊を川上へ進軍させ、フランスの貿易拠点の要塞を攻撃することは自分の権限内のことであり、むしろ義務であると感じていた。三月、その攻撃を掩護したのはイギリス海軍の数隻の戦艦で、それによってシャンデルナゴルのフランス軍砲兵隊は鎮圧された。

クライヴは、会社の軍隊があまりに小規模であったため、ふたたびイングランド国家のいくつかの軍隊を指揮することになった。これがのちに、東インド会社の特徴となる利権の公私混同のはじまりであった。彼は、将来、利害関係が衝突する可能性があることを見越しており、「国家軍が来るかわりに、同数の会社軍があったら、ずっとお役に立つことができたでしょうに」と記している。たしかにそれらは自分の国の兵士たちであったが、会社の兵士たちではなかった。国家軍に頼らなければならないというか、じっさい、彼らをインドに迎えることとさえ指揮権の水をにごらせる。彼は完全に彼らを制御することはできないだろうし、彼らも正規の将校たちを尊敬するようには彼を尊敬したりはしないだろう。じっさい、彼らの存在は、大きな妥協というドアをこじ開け、より高度な権威をクライヴの世界に持ち込んだ。しかしその権威は、同時に、持ち込まれた古い階級制度や社会権力の源泉があまりにも大きかったり扱いにくかったりしたために、彼自身の力量を縮小させた。

クライヴによるフランス拠点の攻撃は戦費がかさみ、補塡・回復の必要上、会社にもクライヴ自身にも、直接的利益をもたらすことはなかったが、それでも、インドにおいて敵対するフランス会社にとっては大打撃となった。そのことはクライヴ自身の認めるところであり、いつもながらの謙虚さに欠ける態度で、「いたるところでフランス会社に対して、ことばにできないほどの大打撃を与えてやった」と言って憚らなかった。その報告がロンドンに届くと、イングランド東インド会社の株は十二パーセントも高騰した。

会社にとってかつてなかった大勝利と最大の利益は、手をのばせばすぐ届くところにまできていた。クライヴはロンドンの取締役たちに数え切れないほどの手紙を送り、自分の英雄的行為・功績・会社最優先の義務と忠誠などを記して彼らを大いに喜ばせた。そして、彼はふたたび征服の先鋒として派遣されることになった。

5

プラッシーの戦いは、世界の歴史においてひとつの決定的なターニング・ポイントであった。それは、表面上、単純な出来事だったが、知られている詳細部分はあいまいであり、それをふるいにかけて、その後に生まれた神話と区別することはむずかしい。シャンデルナゴルにおけるフランス軍敗北の三ヵ月後、ベンガル太守シラージュ・ウッダウラは分散した軍隊を再編し、強力なフランスの分遣隊を加えカルカッタに進軍した。クライヴを聖人扱いして伝記を書いたロバート・オームによれば、クライヴは「大軍の威風堂々たる強そうな様子」に驚いたという。

しかし、これは控えめな表現だったといってよい。じっさい、彼の眼前にずらり居並んだ軍勢は悪夢のごときものだった。総勢約五万。なかには一万八千の騎兵隊、重装備の砲兵隊、武具や緋色の布を身にまとった戦闘用の象の分遣隊の姿もあった。こうした軍勢が、カルカッタの北十二キロほどに位置するプラッシーと呼ばれるジャングルとマングローヴの平原に、整然と勇壮な姿をあらわしたのである。何百もの軍旗が風にはためき、太鼓が高らかに打ち鳴らされ、大軍は戦闘態勢に入った。フランス軍の指導を受けた軍隊は、クライヴがこれまで対戦したインド人の大軍よりも、はるかに統制がとれているように見えた。彼の軍勢は千人強のヨーロッパ軍、約二千二百人のインド人の歩兵隊、それにいくつかの小さな銃砲を擁しているだけで、騎兵はいなかった。敗北は避けられないように見えた。しかしクライヴは、自分の軍隊の長所・短所だけでなく、敵の大群衆の弱点についても熟知していた。平原にずらりと勢ぞろいした大軍は、結局、訓練不足、また忠誠心の欠如をも露呈するにちがいない。また、兵士たちは低賃金で食糧も不十分、命令系統も組織もしっかり確立されていないはずである。クライヴの賭けはそこにあった。一方、彼の強みは軍隊が小規模であり、自分で直接指揮がとれること、確実に勝つという彼の評判を最大限に利用できること、そして敗走は全滅を意味すると兵士たちが信じていることであった。

しかしながらこの日、クライヴは不利な立場にあるように見えた。彼は躊躇し、どうするべきかを議論するべく軍事会議を招集した。「われわれは孤立しており、援軍もない。こうした状況で太守軍を攻撃する方がいいのか、それとも同胞軍が加わるまで待つ方がいいのか」迷っていた。おそらく彼は太守軍の身分の高い指導者たちとひそかに通じており、謀略の成果を待っていたのかもしれない。そうした説のうち有名なもののひとつに、太守の側近のひとり、ミール・ジャファールから手紙を受け取ったというものがある。クライヴはそれを読んで、考えに耽りながら巨木の木陰をぶらぶら歩き、そして決心したという。六月二一日はどしゃ降りだったが、翌日、太陽が顔を出したときに彼は行動を起こした。それは猛烈で無謀、断固たる行動だった。おそらく、彼は自分の名声を傷つけることや、自分で定めた運命とは異なる結果になることを恐れなかったにちがいない。いずれにせよ、彼は攻撃したのである。

その思いがけない行動は太守を仰天させた。クライヴの軍隊が進軍し、マングローヴの立木のなかに地歩を固めたとき、太守軍はただ傍観しているだけだった。六月二三日、両軍は激突した。しばらくのあいだ、クライヴの小規模な砲撃が数百人の歩兵隊を吹き飛ばしたことを除けば、重要なことはほとんど起こらなかった。しかし、クライヴが待ち望んでいた瞬間がやってきた。太守軍の多くを占めるミール・ジャファール指揮下の軍隊が離反したのである。クライヴはイングランド東インド会社が勝ったら、重要なポストを与えると彼に約束していた。太守が進軍したとき、ジャファールは退却した。クライヴがゆっくり前進してくるフランス軍に砲撃を浴びせると、予想どおり象たちは銃砲のなかに進むのをいやがった。象たちはパニックに襲われ、フランス軍は戦場から離脱し、また騎兵隊は司令官が銃弾に倒れたと見るや、士気阻喪してその場に立ち尽くした。午後になると、稲妻と雷鳴のなか、どしゃ降りの雨となり、戦場は水浸しになった。こうした事態を予想していたクライヴは、銃器や弾薬を覆って濡らさないように、部下たちに前もって命令していた。一方、太守軍とフランス軍の銃砲類はびしょ濡れになった。

敵の歩兵隊は、クライヴ軍も同じように銃砲類は使えないと信じて進撃したが、思いがけず銃弾を雨あられと浴びせられた。彼らは歩みが遅くなり、やがて進軍の足はとまった。そのときである。突然、クライヴが大胆にも銃剣での突撃命令を出した。歩兵隊はあわてて方向転換し、すべてを打ち捨ててほうほうの体で逃げ去った。あとには、野営テント、死傷者たち、日用品、武器弾薬、備品、食糧などが残された。敵は総くずれとなったのである。

プラッシーの戦いには、不正確だが面白い絵がある。そこには、馬にまたがり軍の先頭を突進する英雄クライヴが、太守の屈辱的な逃亡によって残された残骸の散らばる戦場で、勝利にむかって部下たちを大胆に叱咤激励している様子が描かれている。しかし、太守軍の死者は数百人、会社軍の死者はほんのひと

フランシス・ヘイマン作『プラッシーの戦い後のロバート・クライヴとミール・ジャファール、1757年』。クライヴがベンガルおよび3,000万人の住民たちの未来のために慇懃に交渉している光景を描いた、いくぶん空想的な18世紀の絵画。これはイングランド東インド会社にとって最初の大きな領土の征服であった。

握りにすぎなかった。クライヴの勝利は軍事的勝利ではなく、偶然・背信行為・駆け引きの勝利だった。それでも彼は、それをすばらしい軍事的大勝利と称して、みずからを偉大なる将軍と呼んだ。それは人びとを苛立たせはじめた大言壮語のたぐいであった。多くの注目を浴びるのは自分ひとり、他者の貢献はほとんど認めず、運命や幸運に恵まれたとは考えないのが彼の流儀だった。

クライヴと会社の戦利品は莫大であった。彼は前もって交わしていた協定によって、前太守を裏切ったミール・ジャファールを王座に据えた。クライヴは太守の大宮殿の豪華な部屋に足を踏み入れたとき、寝返ったグループがミール・ジャファールの周囲に群がっているのを目にした。王座には誰も座っていなかったが、クライヴはミール・ジャファールに、いまこそ王座に就くときだとうやうやしく合図をして、敬意と服従の象徴として新太守にひと握りの金貨を差し出した。

ミール・ジャファールは封土（ジャーギール）として、カルカッタ周辺のすべての土地をその租税収入とともにクライヴに与えた。その封土は、地元の全住民から徴収される財源として年間二万七千ポンドを生み出したが、それは会社から地代としてクライヴに支払われた。彼はそうした封土からの年収以外にも、手柄に対する〈ご褒美〉として約三〇万ポンドの戦利品を手にしていた。ミール・ジャファールは自分の地位を確固たるものにするために、ほかにも同じく驚異的な金額を支払わなければならなかった。個人的にクライヴに十六万ポンド、会社の陸軍・海軍のあいだに配るために五〇万ポンド、加えてほかの多くの会社職員たちにそれぞれ数万ポンド相当の贈り物、また継続的に会社の軍事費をまかなうために年間十万ポンドの支払い金といった具合だった。

一七五八年十一月、クライヴはロンドンの取締役たちからベンガル総督に任じられた。いまや彼は領主であり、収益がもっとも多い会社の貿易中心地を見まわる中世の君主のようであった。この種の計らいは珍しいわけではなく、ほかにも同じような形で財を成した者もたしかにいた。しかし、クライヴが手中に収めた財の大きさは前代未聞であり、のちに問題を引き起こすことになる。彼は会社従業員としての当然の義務を果たしたにすぎない。このように莫大な富を蓄積するとは、彼にどんな権利があったというのだろうか。とりわけいくつかの戦争では、イギリス国家軍の援助があったことを思えば、なおさらだった。

クライヴの戦いは終わりではなかった。次の数年間、彼は暴動を鎮圧したり、会社の利得を固めたりするべく奔走した。このように、フランスとイングランド、それにオランダまで含めて戦争がつづくなか、それぞれの会社はもはや地元領主の軍隊を助けるために、自分たちの乏しい戦力を用いるようなことはせず、全面的に自分たちで戦うようになった。イングランド会社は、現地の政治を変えようと積極的に動かずにただの貿易会社でありつづけることはできなかった。マイケル・エドワーズは『クライヴ──天に生まれた総督』のなかで、「すべての会社がインド政治への介入を控えなければならないが、そうした事態はプラッシーの戦いのあとでは考えられなくなっていた。とすれば、ほかの国の会社が〈国家勢力〉になることを阻むしか道はない……イギリスの会社にとっては、自分たちの立場を〈国家勢力〉として確立することと、オランダ人やフランス人を単なる貿易会社へと引きずりおろすこととは、いわば車の両輪であった」と言っている。

クライヴが軍事的にも政治的にも多くの勝利をおさめたことから、イングランド会社はインドにおける最強勢力になろうと企てた。ジェイムズ・P・ローフォードは『クライヴ──インド植民地総督』のなかで、クライヴはいまや「戦争をひとつの目的としてではなく、政治的目標を達成するための政策の一環と考える軍人政治家」になっていたと記している。

会社はベンガルを会社の核となる足場として、またイギリス領インドがそこから着実に成長するはずの種子として確立した。そして、ベンガルを征服したのち、ベンガルのチリ硝石の輸出入を統制した。ベンガルは軍事的に世界でもっとも重要な火薬原料のチリ硝石最大の産地であり、チリ硝石は戦時中、会社（のちにはイギリス政府）のもとで、敵対する国から全面的に遮断された。その締めつけを最初に痛手と感じたのはフランス軍だった。一七五八年、フランスは突然、意外にもインドのチリ硝石が入手できなくなり、あまり質のよくない国内産の火薬に頼らざるをえなくなった。歴史家たちのあいだでは、一七六三年、そのことが主要な要因となって、フランス軍に七年戦争終結の平和協定を結ばせたのではないかと言われている。その後フランス会社は、ある種の在外商館で貿易をすることは許されたものの、軍隊を集結させることは二度と認められなかった。

しかし、これで〈すべてよし〉というわけにはいかなかった。フィリップ・ローソンが『東インド会社——ひとつの歴史』のなかで述べているように、「十七世紀以降、会社の存在理由を決定づけてきた貿易委託が崩壊した。かつては、貿易がもっとも支配的だったが、いまや会社にとって煩わしい責務をともなう領土的・政治的な権力がインドに登場した」のである。こうした考えは、一八二二年に出版された評論家ジョン・ニコルズの『回想と省察』のなかでもくり返されている。彼は「この帝国を手に入れたのは貿易商の会社であり、それは君主的性格を帯びるようになってからも、全面的に貿易商という性格を保持していた……君主と貿易商というのは相容れない性格のものである」という。

会社は貿易会社として、本来、引き受ける資格のない責務に直面しはじめた。クライヴの勝利は、会社に帝国の統治をスタートさせたが、どのように統治すればいいというのか。クライヴさえも、会社の新たな責務の大きさを、またおそらくその責務と利潤との葛藤が拡大していくことを認識していたようである。一七五九年、ウィリアム・ピットに宛てた手紙のなかで、彼は「これほど大きな領土の統治は、一商社にとってはあまりにも経費がかかることかもしれません。国家の援助なしに、商社だけでこれほど広大な領土を維持することは不可能ではないかと懸念されます」と述べている。じっさい、会社職員、司令官、貿易担当者たちが絶対的ともいえる権力を持ち、堕落して強欲な略奪者の様相を帯びてきて、やがて汚職が蔓延しはじめた。何百万人ものインド人の富が徐々に流出し、いつしか、がつがつした貪欲な会社職員や従業員のふところを満たすようになったのである。

イギリスが獲得したベンガルの未発達の帝国は、予想されたよりもはるかに経費がかかり、複雑であることが判明した。じっさい、クライヴがプラッシーの戦いで勝ったという知らせを受けた当初こそ、祝賀ムードで株価も暴騰したが、まもなくそれもその後の出来事によって勢いが衰えた。クライヴは不安定で揺らぐインドの政治的状況から離脱し、一七六〇年、イングランドに帰国した。インドではいろいろな国の会社が争いつづけていたが、それはヨーロッパにおける国家間の闘争を反映していた。それらの闘争は、ムガル帝国の腐敗と崩壊を背景としており、おそらくどこの会社が勝利を収めようと、みずから拡大しつづけ、すべての敵対する会社を破滅させずにはおかないといったたぐいのものであった。もしそれに失敗すれば、みずから破滅する危険があった。イングランド東インド会社は、もはや自分の運命を制御できなくなっていた。

6

クライヴはフランス会社やオランダ会社と戦ったり、インドのいくつかの地域を脅かす混乱状態から秩序を回復しようと努力したりして、四年間、消耗の歳月を費やした。その後、彼は休養のためにイングランドに帰国する決心をした。彼もいまや三五歳になっていた。封土からの年収は、イングランド東インド会社が一六〇〇年に設立されたときの元の総資本をも上まわっていた。皮肉にも、彼は私有財産があまりに巨額だったため、それをロンドンに移管するという危険をおかしたくなかった。また、それを自分の会社にゆだねたくもなかった。そこで、巨大なオランダ東インド会社（ＶＯＣ）を一種の為替銀行のようなものとして利用し、総額をインドで預け入れ、イングランドで引き落とせるように委託した。そもそもイングランドは、莫大な富がごく一部の特権的な貴族に集中している国だった。そうしたなかで、彼はいまやもっとも裕福な資産家のひとりとなったのである。

彼は一七六〇年、帰国した年に、自分の財産を誇示するような行為をおこなった。家族のために多くの大邸宅や魅力的な土地を購入したり、自分の財産が無限であるかのように（じっさい基本的に無限であった）周囲に金をばら撒いたりしたのである。国王の謁見に呼び出され、国王ジョージ三世に拝謁した。そして、アイルランド貴族の爵位を賜り、以後、プラッシーのクライヴ男爵として知られるようになった。また、下院議員にも選出された（インドの政治的展開への影響力を掌握しつづけるためである）。金にものをいわせ、何人かの友人たちも選出させた。国中でもっとも裕福な長者のクライヴにとって、金額は大した問題ではなかった。オックスフォード大学からは名誉学位を授与された。しかし、クライヴ男爵は国会の有力な人物たちと争い、彼らの敵対心や妬みや嫌悪さえも掻きたてた。彼はありあまる財産をこれみよがしにひけらかし人目を引いたことから、威張り散らす〈インド成金（ネイボッブ）〉として戯画化された。〈ネイボッブ〉とは、インドの支配者を表わす語〈太守（ナワーブ）〉を軽蔑的にもじったもので、莫大な財産を持ち、貴族のようにふるまう商人に対してつけられた名称である。

クライヴは、イングランド東インド会社の頭取ロレンス・サリヴァンや取締役会のメンバーたちと、長く危険な論戦を展開しはじめた。サリヴァンは、ベンガルからの租税収入についてクライヴがピットに提案したこと、すなわち租税は会社ではなく政府に送付されるべきだという提案に歯止めをかけた。そして、クライヴのカルカッタ周辺の封土（ジャーギール）から発生する収入を封鎖するといって脅迫した。太守は個人的にクライヴに封土を譲ったが、会社は彼がそれを受け取る権利を正式に票決で認めたわけではなかった。クライヴは巨万の富を得ていたが、毎年、封土から支払われる二万七千ポンドは、彼の華美なライフスタイルを維持するのに必要な収入だった。「わたしの今後の権力、わたしの威光、すべてが封土からの収入にかかっている」と彼は記している。十八世紀イギリスにおいては、金と富裕の誇示から生じる畏敬の念とは、彼の超人的なペルソナを形成するのに不可欠な要素であった。一七六三年、クライヴはあらゆる対策を講じてサリヴァンを排斥しようとしたが、サリヴァンは頭取の再選挙に勝利をおさめ、すぐさまクライヴの封土収入の受領を差し止めようとした。その後、この問題は法廷闘争にまで発展した。クライヴは政府筋に働きかけ、会社に金を支払わせるよう圧力をかけると同時に、インドの名目上の支配者であるムガル皇帝シャー・アーラム二世に手紙を書き、自分の取り分の正当性を追認させようとした。

クライヴがこうした苛立たしい論争で時間を浪費しているころ、インドでは会社の揉めごとが徐々に大きく膨らんでいった。カルカッタの役員会は、クライヴが王座に据えたミール・ジャファールを新しい太守と入れ替えた。それは、「会社だけでなく、新太守も自分が会社から統治を委ねられたと理解できるように、公けに適切な形でおこなわれた」。会社は太守擁立者として一役買ったのと引き換えに、領土からますます多くの納税額を強要するようになった。しかし、インドでもっとも豊かな地域でさえ、生み出せる富には限りがある。ついに、ムガル皇帝やほかの地方領主たちが率いるイングランド会社打倒の軍隊が蜂起した。おかげで会社の戦費は増加の一途をたどり、膨らんだ利益を食いつぶしていった。戦争はつねに会社軍に利があったわけではなく、状況はふたたび混迷の相を深めていった。たしかに会社はフランス軍を敗走させたが、おそらく今度は、より正統性のある地元領主たちによって自分たちが黄金の止まり木から駆逐される番かもしれない。会社の株は急落した。イギリス政府は租税収入を失い、国際的威信が縮小するのを恐れた。おそらくプラッシーの戦いの英雄なら、こうした事態を一変させてくれるのではないかと思われた。

クライヴ一派がそのように考えたことは確かだが、それには条件があった。サリヴァンが退陣し、クライヴの封土が十年間保証されるということだった。株主たちはその条件を呑んだ。彼は追加で三千人の軍隊を任せられ、さらにベンガルにおけるほかの権限も認められた。その権限は四人の会社役員会と共有しなければならないが、その四人の選択は彼に委ねられた。イングランドで退屈し、けんか腰の毎日だったクライヴは、インドに意気揚々と帰還したくてたまらなかった。インドでの策謀や戦争、また一か八かの冒険は、霧深いイングランドで気力のない官僚や政治家たちとやり合うよりも、はるかに人生の賭けを面白いものにしてくれる。イングランドでの闘争は、腹立たしく無意味であるような気がする。インドでなら、ふたたび行動の人になることができる。諍いをするイングランドの政治社会のただの一員ではなく、大きな出来事が世界を変えていく場所で、運命をあやつる支配者になれると思ったのである。

一七六五年、クライヴはカルカッタに向けて出港した。そして、到着して耳に入ってきたのは、ヘクター・マンロー少佐が会社のために大勝利をおさめたという衝撃的な知らせだった。マンローは反逆するベンガル太守、近隣のアワドの太守、名前だけの皇帝シャー・アーラム二世の連合軍を撃破したのである。マンローの軍隊は進軍をつづけていた。クライヴは会社がすでに貿易事業としては深入りしすぎており、ベンガルでの活動は収拾のつかない状況になっていると感じた。スペインの征服者（コンキスタドール）のようにデリーの地に進軍しつづけるのは、あまりにも大きな賭けであり、あまりにもあやうく危険であるように思われた。インド北部は混沌となる恐れがあった。クライヴは会社軍のデリーへの進軍中止を命令し、軍隊を呼び戻した。そして、その地をアワド太守に返還した。彼は、「私見によれば、まずはじめに会社の組織全体が完全に再編成されるならともかく、そうでなければ進軍するのは途方もなく野心的で非常識。とても分別ある総督や役員会の取るべき作戦とは思えません」とロンドンに書き送った。

彼は、インドにおける会社軍の危険な前進から、やがて生じるはずの問題をうすうす察知していたようである。イングランドの人口の何倍にもあたるような、かくも多くの人びとの統治を引き受けるには、それなりの人的資源が必要である。しかし、それは会社には存在しない。たしかに、会社は地元領主を王座に据えたし、彼らのふるまいや行動が気に入らなければ権力の座から排除することもできる。彼らは会社と切り離されると、もはやいかなる実権も保てない。しかし、クライヴには、征服というものが本来、地元領主の共謀や従属を必要とするということがわかっていた。会社は全権を有しているにしても、正当性という、うわべの装いを保つ必要があったのである。

一七六五年八月十二日、クライヴは皇帝シャー・アーラム二世と会い、司令官の移動用テント内の食卓を囲むという略式のかたちで、あわただしく儀式をとりおこなった。そこで皇帝はペンの走り書きで、「一七六五年、会社に対してベンガル・ベハール・オリッサ三州の州財務長官の収租権（ディーワーニー）を認可するという皇帝シャー・アーラム二世の勅許状」を記して会社に与えた。かくて会社は、三千万もの人びとを統治する正式な大君主の地位を獲得し、いまや帝国の権力者となった。イギリスによるインド統治の開始であった。彼はロンドンの取締役たちに「われわれは収祖権を獲得し、これまで三州財務長官に属していた権限はすべて東インド会社に帰属することになったと理解しております。いまや、彼［皇帝］には権威という名ばかりの影しかありません」と書き送り、さらに「しかし、われわれはなんとしても、この名前、この影を尊ぶふりをしないといけません」と付け加えた。彼はいつになく、掠奪する野蛮人あるいは征服者というより、統治する政治家らしくふるまっているといえる。なんといっても、彼は自分の行為を他人に真似させないようにして、莫大な財産を築いた策士だったのである。

ベンガルを征服して会社を成功に導いたのは、職員の私的貪欲、限りない野心、気まぐれな道徳心だったが、こうした特性はもはや領土の統治においては重要ではなくなった。クライヴは目先の利く聡明な人物であり、名誉心、義務感、使命感もなくはなかった。彼は会社の社風が変わらなければ、いずれ会社の輝かしい地位はそこなわれ、元の木阿弥になるとわかっていた。長期にわたる利益は、ひとえに会社がすぐに変われるかどうかにかかっている。しかしそれは容易ではない。既得権を有する人びとの地位を危うくしたり、集団のなかで権力と富を手に入れる夢を打ち砕いたりすることになるだろうし、そうしたものこそ、彼らがインドにいる理由にほかならなかったからである。インド滞在は彼らにとって、社会的・物質的な境界線を飛び越えて、イングランド帰国後、もとの身分よりはるかに高い地位につくチャンスなのであり、ほかのいかなる状況でも入手できない機会だった。おそらく、クライヴは偽善者として恨まれ、抵抗を受けるにちがいなかった。

彼はそれでも公民の行政改善に着手した。会社職員に対しては、賄賂であれ、ほかのいかなる不正所得であれ、〈贈り物〉の受け取りを禁止した（ただし彼自身は、将来、私有財産を潤沢にする封土という実質的な贈り物を受けていた）。また、給料をアップするとともに、地元経済を圧迫したり締めつけたりしないように、会社の独占を制限しようと試みた。また、会社の軍隊のためには年金基金を導入し、みずから多額の寄付をして基金発展の一助とした。さらに、軍隊を再編・合理化し、可能なところで腐敗の根を摘み取り、三つの独立した旅団を創設した。それらはひとつでも、インドの太守が擁するいかなる軍隊とも、十分に対抗しうる勢力を持っていた。

　クライヴの改革に反対する反抗的な職員は逮捕されて船に乗せられ、イングランドに送還された。彼に賛同しない人びとは解雇され、免税貿易許可証を剥奪された。彼はいかに急激で劇的な変化であろうと、それをなし遂げるにあたって細かな配慮はしなかった。自分が他人にどのように受け取られようと気にしないようだった。それは、いまや自分が果たすべき義務の一環であり、それをなんとしても実現させたかったのである。

　役員会メンバーのひとりは彼の命令に驚き、「クライヴは、じっさい、われらが国王です。彼のことばは法律であって、矛盾など歯牙にもかけません」と記している。しかし、この仕事はクライヴを疲弊させ彼の健康を害した。彼はふさぎ込んで病気になり、一七六七年二月、故郷に向けて旅立った。インド滞在はわずか二二ヵ月。多くの仕事はやり残されたままだった。会社の腐敗はほんのわずか勢いが衰えたというか、見えないところに追いやられたにすぎなかった。

7

自信喪失などとはまったく無縁のクライヴは、最後に、インドを離れる一年前の一七六七年、彼を聖人扱いする伝記作家で友人のロバート・オームに手紙を書いた。そこには、「幸運の女神は、最後までわたしに付き添う決意をしているようです。いまや、あらゆる目標、あらゆる希望に燃えた願いが完璧に達成されようとしています。わたしは、すべての切望の頂点に到達しております。たしかに東インド会社は、あらゆる嫉妬・悪意・派閥・憤慨にもかかわらず、プラッシーの戦いによって、世界中でもっとも富裕な会社になったと認めるにちがいありません」と記されていた。しかし、まもなく彼はこのように楽観的に考えたことを後悔するはめになる。

彼は偉大なことをなし遂げた。自分ではそれがわかっていた。そして、ほかの人びとにも、そのことを知ってほしいと願いつつ、自分の栄光や運命の神話、また神意に守られた人間の神話に磨きをかける作業をつづけていた。その神話が、彼のはなばなしい出世を妬み誹謗する人びとによって、粉々に打ち砕かれようとは思ってもみなかった。彼が自分のイメージを操作することに腐心したのは、信じられないほど多くの蓄財をしたことの正当性を生み出すためだったかも知れない。たしかに、オームがつむぎ出す物語は、全面的に正しいわけではないことはわかっていた。しかし、人生から大いなるものを望んだのであれば、真実をちょっとばかりふくらませることに手を貸しても、たいして害にはならないように思われた。そうすることで他人の大志を踏みつけにしたとしても、そんなことはどうでもいい。彼は彗星のように、急にはなばなしく輝いて登場した。そして、イギリス社会を分断し秩序づける硬直した壁を超越したが、しかし他人が自分と同じ軌跡をたどる可能性を排除した。彼に出し抜かれた人びとや、彼が汚職の蔓延を抑えようとしたために、幸運を妨害された人びとは激怒した。彼が人びとの怒りを買ったのは、傲慢で歯に衣着せぬ物言いのせいでもあった。かくて、多くの人びとが、彼の転落を目撃したいと願っていたのである。

クライヴはロンドンに到着したとき、体調がすぐれなかった。みずから「病気で衰弱している」と述べているところから、おそらくいくつかの病気にかかっていたものと思われる。くり返される憂鬱の発作だけでなく、マラリア、胆石、正体不明の「神経の病」をはじめ、インドで罹患したいくつもの病気の複合に苦しんでいたのかも知れない。彼は治療としてアヘンを用いた。短気で苛立ちやすく、クライヴ男爵としての昔の生活には戻れなかった。何人かの長年の仲間たちとも疎遠になった。その後、あわただしくヨーロッパに旅立ち、九ヵ月間の旅行と療養をへて、一七六八年の末にロンドンに帰国する。帰国後にはふたたび会社と国の政治活動に巻き込まれたが、個人的、政治的、そして仕事上の敵が周囲を取り囲んでおり、彼が怒らせたり邪魔をしたり攻撃したりした人びとが、手ぐすねひいて彼を待ちかまえていた。

一方、インドでは、会社が新しい広大な領地を治めるのは不可能であることが明らかになった。会社はおぼつかない足どりで、統治の仕事に足を踏み入れたものの、会社の利益追求という本来の精神から脱皮することができなかった。会社は租税というかたちで信じられないほど多額の収入を得たが、多くの責任もまた負っていた。そのためベンガルからの租税収入は、望んだようには利益として吸いあげることができなかった。彼らは、国の行政が、株主たちにとって儲かる事業ではないと気づくのが遅かった。ベンガルでは税率が二〇パーセントも増え、地元の人びとには過酷な負担が強いられた。引き上げられた課税の多くは、腐敗した会社や地元の職員たちに掠め取られ、決してベンガル人の利益のために用いられることはなかった。それは一握りの会社の高位の職員たちを豊かにするために、多くの人びとから徴税する抜き取りのシステムにすぎなかった。

ホールデン・ファーバーが『東方における対抗する交易帝国――一六〇〇～一八〇〇年』に記しているように、「イギリスの支配階級はプラッシーの戦いの成果を目の当たりにして、会社の活動は会社と会社に奉仕する人たちだけでなく、〈公共《パブリック》〉を利するためにおこなわれるべきだと確信した。こうした十八世紀の紳士は〈公共〉という語を、自分たちが理解しているとおりの〈国家《ネーション》〉という意味で用いていた。彼らが考えていたのは、会社の利益を貧しい人びとに配分することではなく、国家の借金を減らすことであった」のである。インドが掠奪されるのなら、イギリス国家はより多くの収益にあずかるべきである。クライヴをはじめとする人びとが会社のために戦って勝利した戦争では、海軍の軍隊や士官たちも関与したのではなかったか。公金が費やされたというのに、なぜ会社が利益を独占するのか。これらの特権的な少数のインド成金《ネイボッブ》は誰よりも富豪となって帰国し、そうすることで、体制として確立している階級社会を乱している。このことが人びとを苛立たせる重大問題になりつつあった。

しかし、クライヴが東インド会社のために富裕な財を約束し、尊大にふるまうインド成金がますます多く帰国するようになっても、会社の運命はそれほどバラ色とはいえなかった。ムガル帝国後の政治的混乱と日和見主義のまっただなかにおける帝国の治世は、全体的に会社にとって有益でないことは明らかだった。利益のほとんどは会社をすり抜け、インド成金に流れていくように見えた。またインドのいろいろな藩王たちへの軍事的関与は、莫大な利益の流出の原因となり、会社の土地所有権を脅かした。さらに、フランスが政治的に干渉してくるという噂が再燃し、会社の株価の急落を引き起こした。ベンガルの破壊的な飢饉は、無能な君主と掠奪される国家資源のせいでさらに悪化し、何百万人もの人びとが餓死するはめになった。その数は、おそらく人口の三分の一にあたるだろう。そのことは数年のあいだ、経済に大打撃を与え、会社により多くの損失をもたらした。こうした問題が、イギリスにおいてインド成金の足元を脅かすようになったのは無理もなかった。彼らは、新聞・雑誌等の諷刺で攻撃されたが、とりわけクライヴは野卑・無教養・破廉恥な人物として描写された。

一七七二年、会社およびクライヴ個人の行動について、政治的動機にもとづく国会審問がおこなわれた。そこでは、彼らのインドにおける浅ましい行状の詳細が数多く発掘され、賄賂・汚職・策略をはじめとする欺瞞的行為のエピソードがいくつも公けにされた。クライヴにとって不利な証拠が提出され、それらは批判的な多くの人びとによって増幅された。ジェイムズ・P・ローフォードは『クライヴ――インド植民地総督』のなかで、「かつて広大な地域の絶対的支配者であり、何百万人もの運命の全権を握っていた人物が、事実上、無名に等しい議長や、ただ悪意に駆りたてられただけの人物による尋問の場に召喚された。クライヴは自分のなしとげた業績が疑問視され、矮小化されるのを黙って聞いていなければならなかった」と記している。

じっさい、クライヴ自身の証言は、ときどき人びとの非難を招いた。たとえば、プラッシーの戦いのあと、貢ぎ物として宝石・金塊・銀塊・貨幣・貴重な美術品や骨董品など、彼がずらりと目の前に並べられた山のような財宝について述べたときがそうだった。彼は自分を擁護する弁論で、集まっている議員一同に次のように嘆願した――「プラッシーでの勝利によってわたしが置かれた状況を考えていただきたい。偉大なる藩王の運命もわたしの心ひとつ、裕福な都市もわたしの思うがままでした。最高の富を蓄えた銀行家たちはわたしの歓心を買おうと競いあい、わたしにのみ開かれる貴重品保管室は、右も左も金銀宝石が山積みになっていたものでした。しかるに、議長殿、いま現在、わたしは自分が人並みであることに驚いております」。こうした大胆きわまりない主張に対し、議員たちがどのような反応を示したかは想像するに難くない。

しかし、クライヴは目先の利く知的な人物であり、策士・説得者・名演説家でもあった。彼はインドにおける自分の行動を弁明しつつ、批判する人たちに穏やかに答え、また自分が「国会議員の一員ではなく、羊泥棒であるかのように」扱われていることは侮辱であり、不愉快きわまりないと言い放った。とりわけ、かつての仇敵ロレンス・サリヴァンに狙いをつけ、彼をはじめとするロンドン在住の会社取締役たちを貪欲なブタ集団と呼んで、彼らは「カメ肉はもちろん、旬のものや旬でないもの、あらゆるごちそうをむさぼり食らい、クラレットにシャンパン、バーガンディの大樽をがぶ飲みしている」と述べた。

クライヴは、そうした芝居じみた言動をしたり、堕落・貪欲・不実という非難に対して堂々と弁明したりしたにもかかわらず、サリヴァンの盟友でクライヴの誹謗者ジョン・バーゴイン少将の主張を退けることはできなかった。バーゴインは「軍事力をもって、あるいは海外の君主との協定にもとづいて取得したものはすべて、当然の権利として国家に属するものである」として、国家への返還こそが然るべき道であると主張し、クライヴは「二三万四千ポンドもの大金を不正に取得し、国家に恥辱と損害を与えた」と付け加えた。「いかなる市民も軍人も、外国の君主や国家との交渉において、合法的に自己の財産を要求したり取引きしたりすることはあってはならない」というのが彼の論拠だった。この原理的説明は今日ではまったく論理的であるように思われるが、当時は、東方貿易において〈贈り物〉を受け取ることはまったくあたり前のことだった。クライヴは「インドでは贈り物の慣習は会社の当初から存在しておりました。

防御工事をはじめるやいなや、会社の上役たちは贈り物を受け取るようになりました……。陛下の騎兵大隊司令官や陸上部隊司令官、総督や上役など、贈り物を受け取らない者は誰ひとりいなかったのであります」と発言した。

しかし、クライヴは、不名誉と経済的破滅を予感した。下院での最終弁論では、低姿勢で懐柔策によって自己弁護をおこなった。自分は無実であると誓約し、「当人が有罪とは思っていなかったことで、人を罰する」のは不当であると主張した。そして、名誉について、また自分の意思がいかに堅固であるかについて、次のように語った——「もうひとつだけ言いたいことがあります。下院に対する慎ましい要望です。自分のためではなく、下院のために要望するのですが、つまりわたしの名誉に関して決定をくだすときに、自分たち自身の名誉を忘れないでほしいということであります」。こうして彼は、神経が張りつめた状態で、自分の数ある大邸宅のひとつに引きこもり、これまでの業績のすべてを台なしにするかもしれない判決を待った。判決によっては、自分の財産のすべてが召し上げられるだけでなく、偉大なるクライヴ、無敵のクライヴ、いまの地位と身分に真に価するクライヴの伝説という遺産が崩壊する可能性もあった。

神経をすり減らす一日が終わり、翌日、彼は無罪となった。おまけに「クライヴ卿は、同時に、この国に対して称賛に価する偉大なる貢献をした」というささやかな称賛さえ浴びた。しかし、一年間にわたる戦いは、彼の士気を喪失させていた。一七七三年、サー・ナサニエル・ダンスは、この老いてゆく貿易王の肖像画を描いているが、そこでは、少し腹の出た男が美しい衣装に飾られた重い装飾品の重圧に耐えている。目は伏し目で、口は真一文字、顎はたるみ、目に輝きはなく、全体としては、ふさぎ込んだガマガエルといった印象である。一七七三年五月、彼は公けの場から引退し、数ヵ月後、ひとりでフランスに旅立ち、ロンドンに帰国したのは翌年六月末だった。鬱状態と身体的苦痛がつづき、公けの場での試練から一年半後の一七七四年十一月、彼はロンドンの邸宅において、折りたたみ式小型ナイフで自分の喉を突き刺した。メモ書きや理由説明はいっさいなかった。四九歳の生涯だった。あとには妻と四人の子どもたちが残された。

数多いクライヴの伝記作家のひとり、マイケル・エドワーズによると、「クライヴの〈強欲ぶり〉は、ヴィクトリア朝の道学者、現代の〈急進的〉歴史家、インドの民族主義者たちによって非難されてきた。しかし、彼をはじめほかの人びとの場合も、要求して手に入れた特権や利益は、権力者の役得以外のなにものでもなかった。インドの領主たちやその支持者たちは、それを当然の権利として認めていたのである」という。クライヴは、自分が莫大な財産を取得するに価する、また異国の地から掠奪するのは間違ったことではないと心から信じていた。彼の莫大な財産は、というか、じっさい当時のインド成金全員の財産は、成功した公正な貿易によってではなく、汚職や賄賂によって取得されたものであった。彼は、イングランドの貴族や裕福な家族について、もとをたどれば彼らも、最近あるいは遠い昔に祖先が同じようにいかがわしい行為によって地位や財産を取得したことは疑いないと皮肉を言ったが、それは非難されるべきことではない。

クライヴはおそらく、プラッシーの戦いののち、略奪を抑制したものと思われる。彼を抑える人物が誰もいなかったことを思えば、もっと多くの財宝を奪うこともできたし、さらに部下たちに分け与えたり、会社軍の兵士たちの年金基金に寄付したりせずに、すべての財宝を独り占めすることもできたはずである。クライヴは個人的に、残酷であるとか暴力的であるとか言われたことは一度もない。ただ、偉大さを誇示するとか、崩壊する帝国から莫大な富を築いたとか非難されただけである。じっさい、帝国の崩壊は彼の壮大な野心にとって絶好の機会を与えたのであった。

イングランド東インド会社の権力は、会社に対する一七七二年の国会審問によって徐々に解明されはじめた。国会では、会社の株主や支持者たちから猛烈な抵抗があったにもかかわらず、審議によって、いわば会社の汚れた洗濯物がすっかり空気にさらされた。そして一七七三年、ノース規制法が制定され、会社の運営方法やベンガル統治の方法が一変した。イギリス政府はこの規制法によって、正式にインド問題に取り組むようになった。もはや、イングランド東インド会社はまったく独立した存在ではなくなり、その権力は著しく縮小された。もはや戦争を布告することも、国事や国際的な事柄に影響を及ぼす決定をくだすこともできなくなった。そして、会社が支配したインドの地域では、総督や役員会、それに最高裁判所が置かれることになったのである。

十年後の一七八四年、ピットのインド法によって、さらに会社の活動に対して規制が強められた。国会は、インドの政治的・軍事的・貿易的事柄に関するあらゆる決定において、監督局を通して発言権を持つようになった。また、十八世紀末には、急速に展開しはじめた産業革命の新しい自由な貿易業者たちが登場し、東インド会社の独占は時代錯誤であると考えられるようになった。彼らはインドを絹・チリ硝石・香料などの資源国としてではなく、製造された製品の輸送先として考えていた。会社はそれでも、シンガポール・マラヤ・ビルマ・ホンコンなどにおいて軍事的支配力を行使して発展しつづけた。インド亜大陸では、ますます多くの地域がイギリス支配下におさめられたが、それらを征服したのは会社軍ではなく、とりわけアーサー・ウェルズリー、すなわち未来のウェリントン公爵の率いる国王軍であった。彼はインド内陸の大地域を征服し、さらに何百万もの人びとを会社の統治下に組み入れたのである。

しかし、その統治は蝕まれていった。一八一三年、監督局は会社の貿易機能に対して権限を発揮し、会社の独占権を撤廃した。さらに二〇年後には、同じように中国との貿易に関する特権もすべて奪われ、会社の役割はインドの領地経営、および強力な公務員組織の教育と配備とに限定された。会社の影響力が弱まるにつれ、イギリス政府の支配と統制が強まり、ついには二世紀以上にもおよんだ会社は、単なるひとつの擬似的政府機関として存在するだけとなった。それはちょうど、オランダ東インド会社がインドネシアにおいて、結局、オランダ政府の一部門になったのと同様であった。

一八五八年十一月一日、イギリス軍がインドの大反乱を鎮圧したのち、ヴィクトリア女王がインドの君主となり、のちにはインド女帝の肩書きを持つようになった。そのころには、〈東インド貿易のロンドン商会〉(ロンドン東インド会社、イングランド東インド会社、合同東インド会社の総称)は、長いあいだ設立時の業務だった貿易事業から手を引いていた。しかし名目的には、まだ世界人口の五分の一以上を商業的に支配しており、一八七四年一月まで会社は存続していた。この年、東インド会社株式回収法によって会社は解体され、ドラマティックでいくぶんロマンティックな長い会社の歴史に終止符が打たれたのであった。

十八世紀中葉における会社の信じがたいほどの大成功が、ロバート・クライヴの軍事的勝利に直接由来すると考えるのはあまりにも単純すぎるだろう。しかし、彼の非凡な能力と才気あふれる策謀が、フランス会社を打ち破ることを可能にし、のちの発展の足がかりとなる初期の領土獲得をもたらしたことは疑いない。クライヴが残したものは、帝国ではなく帝国の枠組み、すなわち、のちの何十年かのあいだに他の人びとによって肉付けされる骨格だった。彼はまさしく、世界の商業的・政治的行動様式の連携におけるダイナミックな変化を利用できる立場にあった。クライヴがインドに到着する前は、イングランド東インド会社は、ほどほどの成功を収めた貿易企業であり、フランス会社がインドの領主たちの地元の政治闘争を操作しているのを苦々しく思いはじめていた。彼が亡くなったときは、会社は世界の反対側に巨大な帝国を保有する組織となりはじめていた。世界でもっとも人口の多い裕福な王国のなかでも、もっとも豊かな地域を征服し、歴史上、もっとも大きな株式会社になる途上にあったのである。

ロバート・クライヴは、ムガル帝国後のインドが政治的に脆弱な体質であることを見抜き、直感的にみごとな閃きを示した点で、世界の偉大な貿易王のひとりであった。彼は目の前にあったきわめて大きな挑戦やチャンスから尻込みせずにぶつかっていく信念を持っていた。彼の精神は、政治的混乱や危険な賭けのなかにチャンスと可能性を見出したが、さらに、おそらく彼の尊大な態度——権利意識や厚顔無恥——も、よかれあしかれ、彼に世界を変えることを可能にさせた特質だったと思われる。

第4章
アラスカの領主
アレクサンドル・アンドレーエヴィチ・バラノフと露米会社

野蛮な部族らの敵意のみならず、規律に応じようとしない男たちからの危険に、わたしの命はつねにさらされている。耐え抜いてこなければならなかった苦難との格闘で、体力もつきて健康も失われた。臨終という自然の与えしときについては、わたしの場合、多くの人びとにくらべ定かならぬものとなろう。ゆえに、ここに遺言をしたためる。

アレクサンドル・アンドレーエヴィチ・バラノフ、1809年ごろ.

晩年近くのアレクサンドル・バラノフ。19世紀初期のシトカで描かれた、この著名なロシア人貿易王の唯一の肖像画。

1

一八一八年に引退した際に描かれた正式の肖像画では、しばしば〈アラスカの領主〉として知られたアレクサンドル・アンドレーエヴィチ・バラノフは、髪がほとんどなくほっそりとしている。服装は黒の礼服であるが、それはクリーム色の絹のネッカチーフで相殺されている。ネッカチーフの上に栄誉勲章がぶらさがり、目立っている。彼は右手に羽ペンをもち、一部殴り書きされた羊皮紙におかれている。まるで、肖像画家が、突然、説明書か公式の書簡を完成させようとしているバラノフを邪魔したかのようだ。彼の眼はまっすぐこちらにむけられ、ひるむことがない。顎と唇は固く引き締まり、まるで顎が固定されているかのようだ。姿勢はゆったりとし、自信にみちている。

全体としてこの肖像画からは、中程度の栄誉の者という印象を受ける。真実が語られることを希い、おそらくそうなるとすでにわかっていて、個人的なことが語られることを願っている者が与える印象である。彼は、思いやりのある父親然とした人物のように見える。信頼でき、忍耐強く、物わかりがよい。唇はやや上にそり、まるで内輪ネタを心のなかでじっと考えているか、世界の状態をやや面白がりつつ諦めているかのよう。彼は二八年にわたり、ロシア領アメリカを支配していた。いまでは七二歳となり、在職期間も終わろうとしており、身の処し方がわからなかった。

ロシア帝国の東の前線に位置する露米会社の領土にいるあいだ、バラノフは冷酷に近い潔さ、つまり処罰に際しては公平で厳格であると定評を得る一方、部下の多くから尊敬と忠誠とを獲得してもいた。彼は範を示し、部下に対しては約束を守り、必要とあらば個人的にお金を与えていたし、才能があると思う子どもにはロシアで教育するための資金を出していた。彼は最初の妻と子どもはロシア時代に見捨て、その後、ロシア領アメリカに旅立ったのだが、彼はつねに彼らへの金銭的援助は惜しまなかった。捨て子から育てた息子と娘にすらそうであった。彼は一生懸命働き、部下の直面した危険を避けることはなかった。彼が与えた昇進や報酬は、長所や業績をもとにしており、親とか人種的背景は関係がなかった。ときどき、彼は露米会社の基金を使い、孤児や未亡人、航海中に命を落とした先住民に賠償金の支払いをした。さながら、功績（たとえ死亡しても）に対し、寛大な報酬をくだす領主のようであった。この行動は一見、部下を奉仕に駆りたてることを第一とする彼の主義とあわないものであった。彼の在任中に会社は、アメリカ北西海岸沿いを南に前進し、今日、合衆国のアラスカ州とカナダのブリティッシュ・コロンビア州の境界地域まで勢力を維持していた。彼はイギリスとアメリカの水夫や毛皮商が北方に進むのを如才なく阻止していたが、ロシアがコロンビア川を支配することに失敗した。彼は、カリフォルニアにおけるロシア会社居留地設立を統括したが、類似の辺境植民地をハワイに作ることができなかった。彼はハワイのそれを、ロシア帝国の辺境植民地として併合することを考えていたのであるが。

しかし、やさしく知的な眼と物柔らかなバラノフの表情は、彼の暗い性格と一致しなかった。自己の目的を追求し残忍な行為におよぶことを彼は厭わなかった。たとえば、彼は人びとを容赦なく使い、必要とあらば、危険にさらしさえした。頑固で決然とした彼は、要求がかなわないときには、しばしば、雇い主に辞表を突き付けて脅した。彼を尊敬し愛する者もいれば、怖れ嫌う者もいた。彼は、十年の隔たりはあるが、部下による殺害の企てを二度生きのびた。コディアック島民の扱いは非人道的といってもよく、ロシア法からすればまぎれもなく非合法であった。彼はまた、数年にわたり競争相手に戦争をしかけ、ついに彼の会社は、公式の政府独占権を得ることになった。

ロシア政府から腕をのばせば届く距離にある会社所有地として、ロシアのアメリカ植民地はバラノフによって建設・拡張され、彼の際限のない活力と優れた問題解決力によって巨大な領土になった。それは、今日のアラスカにほぼ匹敵するものである。彼はまず、現地部族に対し積極的に戦争をしかけた。一八〇四年、ロシア戦艦から六日間にわたりトリンギット村に砲撃を加えた。数千の現地民は家を追われ、その生業は会社の必要と利益に見合うようにされた。この過程でバラノフは、彼らをみずからの土地にありながら農奴にし、莫大な量の毛皮と他の天然財をサンクトペテルブルグにいる取締役会と貴族の株主のために絞り出していた。しかし、彼がアラスカの露米会社の長としての地位を追われたとき、その展開に翳りがみえていた。彼は政治的動機による告発に直面し、調査され、サンクトペテルブルグで裁判を受ける可能性があった。フィンランド国境沿いの辺ぴな村に生まれた質素な商店主の長男にとって、長い波乱にみちた人生であった。

このアラスカの領主は一七四七年、カルゴポリの小さな村に生まれた（このころ、若き貿易商ロバート・クライヴは、はじめてフォート・セント・デーヴィッドにあったイングランド東インド会社の軍事部門に転属を求めた）。彼が生まれた人もまばらな定住地は、森が無数の小さな湖と沼によって分断され、道は泥だらけの小道であった。父は貿易の階層体制の最下位にあり、その地位はあまりにも低いので、土地の商人組合に加入させてもらえなかった。つまり、小作農と変わらなかったのである。この地域に学校はなかったが、バラノフはなんとか少しの読み書きはでき、取引きを記録することができた。好奇心が強く意欲的な少年であった彼は、十五歳のとき南へと逃れ、この国の商業の中心地モスクワへ行った。自分の目で、噂に聞く世界の驚異を見ることが目的であった。ヘクター・チェヴィニーが、華やかでやや空想的な一九四二年刊の伝記『アラスカの領主』に書いているように、「世界にこれほど多くの人がいて、丸太で建てられていないこれほど多くの家があり、あれほどの巨大な市場があって、多色の円蓋を持つあれほど多くの教会があり、あれほど多くの巨大な鐘が毎時間音を奏でていることがわかり」、彼には衝撃であった。

モスクワに出たこの活動的な若者はドイツ人商人に雇われ、それから十年ほど過ごし、商業、簿記、言語、とりわけ重要な読み書きを可能な限り学んだ。彼は文学と科学の勉強を貪欲におこなった。また、ロシア社会の厳格な階級構造にも入り込んだ。そこでは貴族と商人が区別され、彼自身の低い地位を完全に克服することは不可能であった。彼は事務員の地位に登ったあと郷里に戻り、そこで新たな資本でもっと地位の高い商人になろうとした。しかし、戻ったことは誤りであった。結婚し娘をもうけたいま、少年のころほどカルゴポリに住んでも幸せではなかった。数年後の一七八〇年、三三歳になった彼は、弟ピョートルとともにシベリアに出発した。彼は財産づくりの夢でいっぱいであった。バラノフは、十分な扶養はしていたとはいえ、二度と妻や娘に会うことがなかった。

シベリアに行ったバラノフは、弟と一緒に、行商人・徴税人としてイルクーツクで働いた。ここは人口約六千人の繁栄した町で、ふたりは金を蓄え、ついに彼とピョートル、そして他のふたりの協力者は、土地の原材料を使ったガラス工場をひらいた。これはバラノフの考えで、モスクワにいるとき読んだものから得た。当時ガラスは遠い地域にとって高価な輸入品であったので、会社はただちに成功し、バラノフはサンクトペテルブルグから、シベリア産業の改善に尽くした功績により、公式の記念品を頂戴した。

しかし、イルクーツクでは八年たっても、彼は土地の商人ギルドの一員に迎え入れられることはなかった。低い身分のためである。この差別に挫折感を味わい、彼のじっとしていられない性分がふたたび目覚めた（この差別がもとで、彼は、被雇用者をその階級でなく、能力で遇するようになったのであろう）。同時に彼は、その協力者たちと連帯して決定しなくてはならないことにいらだちを覚えた。彼はボス的存在になりたかった。たとえそれが、より低い収入とより大きい危険を意味したとしてもであった。そこで再度、彼は去った。さらなるフロンティアにむけ、弟をつれ、オホーツク海の北の住民のまばらな地域へ行った。グリゴリー・イワノヴィチ・シェリホフという名の傑出した商人が、当時、アラスカのコディアック島にロシアの植民地を建設して戻り、バラノフに自分の投機的企業に支配人としてこないかと誘ってきた。バラノフは断った。自分の独立を他人の企図に従属させたくなかったからだ。

彼の遠征は、大いなる見込みがあってはじまった。二、三〇年前、アラスカが発見され、ラッコとキツネの毛皮というベルヴェットの恩恵を略奪せんとするラッシュが起こってから、チュクチ族の領土はロシア交易業者からほとんど見捨てられていた。その結果、毛皮の量は多年にわたる過剰狩猟ののち、増大していた。巨大な筏に交易品を積載し、バラノフ兄弟はリーナ川を北にくだり、二千キロメートル以上くだったヤクーツクに行った。そこで彼らはトナカイを運搬動物として購入し、さらに北へむかった。二年間交易したあと、一七九〇年ごろには、彼らはわずかとはいえ、ひと財産の黒テンの毛皮を集め、南へとむかっていた。このとき、大集団のチュクチ族は彼らを待ち伏せし、その積荷の大半を盗んだ。バラノフは自分たちの商品と残りの毛皮を守るため、オホーツク海に弟を残し、海岸沿いを馬に乗って南へと急行した。その盗難を旧知の人に報告するためであった。それはヨハン・コッホで、当時、ロシア唯一の太平洋海港であったオホーツク村の地域軍指揮官をしていた。

ここで運命が介入してきた。破産に直面し、再出発の新しい資本を確保する手段をもたないバラノフは、現実に直面した。債権者への支払いのため、イルクーツクの彼のガラス会社の株を失うというものである。そうなったら家族は貧窮することになろう。彼が次の一手を思案しているとき、思いがけない申し出を受けた。シェリホフが町にいて、その船を監督しアラスカにむけて出発させようとしていたのだ。彼は再度バラノフに、コディアック島の繁栄した植民地と、そして実に、シェリホフのこの新しい土地でのビジネス利益すべてを統括してほしいと申し出た。

シェリホフは、誰か野心的で信頼のおける者がほしかったのだ。カリスマ的で、その企業拡大に関心を持つ者。しだいに不安定になる状況の管理をし、外国人（主としてイギリス人）貿易業者の侵入と私掠者が襲う可能性に対処できる者だ。ふたりは無期限の契約を取り決めたが、四三歳のバラノフは、やっても数年だろうとわかっていた。数週間以内に船は出ることになっていて、バラノフは急いで決意しなくてはならなかった。みずからの財政的苦境のことを考えると、選択の余地は現実にはなかった。しぶしぶ、彼は同意した。

条件はほとんど文句のつけようがなかった。彼は重要な肩書きの支配人と呼ばれ、シェリホフ＝ゴリコフ会社の二一〇株を得る。アラスカでシェリホフが展開する業務に対し絶対的権限をもつ。「もし現地の状況が統治規制に従うことを妨げるなら、あるいは会社と祖国の最善の利益がそこなわれるなら、支配人のわたしが適切だと判断する行動をとることは妨げられない」という条件付きであった。彼には、さらに権限が与えられた。アラスカのロシア政府代表となり、犯罪を審判し紛争をおさめ、すべての探検と銅製の領地標識を取りかえたことを厳密に記録することができた。彼は新たに衛星植民地を建設し、適切と思うように経営を改善し拡張することになっていた。受ける報酬は十分に借金の返済ができ、ロシアにいる家族の生活が確保できるものであった。

バラノフは〈三聖人号〉に乗船した。同行したのは植民地・商業企業のために新規採用した他の約五〇人で、一七九〇年秋、アラスカにむけ東へと出帆した。この航海は、その後、恐ろしい死と背中合わせの経験、彼の人生でもっとも危険で激しい冒険となる。

2

第二次カムチャツカ遠征として知られ、叙事詩的なヴィトゥス・ヨナセン・ベーリングの航海以後、約五〇年間にわたり、ロシア人貿易業者と個人探検家は、遠い北アメリカの海岸の東にある太平洋を航海してきていた。この遠征は、ピョートル大帝の革新的改革がもとになり、女帝アンナ・イヴァノヴナに引き継がれた。

第二次カムチャッカ遠征は、従来なされたもっとも野心的な科学的・探検的遠征のひとつであった。アメリカ探索を目指した、十年前の最初の航海で決定的な結果が得られなかったベーリングは、どこまでも追及しようという地に足がついた提案をした。それをもとに第二次遠征が企画され、雄大で洗練されたロシアをヨーロッパに示そうとした。一七三二年、ベーリングが最終的指示を見たころになると、その指示は膨れ上がり誇大なものとなっており、彼はそれらのほとんどを把握できていなかった。彼は実際上の遠征隊のトップにたつことになっていた。その構成は数千人の科学者、事務官、研究者、通訳、画家、測量技師、海軍士官、水兵、そして熟練労働者からなり、この全員をロシア東海岸につれて行くのである。八千キロメートルにおよぶ道のない森や湖沼、ツンドラ地帯を、道具類、アイロン、帆布、食糧、本、科学器具一式とともに横断しなくてはならなかった。

ひとたびカムチャツカに到達するや、ベーリングは二隻の船を建造し、アメリカへと東にむかい、カムチャツカと北極海の海岸を海図にし、シベリア全土の厖大な位置を確定した。それに加えて北アメリカの太平洋海岸線を、南はカリフォルニアまで海図にしたとされた。同時に、彼はさらに三隻の船を作り、千島列島、日本、さらに他の東アジア各地を調査することになる。こうしたことは、彼に与えられたもっとも合理的で実際的な指示であった。命令に従い、彼はオホーツクにロシア市民を植民させ、畜産を太平洋沿岸地域に導入し、遠方の前哨地に初等学校と商船学校を設立、喫水の深い大型船の造船所を建設し、鉄鉱山を開設し鉱石を製錬する製鉄所を開業した。当然のことながら、ベーリングの非常に困難な努力にもかかわらず、こうした課題は数世代をかけても完成されることはなかった。

一七四一年六月五日、ベーリングの二隻の船は、ペトロパブロフスクのにわか作りの造船所を滑るように出て、灰色の波たち騒ぐ海に入り帆をあげた。〈聖パーヴェル（パウロ）号〉が霧のなかを東に進むにつれ、ベーリングは、多くの時間を甲板の下に引きこもって過ごした。活力を奪う病のためである。かくして士官たちは、彼に相談したり、あるいは決断を彼に伝えることなく船を走らせつづけた。ほぼ一ヵ月間、退屈で不確実な航海であった。航海者たちの目に入るものは空と海だけで、それが七月十六日までつづいた。それから、はじめてアメリカが見えた。雪塵をかぶった巨大な頂が霧に覆われてそびえ、ふもとには小さな山が見渡す限り海岸にぴったり寄り添って広大につらなっていた。際限なくつづく緑なす森が、霧のなかからあらわれてきた。聖エリアスの祝日であったので、彼らはその頂を〈セント・エライアス山〉と名づけた。その山脈は「とても高いので、十六オランダ・マイル離れた海上から、はっきりと見ることができた……わたしはシベリアとカムチャツカのどこでも、これほど高い山脈を見た記憶はない」と、博物学者のゲオルク・シュテラーは述べている。

士官と水兵全員が喝采をあげ、新しい土地の発見を祝福しあった。しかしベーリングは、この出来事のために船室から一時的に身を起こしたが、甲板を散策したときも、なんら喜びを見せることはなかった。情景を見わたし、遠く波が岸に砕けるかすかな唸り声を聞いて、彼は肩をすぼめた。船内に戻ると憮然として、予言的にこう述べた——「われわれはいま、すべてのことをなし遂げたと考え、多くの者が大いに得意げに歩きまわっているが、陸に到達したのがどこか、どれだけ故国から遠いのか、なにがこれから起きる可能性があるか、また案外に貿易風が吹くかも知れず、そうなるとわれわれは戻れなくなることを考慮していない。この国のことは誰も知らないし、越冬用の糧食の備えもない」。

ベーリングの心配は現実のものとなった。いくつかの島を探索し、土地の多様な部族と出会い、東には巨大な規模の島々があることを知ったあと、ベーリングの船はロシア海岸沖のある島に座礁してしまった。航海中、ベーリング自身に加え多くの乗組員が壊血病に悩まされた。座礁して惨めな生活を強いられ冬を過ごした島は、今日、〈ベーリング島〉として知られる。この不運の船長にちなんだ名である。その冬の長い暗い数ヵ月のあいだ、座礁した水兵たちはいくつかの見たこともない生物を目にした。ベーリング島やアリューシャン列島、あるいはアラスカ沿岸に固有のもので、たとえば巨大で、今や絶滅した北に住むマナテー、アシカ、オットセイなどで「海岸全体を覆いつくしているので、五体への危険なしに通ることは不可能であった」。

彼らが目にしたもっとも生息数が多く、露米会社の歴史のなかでもっとも重要なものはラッコであった。これは人なつこく、群生する動物で、沿岸一帯に生息していた。シュテラーはこう記している――「まったくそれは美しくかわいい動物だが、習性はずるがしこくておもしろい。……走るときに見られるように、毛の光沢は漆黒のビロードにまさる。家族で一緒にいることを好み、オスはメスに寄り添い、半ば成長した子どもと小さな赤ん坊はともにいる。オスはメスを前足で手のように打って愛撫し、メスの上にのる。しかし、メスは戯れにオスをはねのけ、まるでとりすましたようなふりをする。子どもたちと戯れる様子は、さながらもっとも甘い母親である。子どもへの彼らの愛はとても強烈なので、もっとも明確な死の危険に身をさらしさえする。子どもを引き離そうものなら、幼な子のように悲痛な叫び声をあげ悲嘆にくれ、幾度か経験したことだが、十日から十四日後に骸骨のように痩せ細り、病気にかかり弱ってしまい、その岸を離れようとはしない」。

ラッコは遊び上手な動物で、水夫たちを楽しませたが、ついにラッコの毛皮が格別に高価であるとわかった者があらわれた。毛皮は中国では大金に匹敵した。夏じゅう、男たちは数千のラッコを捕え皮を剥いだ。カムチャツカで数年にわたる苛酷な生活をし、前年の冬の恐ろしい苦痛に鍛えられた狩猟者たちは、ラッコを安楽な生活を送るための切符と見て、「この動物の群のなかを無差別に荒れ狂い」、棍棒で叩いたり溺れさせたり刺したりして、ついには大きな群がベーリング島の東岸からほとんど姿を見せなくなってしまった。春になって、彼らは廃物利用の厚板で急ごしらえの船を作り、いくつもの山をなすラッコの毛皮を積み、西に進んでアジア本土に戻った。ベーリングは数十人の不運な水夫とともに、冬のあいだに壊血病が原因で無残にも死んでいた。しかし生存者たちは、その信じられないような航海の話をもち帰った。さらに、その旅をものともしない屈強の者を待つ運が、どのようなものかを語った。

3

毛皮ハンターはロシア帝国の勢力圏を太平洋のむこう側にまで広げ、結果的に露米会社の核になり、時を待たずして、その新しい土地の貴重な資源開発にのり出した。最初の水兵がベーリングの不運な航海から戻ったとき、アリューシャン列島とアラスカに豊かに棲息しているラッコについて吹聴した話は、たちまち影響力を持つに至った。翌年、船一隻分のハンターが、千六百匹のラッコ、二千頭のオットセイ、二千匹のホッキョクギツネを満載して戻ってきた。たちまち数千のハンターが毎年、ベーリング海を横断し、ビロードの獲物を追い求めた。モスクワのように遠方の商人から資金援助を受け、貿易業者は一夜にして金持ちになり、もっと多くの者が大儲けに加わるようにしむけた。十四年たつと、ベーリング島のラッコ、アシカ、オットセイ、キツネという宝はなくなってしまった。ハンターたちはさらに東へ移動し、そこでは時おり流血の戦闘を海岸住民とくり広げ、ハンターとして強制労働にかり立てた。

すぐさまハンターの略奪は、アメリカ西部開拓地で見られたようなひどい殺戮の様相となった。彼らは島から島へと移動し、現地住民を攻撃して捕え、おびただしい数のラッコを捕獲した。一七六八年のひとつの遠征が、四万頭のアザラシ、二千頭のラッコの生皮、一万五千ポンドのセイウチの牙、そして莫大な量のクジラの骨を持って戻ってきた。遠征は海岸に沿ってさらに遠くへと危険をおかして進みはじめ、その結果、航海は二年にまでおよび、ロシア人と現地のシベリア人との混成の乗組員は、半永久の貯蔵所ないし居留地を設立した。アジア本土では、オホーツクの居留地が、アメリカ貿易の貯蔵所と同じように多忙になり、船員やその家族を宿泊させていた。同じく宿泊したのは半年ごとにやってくる商人で、彼らは、長い列の駄馬に生活必需品を積んでイルクーツクからやってきた。交換を終えると、彼らは護衛に守られ西に進み、アメリカの毛皮を持ってアジアの中心部に入って行った。中国人商人は、隊商をモンゴルとロシア国境にあるキャフタから送っていた。中国から二千百キロメートルの旅程であり、モンゴルとゴビ砂漠を通った。

数十年にわたり侵略と略奪をくり返したあと、多様な貿易会社が、モスクワの資本に援助を受けたひと握りの複合企業を中心に連合した。シェリホフ＝ゴリコフ会社がもっとも重要な複合企業で、毛皮貿易の第一位となり、全アラスカを支配する野心を抱いていた。一七六七年、グリゴーリ・シェリホフは二〇歳のころ、イワン・ラリノビッチ・ゴリコフに出会った。ゴリコフは数歳上の評判のよろしくない金融業者で、イルクーツクで国外追放の時期にあった。シェリホフは、キャフタでの商売からオホーツクでの製造まで、あらゆる領域の毛皮貿易を手がけた経験を持ち、そのようなときに彼はゴリコフと組んだのである。ゴリコフの財務の知識をもとに、ふたりは強力な企業を大々的にはじめた。シェリホフの妻ナタリアは背が高く魅惑的であったが、仕事には抜け目がなく成功を熱心に望んだ。

ジェイムズ・クック船長が、北アメリカ太平洋沿岸でおこなった第三次航海のことを聞き知ったロシア人企業家たちは刺激され、永久的植民地を作りアラスカの事業を拡大しようとした。二年間におよぶ計画ののち、一七八三年、シェリホフと妻は、この企業家集団をコディアック島に案内しようとした。いわば巡礼を仕立てたわけで、その編成は二〇〇名の人間、数十頭の家畜、キャベツとジャガイモの種と道具類を運ぶ三隻の船であった。幻想だという者もいるかも知れないが、ふたりは壮大な計画を持ち、鍛冶屋ひとり、複数の大工、航海士、そして農夫を同行させた。シェリホフは、海岸沿いの都市が繁栄していると想像していた。そこでは音楽や芸術が商業や農業と混じりあい、すてきな家と教会が舗装された道と公共の広場にならんでいると考えていた。

ロシア人貿易業者が現地のアラスカ人に暴力を行使することは違法であり、これは国家への犯罪行為で、建て前上は死刑であったが、シェリホフは開始早々からこれをまさに実行して植民地の足がかりにしようと計画し、ロシアから遠く離れているので秘密は守れると考えた。彼はコディアック島を選んだ。そこでは先住民との暴力沙汰の歴史があり、ロシア船はそこを避けていた。彼の船は一七八四年の夏に到着し、そこは今日の呼び方ではスリー・セインツ・ベイ（三聖人湾）（シェリホフの船の一隻の名にちなんだ）で、すぐさま現地の要塞に攻撃を開始した。それから数ヵ月かけシェリホフと彼の植民者たちは、多数の先住民に攻撃をしかけては殺し、人質をとり、島の周囲に要塞と防御柵を建設した。当然ながら、部族間の敵対関係を利用し、その地域征服のためにさらなる労働力を獲得した。

シェリホフは懐柔策として贈り物をし、思いがけない公平さを示すという悪質な攻撃をしかけた。捕虜にされた島民は、尊敬と威厳をもって遇されたので驚いた。女性は食い物にされることがなく、植民者と結婚するようにうながされ、多くの者がロシア人居留地近くに住むようにしきりに勧められた。ひとたび会社が足がかりを確立するや、シェリホフは友人を作ろうと努力した。彼は小さな学校を建て、現地の子どもたちにロシア語や他の基本的技能を教えた。たとえば大工仕事などで、これによって子どもたちは新しい会社の植民地にとって有用な存在となりえた。彼とナタリアが一七八六年に船で去ったとき、植民地は本格化していた。

次の数年間にわたり、シェリホフと妻、そしてゴリコフは策動し、イルクーツクとサンクトペテルブルグの政府役人に圧力をかけ、彼らの会社に独占権と国家融資を与えるようにしむけた。彼らは自分たちの業績を大げさに主張し、当然、愛国主義にも訴えた。ひとつにまとまった強力な会社ができればその力は増加し、ロシアの領土をイギリス、アメリカ、スペインの貿易業者の侵略から守ることができる、そう彼らは説いた。しかし、コディアック島でシェリホフがとった残忍な手口をめぐる噂が西へと行き、ロシアにぽつぽつと伝わりはじめていた。それは明らかに、アラスカで活動していた他の有力な貿易会社の代理人が広め、敷衍させたものであった。シェリホフは法螺吹きで誇張家であったので、アリューシャン列島住民全員をロシア正教会の信徒に改宗させ、一万五千人以上を帝国の臣民に加えると主張した。当然、他の途方もない主張もしたが、それは明らかに誤りであったので、助けとなるどころか妨げとなった。

依然としてヨーロッパは大独占企業の時代であったが、ロシア女帝エカチェリーナ二世は、すでに拡大して人口の希薄なその領土の遠く離れた外辺に、新たな土地を獲得することには関心がなかった。「貿易することと、占有することは別問題だ」と彼女は主張した。彼女がシェリホフの依頼を却下すると、彼は東に退却してイルクーツクへ戻った。シェリホフ＝ゴリコフ会社は、すべてがうまくいったわけではなかった。植民地は順調に運営され、毛皮は太平洋を渡り倉庫に集まりだしていたが、中国との貿易は閉ざされていた。すでに、数年にわたりそうした状況であった。外交的紛争があったからだ。アラスカの毛皮は倉庫にどんどん蓄えられ、その結果、会社の競争相手のほとんどは経費を節減し、一時的に貿易を放棄していた。彼らにはその方が容易なことであった。維持する植民地がなかったからである。シェリホフの資金は枯渇しはじめた。アラスカの彼の支配人たちは前向きとはいえず、植民地は拡大より停滞にむかっていた。

シェリホフはすでに、ひとりの支配人をとりかえ、今度はエウストラト・デラロフという名のギリシャ人が二代目の支配人になったが、彼も期待外れであった。これ以前にシェリホフは、バラノフをその地位に雇おうとしていた。じっさい歴史家たちは、バラノフがシェリホフの企業に投資したひとりであった可能性があると推測してきた。コディアックの無能な支配人をどうするか思案していたシェリホフは、たぶん小躍りしたことだろう。一時的に困窮し、ほんの数年前には彼が諦めていた可能性をただちに受ける状態にあったバラノフがオホーツクにやってきたからである。すでに述べたように、彼は間髪を入れず、バラノフに職を与えた。

4

バラノフは海に出たことがなく、長期の大洋航海でなにが予測されるかは、ほとんどわかっていなかった。幾分かおののきをもって彼がそれを想像していたなら、とにかく精神的に覚悟はできていただろう。彼は一七九〇年八月、アラスカ行きの船にのった。大いに希望と夢とを抱いていたが、すぐ通常ならざる困難にたてつづけに直面した。この小さな船の船倉には、牛と羊とが押しこめられ動き回り、排便し、モーと鳴き、脅え混乱し吠えつづけていた。商品は利用可能なすべてのスペースに押し込められていた。箱に入った道具と加工材、布、釘、燃料、煙草の梱、たん茶、大袋入りの砂糖、塩、そして小麦粉――数年はもつ、ありふれてはいても必要な食糧である。この過重積載の古い船は急に傾き、大波に揺れながら進み、老朽化した木材は軋み、重圧に悲鳴をあげた。海水が危険なほど滲み込んで、それを船客は二四時間体制で汲み出していた。彼らは汚れた寝台から起きあがることができず、船の揺れで具合が悪くなっていた。

船の水樽には十分な水がみたされておらず、貴重なアルコールは船底に流出していた。船長は水の配給削減を命じ、その一方で、いくども嵐に見舞われ、船は荒れた海であちらこちらに跳ね上げられた。すぐに恐ろしい壊血病のため、数十人が生命力をなくした。歯は抜け、息が悪臭をはなち、四肢から力がなくなっていった。見張りがついに霧と靄の彼方にウナラスカの島を見つけたとき、手遅れに近かった。そこに錨をおろすと、乗組員は真水を求めて島に大急ぎでむかったが、嵐のために夜に錨が動き、三聖人号は岸の方に引きずられた。そこで、すでに腐っていた木材が岩にあたって削りとられ、裂けて水が浸入した。嵐が厳しさを増したので、船客と乗組員は貴重な荷物を急いでおろした。まさに命がかかっていた。彼らは筏と小船で食糧を岸に運んだが、三聖人号はずたずたに裂かれ、厚板は砂利の多い浜に打ちあげられた。五二人の乗組員は悲嘆にくれ、風の吹きすさぶなにもない島で、現地人が捨てたいくつかの丸木舟の住居に避難し、そこで越冬した。

しかし、バラノフはひとたび上陸するや、興奮と活力に満たされた。四四歳であった彼は、その集団のなかで抜きん出て年長者であった。じっさい多くの者は、彼がずっと年をとっているので、この苛酷な生活はできないと考えていた。しかし、冬じゅう彼は探索し、たえず徒走旅行に出かけては、その新たな土地を観察し、アレウト族の言語を学び、小さな船を操縦しラッコ狩りの仕方を練習した。彼の集団はその冬を生きのびた。春になると、部下のうち五人をのぞく全員が三隻のアシカ皮製のボートにのり、寒さと雨のなかを前進しつづけ、千百キロメートル進んでコディアック島についた。他の五人は、積荷の残りを守るために残った。バラノフは、海路の旅行が好きではなかった。その道中、疲労した彼は熱を出して倒れ、船が一七九一年六月にコディアック島に到着したあと、一ヵ月以上のあいだ弱って病気はよくならなかった。回復したとき、彼は目にしたものに驚愕した。森林が生い茂り雪をいただいた山脈が、まさに海面から空にむかって突き出ていた。それは雄大にして荒れ果て、苛酷で畏敬の念を呼びさます光景であった。

翌年の春、帰国する部下が、残った二隻の船の一隻で去った。バラノフは一一〇名の部下とともに残ったが、ほとんどの者は、バラノフにいわせれば野心と企業心が欠如していた。なるほど彼らは、シェリホフがその従順さゆえに選んでいたのでトラブルメーカーではなかったが、指示や命令が必要であった。すぐにバラノフは、居留地に軍隊的ともいえる仕組みを課した。たとえば、命令にきっちりと従うこと、飯場を定期的に査察すること、儀式的点呼などがあり、点呼の際、部下は気をつけの姿勢で立ち、ロシア国旗の掲揚と降納を見なくてはならなかった。賭け事はご法度、酒類の飲料は、発酵した果実を原料とした比較的度数の低いものに限られていた（もっともバラノフは、個人用として秘密の蒸留器を所有していた）。買春は禁じられ、厳格な規律がロシア人男性と現地女性のあいだの関係を規制し、じっさいに一種の一夫一婦制の結婚を要求し、一部はシェリホフの会社が資金援助をしていた。バラノフは、子どもは母に属するという土地の慣習を尊重する法律を実施した。つまり、この慣習は部下をロシア領アメリカに留まらせることになるので、彼自身と会社の利益にうまく噛みあっていた。成人男性はその配偶者を慕い、子どもは、しばしば法的な五年契約が求めるより長く居つづけ、そのうちの多くは永久に定住することになった。

バラノフは、彼の居留地と近隣に住むアルティク族との関係を改善した。彼は彼らの言語と慣習を学んで、それに従い、コディアック島全域を周遊し、各地の部族と交渉して数百人をリストに載せ、次の春にラッコ狩りをしてもらうことにした。彼の要請に抵抗した部族は、強制的に各居留地から「男女数名」を提供させられた。これはもちろん違法であったが、彼はこのやり方は報告されずじまいになると踏んでいた。彼はその権限から、現地の労働者をリストに載せることができた。もっとも「そのひとりひとりが、その労働に対して賃金が支払われるなら」という条件があった。法律的には、彼にはロシア人もアラスカ人も処罰する資格はなかったが、しばしば鞭を使って遠方にある前哨地の規律を維持した。彼にとって現地人は被雇用者であり、お客であり、競争相手であり、場合によっては、ロシア人の農奴によく似た〈二番手〉の者であった。しかしバラノフは、気むずかしく鞭を使っただけではなかった。同時に、音楽や踊り、歌を好み、兵舎のような共用の合宿所は、しばしば元気のいい参加者で活気づいた。バラノフ自身もそのひとりで、お祭り騒ぎに熱心に参加していた。

バラノフは、居留地全体をもっと風雨にさらされない便利な場所へ移動させ、懸命に働き、その新しい町が「美しく、住んで楽しい」所にしようとした。彼はまた、新しい要塞や前哨地を本土に建設しはじめた。本土には、多様な現地集団が生活していた。彼らには良好な関係の維持を説得し、品物を与えたり、貿易の約束をしたりしてなだめすかした。彼はひとりの傑出した族長の娘のアンナを妻にすらした。自分とアンナ用に快適な二階建ての家を建て、すぐに息子ができた。バラノフはイングランド人貿易業者と出会った。そのひとりが、有名なイギリス人水夫ジョージ・ヴァンクーヴァーで、彼は当時、イギリス政府のために、カリフォルニアからアラスカに至る全域の記念碑的海図を製作中であった。

しかし、つねに問題がつきまとっていた。コディアック島のアレウト族とアルティク族は、本質的には彼の命令下にあったので、さらに南から奴隷略奪をするトリンギット族の戦闘部隊とときどき出会った。バラノフの植民地の部下は、ささいなものではあったが、他のロシア人貿易業者とたえず暴力沙汰を起こしていた。バラノフは現地人の多くを説得し、その競争相手と貿易をしないように言っており、ときにはライヴァルの交易前哨地を攻撃するように命じていた。一七九〇年代を通じ、彼はほとんど援助なしに多くのことをなしとげ、多くの者に食べ物を供し、抗争状態の派閥をなだめていた。しかし、彼はつねに不安をかかえていた。労働者たちの反乱と、シェリホフが雇っていた傲慢な上級ロシア人海軍士官からの攻撃である。

あるとき彼は、作業小屋のひとつで、飲んだくれた造反者に刺された。そのとき彼は被雇用者を、会社が支給する酒と煙草を盗み、働くことを拒否したことで折檻していた。彼の権限は、幹部の一員である司祭によって弱められていた。彼らは密かにロシアに書簡を送り、バラノフの指導力を弾劾し、彼が不道徳で酔っ払うことや、歌うことなどの他の活動を奨励していると主張した。我慢の限界に達した彼は、シェリホフが彼をあえて批判しようとしたとき、辞めると脅した――「あなたのために働くようになってから、わたしは一番価値あるものとしていたもの、つまり名声を失ったのではないかと思います。後任をお探しください。わたしは、もう年をとり五感が鈍ってきています。……活力もなくなりつつあります。しかし、次回、毛皮を船に積んだとき、わたしは同乗いたします。あなたがわたしへの姿勢を変え、数あわせのために拾いあげた寄食者ではなく、仕事のできる部下を送ってくだされば話は別です」。しかし、去るはずが、その前に彼はいくつかの出来事に巻き込まれ、そのため残りの年月のあいだロシア領アメリカに留まることになった。

バラノフが一七九〇年代にアラスカであくせく働きつづけ、ほとんど海図のない海岸沿いに、秩序があり効果的な儲かる企業を建設しているあいだ、名ばかりの上司シェリホフは、この仕事をロシアで考えうるもっとも健全な足場、つまり独占の足場にすえようとしていた。一七九二年、中国貿易が再度、キャフタの孤立した前哨地を通じてロシア人商人にひらかれ、シェリホフは有利な状態にあった。彼はすぐさま蓄えていた大量のアメリカ産毛皮をよい値段で売り払い、会社の借金を返済しはじめた。物事は順調であった。つまり、シェリホフはその植民地を生かしつづけ、バラノフは彼が望んだ通りの者だった。慎重で野心的、企業心にとみ拡張志向で、自分は商業的企業を運営しているだけでなく、ロシア文化を代表していることを意識していた。いまや厄介な競争がなくなり、ロシア人が統一された前線となって、危険で潜在的に狂暴な現地部族民、そして強引に入りこもうとする英米の貿易商と対峙できさえすればよかった。

シェリホフは、自分の企業に政府の支援をとりつけようと働きつづけた。あるいは最低限、競争に参加する他の企業への規制を得ようとした。アラスカへむけ出帆する船があまりにも多いと、中国で商品価格を引き下げてしまうからだ。幸運にも、エカチェリーナ二世の宮廷に新たな支援者があらわれた。エカチェリーナの最近の恋人、遠戚の二〇歳のプラトン・ズボフである。恥ずかしげもなくズボフを甘やかしたエカチェリーナは、ズボフが自分の富のために恩を売り渡すことを許した。これによってシェリホフは、ロシア領アメリカでの一部独占的な活動を確保した。つまり、いかなる競争相手も、五〇〇ヴェルスタ（約五三〇キロメートル）におよぶ彼とゴリコフの活動圏内に、前哨地も居留地も建設することは許されないということであった。

シェリホフと妻ナタリアはしばらくのあいだお祭り気分であったが、ズボフの〈よい〉知らせがもっと届くとうろたえた。ズボフは休むことなく、シェリホフが以前に要請した他のいくつものことを実現するために裏面工作をしていた。つまり、十人の宣教師、労働力不足を緩和するための多数のシベリア流浪者の供給、ロシア人農奴を農業労働者として購入する権利もしくは特権などである。過去にシェリホフは、植民者の霊的要求に役立ち、キリスト教信仰を現地人に広めるために宣教師が必要であると自慢げに求めていた。じっさい彼は、彼らを収容できる教会をすでに建てたと嘘をつき、彼らの維持に金を出すと約束していた。もちろん彼は政府の財政的援助を期待していたのだが、用意されたものは皆無であったので、農奴と司祭の贈り物は痛し痒しであり、じっさい援助目的であったのではないかと思われる。

しかし、シェリホフと妻は臨機応変に対処した。彼らは、一五〇人以上の新人を太平洋のむこう側のアラスカに送り、船を手に入れ、植民者と被雇用者のこうした流入のために、資金調達と組織化の手配に着手した。限られているとはいえ、政府の独占権があったので、植民者と宣教師は、ロシアとの連絡はすべてシェリホフに頼っていた。それこそ、彼が完全に支配していた。おまけに彼には勇猛なバラノフがいて、ロシア領アメリカで起った不平の処理をしてくれていた。労働者と宣教師の派遣団が一七九四年、イルクーツクに到着したとき、シェリホフとナタリアは微笑みと暖かい歓迎で出迎えた。とりわけ、司祭と農奴の生活状態を監視し、シェリホフが約束を守っているかを確認するため、サンクトペテルブルグから送られた政府役人に対してはそのようにしていた。

ニコライ・ペトローヴィチ・レザノフは若くハンサムな貴族で、先祖の財産をほとんど失った卓越したロシア人家系の出身であった。高等教育を受けあか抜けしたレザノフは陸軍にいて、その後、法律を学び、陳情局に入った。彼はシェリホフ家の大きな家に、賓客として滞在するよう招待を受けた。ここで彼は、魅力的で活動的な冒険好きの娘アンナに紹介された。ふたりは互いにひかれあったので、アンナは約四〇〇〇人の旅行団に加わり、数千マイルをはしけや馬に乗って東へむかい、オホーツクについた。数ヵ月かかる旅であった。ゆっくり山脈を越えて進んでいるとき、シェリホフはレザノフを楽しませるために、ロシア領アメリカの貴重な土地やロシアにとってのその価値、イギリス人がそこ全体を要求するのを阻止する必要、彼の植民地がなした大偉業について話した。当然、これらすべては、帝国向上のためであったとした。

バラノフが遠い海を越え乱暴に形作っていた粗野で不潔で無秩序な植民地は、毛皮採りの粗末な工場とほとんど変わりはなかった。住んでいるのは不愛想な労働者と、契約によって雇われた残虐になりえる現地人であった。しかしシェリホフの話では、そこは古風で趣のあるヨーロッパの村になり、司祭、教師、そしてロシアとより大きな絆を熱心に求めているという。船がオホーツクを出発し、バラノフにとって歓迎されざる、まったく予期せぬ人間たちを運んだあと、シェリホフ、レザノフ、そして彼らの小集団はイルクーツクに戻った。東へむかう長距離の旅がよりしやすくなる冬の雪を待っているあいだ、レザノフとアンナは恋をして、一七九六年一月に結婚した。ふたりは、サンクトペテルブルグで新生活をはじめた。アンナの実質的持参金の一部として、シェリホフとナタリアは、シェリホフ＝ゴリコフ会社のかなりの数の株を譲渡した。これは賢明な手で、レザノフがひとたびその首都に戻り、ロシア領アメリカに対する関心を忘れないようにするためであった。六ヵ月後、シェリホフは心臓麻痺で死去、享年四八歳であった。

コディアック島でバラノフは、司祭への責任を負わされたことに腹を立て、ロシアに戻れるよう、五年契約のあと解雇してくれと求めた。はじめナタリアは返事を遅らせ、彼に留まるよう懇願し、それからさらに数年間、シェリホフの死が突然引き起こした混乱を引きあいに出し、彼の後任を送るのを遅らせた。彼女は企業経営管理を引きつぎ、イルクーツクの商人たちとの法的争いに巻き込まれていた。結局、告発がサンクトペテルブルグに届いた。しかしそこには、幸運なことに、彼女に義理の息子レザノフという同盟者がいた。

ロシア領アメリカと貿易していたイルクーツクの商人たちは、彼らの資産を共通の目的のためにひとつにするよう勧めたナタリアの努力のすべてに抵抗していた。加えてロシア政府から、合弁アメリカ会社を作るように圧力がかかったのであるが、彼らは独立を望み、その結果としてナタリアをひどく嫌った。新ロシア皇帝パーヴェルのもとで、尊敬された助言者として権力の座にあったレザノフは、皇帝に植民地会社が必要であることを説いた。その会社は、他のヨーロッパ列強が作ったようなもの、つまりオランダ東インド会社、イングランド東インド会社、そしてハドソン湾会社であった。これは実証済みの成功モデルであった。この独占企業によって「野蛮人の慣習は、彼らをロシア人……とロシア人の物の見方にたえず接触させることによって和らぐ」、そうレザノフは助言した。ロシア領アメリカは、約半世紀間の非公式の占有にもかかわらず、依然、政府を持ってはいなかった。レザノフは、そこをロシア領アメリカ会社と呼ぶのがよいと提案した。

一七九九年七月八日、皇帝パーヴェル一世は、レザノフと新露米会社に味方する決意をした。すべての競争相手の会社は、一年以内に吸収されるか、自分たちの活動を清算する必要があった。この皇帝はまた、商業活動に従事している貴族に、長いあいだの禁止令を変更し、この新独占企業の経営はだめだが、投資は許した。ナタリアと子どもたちは、アメリカの荒野でロシア文化を推進する役割を果たしたことで貴族に列せられた。レザノフは元老院検事総長に任命され、露米会社役員会の唯一の公式の政府代表者になった。

貴族階級と上級政府役人は、こぞってこの新しい会社に投資をした。ことは、商人や貿易業者も同じであった。一八〇〇年、この企業の本社は、イルクーツクからサンクトペテルブルグへと移された。政府と有力投資家の近くにいるためであった。投資にはいい年であった。初年度ということで、会社株の値はほぼ三百パーセントも急上昇した。バラノフは相当数の株を所有し、その知らせを受けたとき、彼は辞職を迫られることのない自分の幸運にほくそ笑んだにちがいない。いまや自分の新居を去る気はなかった。そこはふたりの子、アンチパトルとイレナ、そしてしだいに一緒にいるのが落ちつくようになった妻の家でもあったからだ。独占が実施され、彼はもはや、厄介な競争相手に対処し取り乱すこともなく、露米会社の貿易網を拡大し、ロシア文化を広め、ロシアの政治的優越を推進する任務だけに専心することができた。彼は露米会社担当の支配人、もしくは知事の座に登った。この会社はロシア領アメリカ全体を支配する、政治・商業上の独占的権限を有していた。

5

当時の名高い独占交易会社と同様、露米会社はさまざまな権能を有し、そのなかには軍隊を持つ権利、近接する諸列強と条約・協定を結ぶ権利、もちろん独占会社として商業活動をおこなう権利が含まれていた。会社は、従業員の純粋に個人的財産を除き、その管轄区域内の資産すべてを保有し、諸活動すべてにわたり支配権を握っていた。その版図は、北は北極圏から南は北緯五五度線まで、シベリア東部からアメリカ西海岸、さらには、いまだ領有境界の定かならぬ内陸奥地へと至る広大なものになった。会社に最初に与えられた勅許状の有効期限は二〇年とされていた。会社はいわば、政府内政府のような実力づけがなされ、バラノフは本質的に中規模の王国といってもよいこの会社の、押しも押されもせぬ実力者となっていた。多くの先住民たちは、バラノフが、いまや彼らの大君主様であると聞けばせせら笑ったことであろうが、じっさい会社の規模は巨大であり、このころになると、教会を含む約四〇の木造建造物が建てられていたコディアック以外に、九つの前哨地を有していた。

露米会社の設立後、北アメリカにおけるロシアの勢力が拡大した背景には、競合するロシアの事業会社が互いに争っているあいだに、現地のさまざまな部族が漁夫の利を占めるという構図がもはや通用しなくなったことがある。歴史家リディア・ブラックは『アラスカにおけるロシア人――一七三二～一八六七年』のなかでこう述べている――「一七九九年以降、会社直轄の地域の部族がいろいろ策を弄したり、外交的自立を主張したりする余地はなくなってしまった」。勢力図は書き換えられていた。会社の操業範囲は南へと拡大をつづけ、好戦的なトリンギット族が縄張りとするラッコの大猟場内まで食い込んでいく。

一七九七年、バラノフが最初にシトカ・サウンド（入江）を訪れたとき、そこが会社の本拠地を置くのに理想的な場所であると見てとった。外洋の荒波から守られた大きな入江は、無数の島々が点在する複雑に入り組んだフィヨルドのなかにあり、陸地には豊かな森林が控えている。降水量が多く植生豊かなのは、温暖な海流のおかげであった。ベイツガ、トウヒ、ヒマラヤスギの巨木群が山塊を覆い、土壌は豊かで農耕に適し、近海はよい漁場だった。もっとも重要だったのは、この地が膨大な数のラッコの生息地であったことである。北ではラッコの数は激減していた。ただしこの地は、むろん、人の住まぬ原野などではなかった。ここは、トリンギット族の中核地だったのである。

浜辺にはトーテムポールが林立し、そのむこうにヒマラヤスギでできた巨大な共同長屋（ロングハウス）が建ちならぶ。ヘクター・チェヴィニーによれば、「彼らの文明は確たるものであり、その芸術はフォルマリズムの域に達していた。さまざまな程度に貴族制度を残しながらも、民主政体を実践していた……海賊のヴァイキングさながら、彼らは長い船体の完璧に作られたカヌーに、三〇人の鎧兜をまとい武装した兵士をのせて漕ぎいでる。本拠地から何百マイルも離れたピュージェット湾、コロンビア川へ、さらにはアリューシャン列島やベーリング海沿岸を彷徨い略奪し、村に帰還したあとの労働力、あるいは人身御供として使う奴隷を連れ帰った」。この地に侵入すればトラブルは不可避であり、複数のロシア企業が競合しているあいだは侵入は不可能なことであった。

バラノフが恐れたのは、彼の南下政策が失敗すればイギリスが侵入し領有権を主張し、交易の支配権を握られてしまうのではないかということであった。彼の命じた情報収集によって、多くの外来船団が

ノヴォ・アルハンゲリスク（シトカ）の見晴らしのよい丘の頂上にあるバラノフが住んだ彼の城、そしてロシア領アメリカの主要な港。19世紀の版画。

毎年この地を訪れ、高価な毛皮の取引きをおこなっていることが判明する。バラノフの記すところによると、「この十年間に、イギリスとアメリカはこの地に毎年十隻の船を送り、それぞれが平均二千枚の毛皮を持ち帰ったと考えられる。これは、現在の広東価格で一枚あたり四五ルーブル、総額四五万ルーブルとなる。これが広東に流入すれば、われわれの市場は大いに脅かされる。イギリス人とアメリカ人によってわれわれのビジネスが崩壊するのを防ぎたいならば、それ相応の策が講じられなければならない。とりわけ、彼らの動きを監視するために、彼らにもっと近づくことが急務である」。英米の交易商人らは取引品目に銃を加えていたため、北上するトリンギットの急襲部隊はかつてない脅威となっていた。一方、ヨーロッパにおけるナポレオン戦争でイギリスとスペインの力が衰退していたこの時期、露米会社が南下して支配権を握るには絶好の機会ともなっていた。バラノフはシトカ・サウンドに照準を定め、新しい本拠地と植民地の建設に踏み切ったのである。

一七九九年冬、バラノフはこの困難をきわめる前進計画に専念し、翌一八〇〇年五月、多くの部下をのせた船団が、会社操業以来もっとも野心的な新市場開拓にむけて旅立った。このとき、バラノフが指揮したのは、小型船に分乗した者たち総計千百人超（うち、ロシア人約一〇〇人、アレウト族七〇〇人、他の多様な部族出身の先住民三〇〇人）。シトカ到着前に、嵐で小型船の一部が沈み、トリンギット族の夜襲で三〇人が命を落とした。バラノフはシトカ・サウンドの最高位の酋長スカヤトレルトと面会し、好条件の浜に交易所を建設する許可を与えられる。しかしこの取引きは、入江の住民全体が合意するものではなかった。長老のこの最高位の酋長は、部族の他の者たちから、ロシア人侵略者たちが入江に定住することをよくも許したものだと批判された。バラノフの雇った労働者たちが巨木を材料に砦の壁を建設し、そのあいだ先住民の部隊が周辺の哨戒にあたった。数ヵ月内に砦は完成した。その基部の大きさは、長さ約二〇メートル幅十五メートル、厚さ五〇センチの壁が囲い、二階部分は一階部分よりもせり出した造りで、ふたつの角に櫓を備えていた。居住地には鍛冶場、炊事棟、兵舎が設けられ、耕作と家畜用の土地が開墾された。

懸命な仕事と寒い気候とで疲労が重なり、五二歳のバラノフはコディアックに帰還する。ふたたび援軍を率いて戻ってくるまでのあいだ、彼は三〇人のロシア人とおよそ四〇〇人のアレウト人を砦に残した。コディアックに戻る航海中、貝による食中毒で二〇〇人近いアレウトの狩り人たちが命を落とした。これを機に、あわや反乱という事態が起こる。首謀したのは、オホーツクからの支給物資が二年間も手に渡っていないという事実に扇動された教会の司祭たちと、一部の尊大にふるまう海軍将校たちだった。バラノフはこの反乱を鎮めると、時同じくして、彼を露米会社の総支配人に任命するという長年待ちつづけた知らせを受ける。持ち株の値の上昇により自分が資産家となったことを知ったバラノフは、学校設置のために多額の寄付をおこなった。会社と国への多大な尽力も認められる。「艱難辛苦にあっての誠実な功労、その不断の忠誠」が称えられ、新しい皇帝アレクサンドル一世から勲章を授かる。

勝利の歓喜に浸るのも束の間、悲劇の一報が舞いこんだ。その夏の終わり、アメリカから手に入れた銃で武装したトリンギットの兵士たちによって、シトカの植民地と砦が襲われ、「集落は焼き払われ、人びとは皆殺しにされた」。わずか数ヵ月前に残してきた数百人の入植者のうち、生き残ったのは四二人。倉庫から四千枚を超えるラッコの毛皮が略奪された。一八〇〇年の夏、トリンギット族は、沿岸の露米会社の前哨地を次々と襲い、およそ六〇〇人を殺戮する。そのなかには、バラノフの古くからの知己もふくまれていた。失われたのは人命だけではない。会社は、最良のラッコの狩場への道が閉ざされてしまった。

バラノフは、両極端の知らせに打ちのめされる。会社のこうむった衝撃的痛手を知った直後、サンクトペテルブルグは、彼の階位を六等官（陸軍大佐、ないしは海軍大佐に匹敵する）へと上げたことが伝えられる。自分が望めば〈閣下〉と呼ばせることもできる位である。生まれも育ちも卑しい男にとってこれは驚くべき昇進であり、これによって彼の会社運営が著しく容易となった。取締役会に送られた手紙に、彼は次のように記している――「わたしは貴族となりました。しかし、シトカは破壊されたままです。この重荷を背負って生きていくことはできません。ですから、わたしは立ちむかっていかなければならないのです。わたしの尊い後援者たちの財産を奪い返すか、それを試みて死ぬか、どちらかしかありません」。

トリンギットへの復讐を誓い、バラノフはシトカ奪還を約束する。多くの反抗者を抑え、遠く離れた大陸の本部からの支援は乏しく、内部での敵対と権力闘争に苦しめられながら、事業をここまで築きあげてきた妄執的ともいえる堅い意志の力が、ここでも発揮されることになる。イギリスの海軍大佐ジョゼフ・オケインと共謀して武器弾薬を調達し、戦いに必要となる賃金や装備のための資金集めに奔走する。数百人のアレウト人をオケインとともにカリフォルニアに送り、サンクトペテルブルグの取締役会にかかったとしたらまず通らないような、奇抜な利益分配方式を遂行したのである。毛皮は、露米会社の職員が獲る。オケインの大型船に毛皮を積み、太平洋を横断、オケインがアメリカの旗を掲げてそれらを広東で売る（当時、ロシアは広東での商取引きを禁じられていた）。オケインは露米会社の利益すべてを、トリンギットの本拠地征服に必要な銃・弾薬その他の装備の形でバラノフに提供する、というものだった。こうしてバラノフは、一八〇四年九月までに侵略軍を結成し、二隻のスループ、二隻のスクーナー、三〇〇隻のボートからなる大艦隊を組んで南へと出帆する。運よくユーリー・リシアンスキー大尉が艦長として指揮を執った。四五〇トンのロシア海軍のフリゲート艦ネヴァがこの地域に配備されており、バラノフの襲撃支援に同意してくれた。

この堂々たる艦隊がシトカ・サウンドに入ると、バラノフは使者を送り、トリンギット族が降伏しこの地域を去ることを要求、トリンギットの村のまさにこの浜辺に、必ずやふたたび砦と植民地とを建設する意志を伝える。しかし、トリンギットは反抗的な姿勢を崩さなかった。バラノフの兵士たちが村を襲い、血なまぐさい戦いがはじまる。最初の戦いではロシア勢は撃退され、バラノフも腕に傷を負う。バラノフは、巨艦ネヴァに大砲での砲撃を要請。村への砲撃は数日間つづき、トリンギットは降伏、敗走する。

その秋、トリンギット族との正式な和平交渉のなかで、露米会社は植民地の新たな場所の権利を獲得する。それは、彼がそうすると誓ったまさにその場所だった。トリンギット族は、その後も会社の傘下に属することなく、独自の掟と慣習を守りつづけていくが、それでも会社の経済的勢力圏のなかにしだいに取り込まれていく運命にあった。異人種間結婚が進み、ロシア正教会の影響力は高まった。

この会社の新しい基地をバラノフは、〈ノヴォ・アルハンゲリスク〉（新しい大天使）と名づけ、ここに本社を置く。また、造船所を建設し、国際的港としてひらかれたものにすることを表明した。長年にわたり、ノヴォ・アルハンゲリスクは、船の建造・修繕・食料の積み込みのできる北アメリカ太平洋岸唯一の自由港となった。町はシトカと名づけられ、一八六七年までロシア領アメリカの首都となった。千人を超える人びとが住み、港には常時、数十隻の船が停泊していたと思われる。バラノフは、大きな図書館と庁舎を作らせ、街の中心部にボードウォーク（板張り歩道）を整備させた。周辺には農場のほか、港の運営に必要な軽工業の施設が置かれた。

しかし、バラノフが彼の事業を南と東に拡大していけばいくほど、オホーツクからは離れていくことになり、物流上の問題が深刻になっていった。補給品はすべて、大変な距離をアジア本土から船で運んでこなければならなかった。アリューシャン列島をたどりアラスカ湾に沿って数千キロもつづく、危険で不確かな航路である。バラノフの数千枚の毛皮はすべて、どこに危険がひそんでいるか知れぬ、同じ航路を通ってオホーツクまで運ばれる。上陸後は、荷車でアジアの中心部まで運ばれ、ロシア商品の唯一の取引所として、清朝政府が許可するキャフタの中国商人に売られた。この協定はばかばかしいほど非効率で金もかかり、会社の利益を蝕んでおり、バラノフは終始、これに苛立っていた。アメリカの交易商人らが先住民の狩人たちからはるかに高い値で毛皮を買い取りながらも、なお儲かっていたのは、主要な市場が近くにあったからである。

しかし、バラノフは簡単に挫折することのない狡猾さを持っていた。彼の解決策は、広東と直接交易を許されていたアメリカ商船の船長と取引きを交わし、会社の活動圏南部への物資供給を依頼すると同時に、中国の禁輸措置の目をかいくぐり、会社の毛皮を直接、広東に運んでもらうというものだった。その結果、十九世紀初頭までに、ボストン〜シトカ〜広東〜ボストン（途中、ハワイ停泊を含む）を結ぶ交易ネットワークができあがった。バラノフは、当時成長をつづけていた太平洋商業網にロシア領アメリカを参加させようとしていた。ハワイに会社の基地を置くことを望んでいたし、アラスカからははるか南のスペイン領カリフォルニアにも目をむけていた。これはたしかによいビジネスとなるはずの方針だが、ビジネスは大交易独占会社の基本理念のすべてを占めるものではない。バラノフの目論見は、ロシア政府の政策と果たして一致していたのであろうか。

シトカ・サウンドを手中におさめ、ノヴォ・アルハンゲリスクを建設してほどなく、宮廷高官のニコライ・レザノフの公式訪問の知らせを受ける。彼はバラノフの最初の支援者シェリホフの義理の息子であり、いまは彼の上官でもある。バラノフより上級の会社役員が、彼の領地に渡航してくるのは初めてのことだった。当時レザノフは日本に在留していたが、その機会をとらえて、会社の領地視察の旅にやってくるというのだ。この領地に関してレザノフは、サンクトペテルブルグで何年ものあいだ職権を担っていたわけだが、それは名ばかりの権威だった。なにしろ彼は、これまでこの地を見たことすらなかったのである。

6

訪問当時のレザノフは悲しみに打ちひしがれ、取り乱し、怒りっぽくなっていた。その前年、愛妻アンナがお産の折に命を落とし、元来の冷静沈着さを失っていた。ロシア政府を代表して、また露米会社を代表してのアラスカ歴訪は、サンクトペテルブルグで彼を苦しめた鬱状態から気持ちをそらす試みでもあった。随行団には、ロシア国旗をひるがえす軍艦二隻も含まれていた。これらはもちろん海軍将校らに指揮されている船であるが、露米会社の積荷がその必要物資を供給していた。レザノフの公式訪問の旅によって照らし出されたのは、会社の利益と国の利益とのあいだで権威と責任とが曖昧に混じりあう状態だった。バラノフの努力によって、ロシア領アメリカの規模が拡大すると、レザノフと国の関心がどんどんこの地に傾いてきた。

アリューシャン列島を縫って航海し、途中、会社の主要前哨地に立ち寄ったあと、一八〇五年の夏、レザノフはシトカに到着した。レザノフのロシア領アメリカに対して抱いていたとされる期待は、当時は故人となっていた義父シェリホフの大げさな話からしか知る由がない。じっさいのところは、レザノフはこの地の原始的状態に対する心の準備が足りなかったようだ。派手な祝典が催されるなか、レザノフは船を降り、シトカの新しい市街を行進した。随伴していた小柄で関節を悪くしていたバラノフは、五八歳にしては早すぎる老け方だったが、それは会社の健全な財政的・政治的基盤を築くためにこのフロンティアで彼がおこなってきた辛苦格闘がもたらしたものであっただろう。レザノフにとって、町は不潔で狭苦しく騒がしかった。ぬかるみだらけで、いたるところ工事中のシトカでは、レザノフが慣れ親しんでいる贅沢品は手に入らない。とはいえ彼は、ここがトリンギット族からの防衛と沿岸全体に対するロシアの支配権にとって理想的な場所であるという認識はあった。丘には、二〇門の大砲を搭載した堅牢な木造の稜堡が聳えていた。町には、住宅の小屋、宿舎、鍛冶場、豚・牛・山羊の家畜小屋などがあり、全体は粗末な柵で囲われていた。嫌悪に顔をしかめながら、レザノフは宿泊する小屋に案内され、そこで冬を過ごすのだが、この間の彼のふるまいが、バラノフらの怒りを買うことになる。彼はバラノフに対して冷淡で、酒を飲みすぎるだの職員に甘すぎるだのと非難し、バラノフがアメリカの交易商人とのあいだに築きあげてきた利益の上がる例の協定を、彼の権限で止めさせようとした。

レザノフは、ロシア海軍将校にも苦言を呈し、彼がロシア領アメリカについて感じている強い嫌悪感をこと細かにならべたてた。自分がよくわかっていない領域に鼻を突っ込み、人びとを侮辱し、権威を無礼な形で押しつけた。サンクトペテルブルグに宛てた公式書簡のなかで、この植民地を改善する提案として、ロシア人と現地人の結婚を禁じること、罪人を罰することのできる総督としての権限をバラノフに与えること、うるさい司祭たちを支配すること、ロシアにいてもらいたくないような大酒飲み、農奴、破産者などは、「犯罪者や不道徳な者たち」とともにここに連行して植民地人口を増やすことなどが含まれていた。そういう者たちは、低賃金の労働力になるとともに、素行の矯正も期待できるというわけである。「この法律が施行されたらどんなことになるかという恐れから、現在の住民たちは、みずからを辱めるようなことを避けるようになり、交易に対する自信と信頼とを促進することにも繋がるだろう」と、この会社の保有地に対する自身の印象をほのめかしながら主張している。レザノフは、さらにロシア領アメリカを基地として日本に侵攻し、沿岸地域のアメリカ人交易商人を殲滅することを主張したのである。幸いにも、彼のこうした提案はすべて、政府からも会社の取締役会からもかえりみられることはなかった。

シトカ到着の三週間後、レザノフは、長年苦節に耐えてここまでやってきたバラノフに対し、秩序が整っていないとか運営がまずいだとか、彼が判断したことを排除するために改善すべき点のリストを手渡した。バラノフは、十三年間さしたる制度的支援も受けずこの事業を運営し、小さな戦争を終わらせ、新しい植民地建設に取り組みはじめたばかりなのである。トリンギットの戦士たちはいまだ脅威であり、じっさい、沿岸の他の前哨地はその攻撃を受けつづけていた。にもかかわらずレザノフは、植民地の自律自活した産業と農業を迅速に発展させるべきだとバラノフに告げる。そんなことは、会社の財政にとってもアラスカにおける諸条件にとっても、まったくふさわしいやり方ではないとバラノフは長年の経験から認識していた。いまや招かれざる客となったレザノフが、アメリカとの取引きを避けるため、日本人を入植させ、日本から会社の前哨地への物資調達をすればいいという提案をするに至っては、レザノフが誰かにたぶらかされているか、精神が錯乱しているかのどちらかだ、とバラノフは思ったにちがいない。

こうした経緯で、バラノフは辞表を提出する。ところが、レザノフはこれに急に怖じけづいた。態度を急に改め、取締役会への手紙にこう記している――「諸兄に申し上げたいが、彼は真に非凡でたいへん独創的な人格の持ち主である。その名は太平洋の津々浦々に知られ、……しかし、異国から称賛の嵐を受けながら、彼は苦い失望の盃をあおらなければならないのである。取締役会の皆様にあっては、一丸となって、彼に新たな栄誉を授けてもらえるよう国王に進言すべきである。彼をさらなる侮辱から庇護するために動かねばならない」。レザノフがここで言及しているのは、バラノフの領土内で、あらゆる艦船を勝手気ままに航行させ、意図的に彼の権威を貶めている海軍将校や航海士たちを罰する直接的権威を、バラノフがいまだに持っていないということであった。しかしながら、バラノフに対する最大の侮辱のひとつが自分自身の干渉であるという事実を、レザノフはまったく考えてもみなかったようだ。彼は次のようにも記している――「もしバラノフが、ノヴォ・アルハンゲリスクを破壊されたまま諦めて戻ってこなかったとしたら、会社の株式の価値はいまのようになってはいまい」。

とうとう彼の旅立つときがやってきたが、スペイン領カリフォルニアまで南に拡大するというバラノフの計画にお墨付きを与えるよう主張してからのことだ。いまだ常軌を逸し混乱状態にあったレザノフは、オホーツク上陸前の船上、日本沿岸を襲えなどという無謀な命令を出している。ヨーロッパへの馬上の長旅の途中、レザノフは高熱に襲われて帰らぬ人になる。とんでもない指示がたくさん遺されたが、これらはすべて黙殺された。

辞表を提出したバラノフであったが、すぐさま会社運営の仕事に復帰し、ハワイのカメハメハ王と正式な交易協定を結び、ラッコ探索のため、はるか南のスペイン領カリフォルニアに猟師を送り、アメリカの交易商人とのビジネス連携を再開する。しかし、それでも彼は、取締役会が彼の辞表を受理し後任を送ってくるのを待っていた。その間、ロシアに戻っていた妻が亡くなり、長年の愛人であり彼のアラスカでのふたりの子の母でもあったアンナと結婚する。子どもたちがロシアに移り住み、そこで彼の富と地位にふさわしい敬意が払われるよう、ロシアで嫡子としての認可が与えられることをバラノフは嘆願した。喜ばしいことに、政府は子どもたちが貴族に属することを公表した。この判断に寄与したのは、バラノフが妻アンナを〈ケナイ王子の娘〉と伝えたことである。アラスカの領主の現地妻が彼の統治下にある部族長の血統であるということが、彼のロシアでの貴族の地位を確実に固めたというわけである。そして一八〇八年、バラノフは取締役会から返答をもらった。「辞めないでほしい」という要請だった。後継者が決められなかったのである。ヨーロッパではナポレオンの戦争がつづき、すべてが混乱状態にあった。この戦争のおかげで、列強は太平洋岸アメリカの搾取に目をむける余裕がなかった。南へと拡大せよ、われわれにチャンスがあるあいだに、そう彼らはバラノフを促した。

重役たち（その誰にも会ったことはなかったが）からの称賛に気持ちが熱くなり、自分が余人をもってかえがたい存在であるという感情に鼓舞され、バラノフは拡大を目指す新たな活力をみなぎらせて仕事に身を投じる。シトカはいまや盛況な国際港となり、年間五〇隻を超える船を受け入れていた。多くの交易商人は直接ここにやってきて会社から毛皮を購入し、トリンギット族との危険な取引きを避けた。町のシンボルはなんといってもその城塞だった。荒造りだが堂々とした木造二階建てのこの建物にバラノフの住居があり、会社の本部が置かれていた。まわりは国旗たなびく練兵場に囲まれ、建物内部に大きな公会堂、図書館があり、ピアノやヨーロッパの美術品が備えられていた。人びとはこれを〈バラノフの城〉と呼んでいた。

バラノフは音楽と歌を愛し、好んで大きな祝賀会をひらいた。彼の首都を訪れるすべての訪問者を、入港時に必ず祝砲を撃って歓迎した。彼のパーティー好きについては、あるイギリスの船長が不満を漏らしている――「彼らの酒量は驚くべきものだ。彼らとビジネスをしようとする者にとって、それは健康上の決して小さくはない負担となる」。長年にわたる艱難との格闘のすえ、バラノフは、ついに彼の領土の貿易王となったのである。沿岸何千キロにもわたり、彼のことばが法律となり、彼の指令は即座に実行に移された。アメリカ太平洋岸の交易界でバラノフの名を知らぬ者はなく、彼は多くの男たち、とくに長年彼と苦労をともにし、現在の成功を分かちあうベテランたちから慕われた。しかし一方で、彼を暴君とみなし、その死を望む者たちもあった。

7

馬鹿馬鹿しい噂だと、当初バラノフは取り合わなかった。いったい、誰が彼と子どもたちを殺したいというのか。しかし一八〇九年の秋、彼に警告する者がすでにおり、それを示す証拠がしだいに明らかになってくると、バラノフはシトカ砦における不満分子の扱いをもっと積極的におこなわざるをえなくなった。彼の忠実な部下たちが九人の陰謀者の集まりに踏み込み、ストーブから燃えさしの文書を回収した。書かれていた文字はまだ判読できた。その内容はバラノフの背筋を凍らせるものだった。ヨーロッパの革命運動に触発され、その陰謀者らはバラノフとその家族を暗殺し、停泊中の船を乗っ取り、植民地の女をさらい、南太平洋のイースター島にわたって楽園を建設しようと計画していたのである。発覚時、彼らは陰謀に加わる者をさらに探していたのだった。

バラノフは動揺した。大急ぎで家族を安全なコディアックに避難させ、すぐさま取締役会に激しい調子の手紙を書き、ただちに彼の後任を送ってほしいと要求、もし迅速に対処してもらえなければ、みずからここを去ると脅した。過去十九年間、幾度も辞職いたしますと脅しをかけてきたのだが、今回こそは本気だった。彼は急いで遺書も書いた――「野蛮な部族らの敵意のみならず、規律に従おうとしない男たちからの危険に、わたしの命はつねにさらされている。耐え抜いてこなければならなかった苦難との格闘で、体力も尽き果て健康も失われた。臨終という自然の与えしときについては、わたしの場合、多くの人びとにくらべ定かならぬものとなろう。ゆえに、ここに遺言をしたためる」。

これまで彼がおかしてきた危険、克服してきた危機を考えれば、バラノフが、突然、恐怖にとらわれてしまうのは異例のことだった。それは、苦難の人生を経て齢六〇を過ぎた男が、必然的に感じる体力の衰えゆえのものだったのかもしれない。あるいは、自分がまだ幼い彼のアラスカの子どもたちを守れるのか、不安に駆られたからなのかもしれない。しかし、この未遂に終わった陰謀を別とすれば、当時のバラノフは、彼の全生涯を通じてもっとも安泰で、もっとも大きな権力を持っていたのである。

何年ものあいだ後任はこず、バラノフは丘のうえの城から統治をつづけた。サンクトペテルブルグから送られた最初の後任は、何ヵ月もの厳しい旅のすえ、シベリアで客死していた。この知らせがサンクトペテルブルグに届き、第二の後任を会社が手配するのに数ヵ月を要した。この二番目の後任が、一八一三年早々には到着するという知らせが届く。この間、バラノフは事業拡大を精力的にはおこなわずにおり、それを彼の後継者に委ねるべきだと主張した。すでに六五歳、視力は衰え、重要な文書も事務官に朗読させなければならなかった。関節の痛みで思うように歩けず、痛みを抑えるにはこれまで以上の量のラムを飲む以外にはなかった。しかしバラノフは、野心的で精力的な部下のひとりイワン・クスコフに、二六人のロシア人と約百人のアレウト人を率いてカリフォルニアに遠征させ、クスコフは一八一二年六月、現在のサンフランシスコのすぐ北の地にフォート・ロス（ロス砦）を建設する。この前哨地はすぐに果物を栽培、家畜を飼育し、露米会社に供給した。

一八一三年のはじめ、ふたり目の後任の到着を待っていたバラノフのもとに悲報が届く。この後任が、シトカ沖での遭難で、またしても死んでしまったというのである。これを聞いた彼は激怒する。しかしこれを機に、彼は深く考えるようになる。信心深くもなった。ロシア領アメリカに永久に留まることが、自分の定められた運命だったのかもしれない。ここを去ろうとどんなにもがいても、ほとんど滑稽とさえいえるようなありえない出来事が次々と重なり、成人してからの人生の大半、ここにとどまらざるをえなかった。じっさい、これは神の思し召しに違いない、と。ふたたび発奮した彼は、家族を〈城〉に呼び寄せ、シトカに教会を建てるよう命じ、それを監督する司祭を招いた。娘イレナにはドイツ人の女家庭教師をつけた。十六歳の息子アンチパトルにはアメリカ人の家庭教師を雇い、サンクトペテルブルグの海軍兵学校入学に備えさせた。新たにみなぎる気力によって、バラノフはこれまで最大の利益を会社にもたらしていた。策士の勘は鈍らず、チャンス到来と見てとればアメリカ海軍の艦長と取引きして、中国のロシアに対する貿易制限をかいくぐる技をしばしば使った。

しかし、ヨーロッパにおけるナポレオン戦争が終結すると、次々と起こる出来事によって、太平洋アメリカの貿易王としてのバラノフの統治は急速に終焉に近づいていく。露米会社は、一七九九年正式に設立され、他の大独占会社と同様、最初に認められたライセンスは有効期間が二〇年となっていた。この更新は、単に形式的にすむものと考えられていた。しかし戦争が終わると、ロシア海軍の将校たちは、平時においても活動を継続するための理由がないかと、あちこち嗅ぎまわった。当然彼らは、ロシア領アメリカにも目をつけていた。彼らの多くが任務で訪れた地域であると同時に、ここの政府が、一介の貿易会社によって運営されているなどというのはみっともないことだとつねづね感じていた。政府というのは、凡俗の交易商人が手を染めるものではなく、貴族階級の役人が執りおこなうのが筋だというわけである。バラノフは貴族階級に昇叙していたにもかかわらず、彼ら将校たちはいまだにバラノフを自分たちよりも下級と見なしていた。彼らは長年、会社の船の船長や航海士として雇われてきたが、バラノフから命令をくだされるという屈辱にずっと苛立っていた。こうして、会社のライセンスが更新の時期を迎えつつあるいま、〈改革〉を求める運動が高まってきたのである。

何年ものあいだ露米会社は巨大な利益をあげ、株主たちに莫大な配当金を支払っていた。本社はサンクトペテルブルグの壮麗豪奢な貴族の旧豪邸に置かれ、会計士、外交員、秘書、通訳、事務など、数十名の従業員を高給で雇っていた。重役連のなかには、ミハイル・ブルダコフが加わっていた。彼はグリゴリ・シェリホフの長女と結婚し、有力な縁故にめぐまれた男で、会社創立時から委員会議長を務めてきた。これら優雅な取締役たちのうち、じっさいロシア領アメリカに足を運んだ者は皆無だった。太平洋アメリカからほとばしり出る金の泉は、バラノフの手によってサンクトペテルブルグへと送られるばかりであり、政府にかわり準公的に会社が運営している植民地にそれが還流してくることはなかった。バラノフが乏しい資金で作った初歩的教育をほどこすだけのものを除き、植民地には正式な学校はなかった。バラノフのことば以外に、ここを統治する法制度もなかった。医者もいなければ病院もなかった。取締役会が二〇年間、なぜひとりの医者も送ってよこさなかったのか理由を尋ねられ、バラノフはこう答えている──「そんなことを重役たちがわざわざ考えてさえくれるかどうか、わたしにはわからない。ともかく、自分自身でできるだけ治す。手術が必要なほどの大けがを負えば、死を待つしかない」。

この価値あるロシアの植民地からこのまま会社が収奪しつづけることが許される根拠を、重役たちが理論づけるのは難しいことだった。一方、本質的に商業的事業を運営する仕事に、なぜ傲岸尊大な海軍将校らがより適しているのかを問う議論というものはなされなかった。海軍は、スポークスマンのゴロヴニンを通じ、なんの証拠もなくバラノフを怠慢と汚職で告発した。これに先立ち、反乱を起こし逃亡を図る海軍士官の船にバラノフが砲撃するという事件が起きていた。さらにバラノフは、ハワイの補給基地をめぐる交渉でしくじりもしていた。さすがのバラノフも、ここへきて腕が鈍ってきたということかもしれなかった。退くべきときがきていた、ということなのかもしれない。重役たち、とくにブルダコフは、利益を生み出すバラノフの魔術的能力を買っていた。彼らは、教会と海軍の反対にもかかわらず、終始バラノフの権限を保持しようと闘った。

最終的に、敵対する両者のあいだに妥協が成立する。海軍は会社が勅許を保持することを認めるが、植民地総督には海軍将校が就き、当然、会社の株と高給が支給される、というものである。バラノフは去らねばならなくなった。海軍のバラノフへの憎悪が激しく、汚職についての確信も強かったので、会社の取締役会は、齢七〇を迎えた彼らの代表者に年金や表彰を与えてはどうかという提案すらできなかった。じっさい、バラノフを厳しく批判する者のひとり、ガゲメイステル海軍少佐が、バラノフの活動を調査して解任せよとの極秘の指令を受け、送られてきたのだった。

バラノフは、フロンティアでの長年の任務をへて、本来は裕福であってしかるべきであった。持ち株からの配当があったし、かなりの高給が支給されてもいた。しかし、バラノフには深く隠した秘密があった。実はバラノフは、財産をほとんど残していなかったのである。バラノフは、従業員の子どもたちをロシアに送り教育を受けさせるのに自分の金を出してやった。何頭もの牛を彼が購入して輸入し、アレウト人たちへの贈り物にした。ロシアに住む最初の妻と子どもたちに金を送ることをつねに忘れなかった。植民地にとどまっていてほしいと彼が評価しているのに、会社が乏しい給料しか払っていない献身的な部下たちには、自分の持ち株を譲った。彼は長年、ともに働き、ともに生活をしてきた植民地とその人びとを深く気づかっていた。一方に会社に対する義務があり、もう一方には国や仲間の植民地人に対して彼が考える義務とがあり、両者には利益相反があった。こうした状況にとらわれた彼は、植民地から得られる利益を忠実にサンクトペテルブルグへと送る一方、植民地には彼の稼ぎをつぎ込んだ。その結果、彼のもとにはほんのわずかな金——年金なしでかろうじて生きていけるほど——しか残らなかった。

植民地に到着したときのガゲメイステルは無礼で喧嘩腰であり、会社の帳簿を十二時間以内に提出するようバラノフに要求した。このような過酷な要求をされ、バラノフは屈辱と悲しみに襲われる。自分の将来に思いをめぐらし、彼のアラスカの子どもたちを養えなくなるのではないかと不安にかられ、酒をあおる日がつづいた。自分のこの経歴に突然の屈辱的終焉がやってくるのではないかと恐れているあいだに、しかしながら希望の光がさしてくる。ガゲメイステルに先立つこと四ヵ月前、シトカ港に寄港していたロシア海軍のフリゲート艦の一隻に、セミオン・ヤノフスキなる海軍大尉が乗船していた。紅顔の青年で学もあり、思慮深い男だったヤノフスキは、バラノフの娘イレナの美と生気に魅了される。彼女のピアノの腕はすばらしく、ユーモアのセンスと生きる喜びに溢れていた。彼は数ヵ月のあいだ彼女に求愛をつづけ、バラノフは当惑しながらも、反対せずに傍観していた。とうとうヤノフスキは彼女に結婚を申し込み、バラノフはこれを認めた。よい縁組だった。

この青年の上官であるガゲメイステルは、バラノフへの嫌悪にもかかわらずこれを認める。この結婚が、彼の抱える最大の問題のひとつを解決する糸口となるかもしれなかったからである。生涯かけて身についたものは、そう簡単に消えていくものではない。シトカ市民の大半は、あたかもバラノフが依然としてこの長であり、海軍は彼に代わる権威を持ってなどいないかのように、あいかわらずバラノフに敬意を払っていた。長年にわたる海軍将校との関係の悪さから、もし海軍が指揮をとることになれば、先住民とロシア人をあわせた従業員三分の一が会社を辞めると脅しをかけていた。そこでガゲメイステルは、会社の統治から海軍の統治へのスムーズな移行が見込めるよう一計を案ずる。いまやバラノフの娘婿となったヤノフスキを、老いた男に代えて植民地総督に任命したのである。そうなれば、植民地人たちの海軍に対する憎しみは、バラノフの娘への敬意の念によって和らげられ、政権移行を途切れなくおこなえるようになるだろうというのだ。めでたく結婚したあと、幸福なカップルは、植民地をめぐる旅に出る。バラノフは、あいかわらずシトカでふさぎこんだままだった。この先どうすべきか、心は千々に乱れていた。イルクーツクの兄弟を頼っていくか、ハワイに移住するか、シトカ近辺にとどまるか、それともコディアック島に戻ろうか……。彼の判断力は、この二、三年のあいだにしだいに衰えを見せていたが、いまやそれは顕著になっていた。記憶力も視力とともに低下してきていた。

ガゲメイステルの会計士は会社の帳簿をくまなく調べたが、背任や横領の証拠を見つけることはできなかった。じっさい彼が知ったのは、バラノフが利益を生み出す達人であるということだった。ロシアから運ばれる商品の純益は九〇パーセントにもなり、しかもあらゆる取引きに会計処理上の漏れがなかった。しかしそれでもなおガゲメイステルは、バラノフにロシア領アメリカを去ってほしかった。彼が再びこの植民地で影響力をふるうことを恐れてのことである。私財を使い果たしてしまっていたバラノフは、ロシアで生活する余裕はなかった。彼はハワイへいくことを計画するが、海軍は、かくも著名で尊敬されている人物が限られた生計のもとに暮らしている姿を見れば、それを訝しがる者たちが出るかもしれないという懸念を持った。訪れていた海軍将校のなかに、遠慮会釈ない物言いをするヴァシーリ・ゴロヴニン大佐がいたが、彼はバラノフにサンクトペテルブルグでの小さな仕事を紹介し、さらに彼の息子が海軍兵学校に入学する資金を提供すると申し出た。ふたりの子どもの世話をする心配が、突如、予期せぬ形で片づき、何年も会っていなかったが、コディアックに暮らす妻も財政的に心配ないということで、バラノフはロシア行きに同意する。しかし、三〇年以上も帰っていない故郷に戻ることに不安を感じてもいた。その前にロシア領アメリカにわたってきた彼が、かつて長年暮らしたコディアックに最後の旅行をしたいと求めた。ガゲメイステルは、そんな時間はないとはねつけた。バラノフはただちにここを去る準備をしなければならなかった。

一ヵ月後、多くの人たちと涙の別れを交わしたあと、バラノフは世界をぐるりとまわりサンクトペテルブルグへとむかう長い航海に出た。バラノフの帳簿を調べ、それが完璧に整っていることを認めた政府の会計士キリル・クレブニコフは、ともに作業をするなかで聞き知ったバラノフの話にもとづき、バラノフの最初の伝記を書くことになったが、彼は別れの光景をこう綴っている――「老いた白髪の男たち――栄光ある航海と偉業とをともになしてきたバラノフの僚友たち――は、彼らの愛する首領との別れに臨み、子どものように泣きじゃくった。側近の多くが彼の在任期間中に大人になり、また、多くがそのあいだに生まれた者たちだった。バラノフはそのうちのひとりの代父であったし、ほとんどすべての若者たちが彼のもとで仕込まれた。彼を畏れる一方、その勇猛果敢な精神に敬意を払ってもいたトリンギット人たちでさえ、畏れと喜びとが入り混じった複雑な思いを抱きつつ、彼に別れを告げにやってきた」。いまや七二歳、彼は老いさらばえていた。長年の過酷な生活が健康を蝕んでいた。船上で疲労がかさなっていった。彼はバタビアで高熱を発症し、ふたたび航路についた直後の一八一九年四月十二日、帰らぬ人となった。遺体はインド洋で水葬に付された。

露米会社は、アラスカで独占企業体でありつづけ、アラスカのロシア植民地人はロシア国旗の横に社旗を掲げつづけてはいたが、アラスカにおける企業による統治は、それがバラノフとともにはじまったのと同じく、バラノフとともに終わった。リディア・ブラックはその著『アラスカにおけるロシア人――一七三二～一八六七年』のなかで、次のように述べている――「このあとすぐ、一八六七年ロシア領アメリカが終焉を迎えるまで、植民地はなによりもまず政府に対して責任を負い、国家問題をまっさきに優先する海軍の高官によって統治されることになった」。

十九世紀に入り、露米会社は衰亡の一途をたどる。乱獲によるラッコ皮の品質の低下、多角経営化の遅れ、遠いサンクトペテルブルグにおける関心の欠如がその主たる要因であった。会社はもはや商企業というより、政府の一機関となっていた。ロシアの関心は、ヨーロッパ内で身近に迫るさまざまな出来事に注がれ、ロシア領アメリカの影は薄れていた。海軍統治のもとで、植民地は時代の変化に適応する自由さと企業心を失っていた。他の者たちがもう終わりだと見るところにチャンスをとらえるような、もうひとりのバラノフがあらわれれば、この衰退はかろうじて食い止められたかもしれない。しかし、そのような人間は出てこなかった。とくに、海軍の高官たちのなかからは。一八六七年十月十八日、全ロシア領アメリカはアメリカ合衆国に七二〇万ドルで購入され、会社は消滅した。

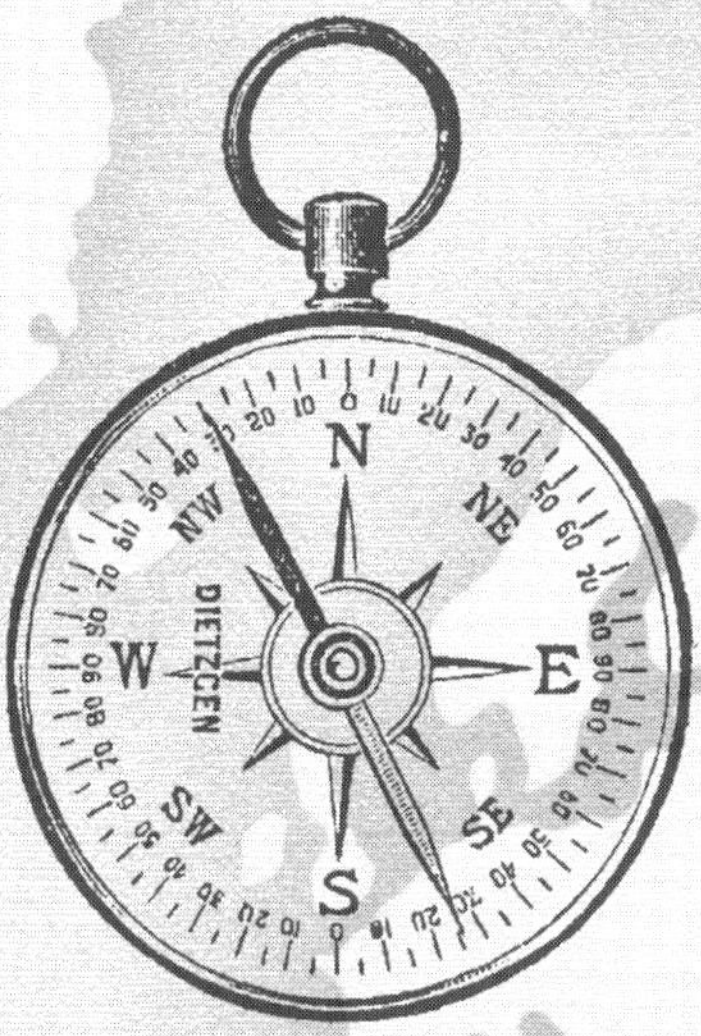

第5章
ビーヴァーの帝国
サー・ジョージ・シンプソンとハドソン湾会社

ソース類・ピクルス類を会社の会計で発注する必要はまったくない……わたし自身、国で魚用のソースなど使うことはないし、ソースを使っている者を見たこともない。ピクルスだってそうだ。ただし、発注されたマスタードの量から察するに、これはインディアンたちとの取引品目に入れていいようだ！

ジョージ・シンプソン卿、1813年ごろ.

傲慢なジョージ・シンプソン卿（ときに、「小皇帝」として知られていた）。拳を握りしめ、断固とした顔つきをしている。有名な19世紀の肖像画。

1

男は、お抱えのヴォワヤジュール（カナダの毛皮交易商会の雇い人で、湖水・河川に臨む各出張所間の運送に従事したカヌーの船頭。多くはフランス系カナダ人またはインディアンとの混血）が漕ぐ巨大なカヌーにのり、北米北部の原野をめぐっていた。滑稽さがかすかに漂う黒いビーヴァーのトップ・ハットをかぶったその男は、カヌー中央に陣取り、もっと漕げ、最速記録を出せ、と辛抱強いヴォワヤジュールたちを励ましていた。みずからの到着を印象深く演出するため、ハドソン湾会社の交易所《フォート》に近づくと、きまってスコットランド北部ハイランドの衣装に身を包んだ奏者にバグパイプをけたたましく吹き鳴らさせた。モントリオールでもロンドンでも名士の一員であり、〈小皇帝〉と称されたこの男は、雇用者に対しても顧客に対しても伝説的吝嗇家として知られ、そのケチさはもはや残忍と紙一重であったといわれる。数十年にわたり、彼はその広大な毛皮の領地で、少なく見積もって十人、一説では七〇人ともいわれる子を数多くの女とのあいだにもうけた。この旺盛な精力が発揮された舞台である彼の領地は、北米大陸の北部と西部の大きな部分を占め、最盛期には世界の全陸地のおよそ十二分の一にも及ばんとする広大な面積にわたるものであった。傲慢で短気で尊大なこの男は、同時に経営の天才でもあり、十九世紀半ばにハドソン湾会社の財政的成功と経営規模の拡大を最大にした功績で知られる。鉄の意志を持ち、ナポレオン・ボナパルトへの時代遅れの敬意をいだく、背の低いハゲ頭のぽってりとしたこの男は、株主や投資家に慕われていたのと同じくらい、従業員と顧客からは憎まれる存在だった。

サー・ジョージ・シンプソンと彼のビーヴァーの帝国の物語は、カナダ建国とわかちがたく絡みあっている。国民的英雄とは認められていない——英雄となるにはあまりに複雑、あまりに利己的、そして現代の基準に照らしてあまりに不快な人間だった——としても、彼は少なくとも現代のカナダ建国の枠組みの一部を作ることにかかわった建国の祖のひとりとして知られている。この物語は、シンプソンが誕生する数世紀前にはじまり、その源流は北米のみならずヨーロッパに発している。それは、王政復古期ロンドンの上流階級の客間に集う常連と、北アメリカの荒野、そしてケベックからやってきたふたりのフランス系カナダ人の道化役者のような毛皮商人とが結びついたところからはじまる。

一六六五年秋のこと、鹿皮を身にまとったふたりのクリュール・ドゥ・ボワ（「森を走る人」の意。初期の北米、とくにカナダのフランス人またはフランス人とインディアンの混血のわな猟師、毛皮交易商人）が、ペストの惨禍に見まわれたロンドンのテムズ川をさかのぼっていた。彼らが慣れ親しんでいる未開の森や川や湖とはかけはなれた、奇異な光景が眼前に広がっていた。両岸に目を走らせると、焼け落ちた建物、人気のない通り、略奪を受けた家々、ボロボロの服をまとった避難者たちの群が見える。ペストは当時、およそ五〇万人のロンドン市民のうち、約八万人の住民の命を奪ったと考えられる。死の臭気がたちこめ、死体を積んだ荷車が瓦礫の散らばった道をゴロゴロとくだり、遺体を捨てるために掘られた悪臭放つ穴にその積荷を投げこんでいた。香水をふりかけたハンカチを顔にしっかりとあて、ふたりの森の男たちは衝撃的光景を目の当たりにしながら遡上をつづけ、ロンドンを抜けたあと、イングランド王の宮廷が疫病から避難していたオックスフォードへとやってきた。ふたりは王への謁見を許される。時の国王はチャールズ二世。オランダに宣戦布告し、第二次英蘭戦争を開戦したばかりであり、また一年前には、オランダ西インド会社からニュー・ネーデルラントを奪取すべく弟ジェイムズをヨーク公に据えた、あの華々しい国王のチャールズ二世である。ふたりのフランス系カナダ人の毛皮商人がこの国王との謁見で話題としたかったのは、しかし、戦争ではなくビジネスである。この王は商売についても強い関心を持っていた。

このふたり、グロセリエ卿メダール・シュワール（のちに、イングランドで「ミスター・グーズベリー」として知られることになる）とピエール - エスプリ・ラディソンは、長年ヌーベル・フランスに住み、先住民と交易をおこなっていた。彼らは北アメリカ大陸のはるか奥地まで旅をし、ヒューロン族、スー族、クリー族など多くの部族と会った。その範囲は、ミシシッピ川とミズーリ川の源流地域、そして北部森林地帯にまでおよんだ。歴史家ダグラス・マッケイは、「商業の歴史において、彼らほど勇猛果敢な計画を立てて会社を興したふたり組は稀有の存在である。……弁が立ち、野心的、申し分のない肉体的勇気にも恵まれていた彼らは、富の狩人たる資質を完璧に備えていた」と、その著『誉れ高き会社』で述べている。長く兵役を務めた頑健な四二歳のグロセリエとそれより一〇歳若く呑気なラディソンのふたりの義兄弟は、一六五九年の春、それまでよりもさらに奥地へ分け入り、見たこともない光沢にすぐれた巨大なビーヴァーの毛皮を取引きでものにした。二年にわたる内陸遠征のあいだ、ふたりは遥か北西に住むクリー族と、凍てつく内海にそそぐいくつかの大河の存在の話を耳にしていた。

山のように毛皮を積んだカヌーでセント・ローレンス川からケベックへ漕ぎ戻ったふたりは、英雄と称えられた。またすぐに二度目の遠征へと出立するのだが、その帰還後、ヌーベル・フランスの植民地総督により、許可証なく取引きをおこなったという理由で、持ち帰った毛皮のかなりの部分を没収されてしまう。総督は、彼らの偉業により毛皮取引きがセント・ローレンス川地域から離れ、財政的な苦境にあった植民地を弱体化させてしまうことを恐れ、その後の西部遠征を禁じてしまった。農業と定住を促進したい総督は、植民地の男たちがどんどん毛皮を求めて奥地へと逃げていくのを阻止したかったのである。しかし、気力みなぎり冒険心にとむふたり組は、この処遇に臆することなく、適切な協力者を探し、近接するニュー・イングランドへと移り住む。ところが、数年かけて熱心に説得を試みるも遠征はみのらず、意を決して大西洋を渡り、イングランド国王に直訴しに訪れるしだいと相成ったのである。

彼らのプランは、間違いなく国王の心をつかんだ。イングランドの船を使ってハドソン湾に入り、ヌーベル・フランス領を完全に迂回して、湾を取り囲むように存在する途方もない数のビーヴァーの生息地を開拓するという計画である。グロセリエとラディソンの計画は、イングランドの廷臣らの心を動かした。口達者のラディソン——カナダの荒野にいかに詳しいかという自慢話（たとえば、「そこで僕らは、反対する者なんか誰もいないシーザー状態だったのです」というような）で有名だった——は、宮廷の侍従らに、「北西部から太平洋」に流れる大河をくだる旅の話、またハドソン湾沿岸に交易所を次々つくる計画を聞かせて喜ばせた。イングランド東インド会社は、そこを独占することでやがて大儲けすることになるのですよ。ハドソン湾はそもそも、イングランドの水兵がはじめて探検したところではないのですか。ハドソン湾は中国《キャセイ》にいたるルートとして皆さんよくご存知なのではないのですか。このようなラディソンの聞き手へのアピールが、ついに彼らの意図する効果をあげる。彼とミスター・グーズベリーは投資家を募ることになったのである。

国王の勅許を受けた最初の航海は、それから数年後の一六六八年におこなわれた。グロセリエはノンサッチ号に、ラディソンはイーグレット号にわかれて乗りこんだ。ハドソン海峡を横断中、二隻は嵐に襲われ、ノンサッチ号はイングランドへの帰還を余儀なくされる。しかし、五〇トンの小船イーグレット号はジェイムズ湾へと南下し、冬をそこで越すあいだ、地元のクリー族数百人と関係を築くことになる。彼らは種々の金属製品とビーヴァーの毛皮とを交換した。ハドソン湾岸の住民にとって金属製品は珍しく、有用な道具であったし、一方、それと交換するビーヴァーの毛皮はそこらへんでいくらでも獲れるものだった。こうした物々交換をおこない、翌年の十月にロンドンへと帰還する。ラディソンは太平洋へいたるルートは発見できなかったが、ハドソン湾での毛皮交易が儲かる商売だという彼とグロセリエの主張の正しさを立証した。じっさい、この見込みはたいへん明るいものと思われたので、一六七〇年五月二日、王は従兄弟のプリンス・ルパート・オブ・ザ・ラインと十七名の廷臣冒険団に「ハドソン湾での取引きと商いの独占」を認める勅許を与える。彼らはハドソン湾とその周辺一帯の諸権利——漁業や鉱物採掘を含む——を有する「真の領主」に任命されたのである。

当時は誰も知る由はなかったが、ハドソン湾一帯の集水域は、およそ四〇〇万平方キロにも及ぶ。これは、のちのカナダ領土の四〇パーセントにあたる。現在の州でいえば、オンタリオとケベックの北部、マニトバ全域、サスカチェワン南部、アルバータ南部、および現アメリカ領のノースダコタとミネソタのかなりの部分からなる広大な領域である。こうしてルパートは、「ハドソン湾において通商に従事するイングランドの冒険家の一団」の初代総督となった。新会社は、この時代の他の大規模独占権を付与された会社と同じように、さまざまな権限が与えられていた。このような元金回収までの期間が長期にわたる投機的事業には、独占権が必要不可欠であるというのがルパートの信念だった。ルパートとその仲間はこの事業の資金を調達したが、これに対する責務として彼らが果たさねばならなかったのは、利益をあげることだけではなかった。その射程に入っていたのは、中国《キャセイ》へのルート探索をつづけること、「われわれとわれわれの王国に、大きな利益をもたらしうる」植民地を建設することであった。チャールズ二世が、ヌーベル・フランスの拡大に対抗するため、イングランドの交易を戦略的に促進することを考えていたことは間違いない。

ほどなく、積荷にナイフ、ノコギリ、鍋釜やかん、台所用具、鏡、マスケット銃、斧、縫い針、弾丸、火薬、毛織布、数珠玉、タバコ、ブランデーを積んだ船団が、イングランドから大西洋を横断するようになる。ハドソン湾が一面氷に覆われると、彼らは湾岸にあらかじめ選んでおいた場所で越冬し、ミンク、キツネ、オコジョ、カワウソ、クズリ、オオヤマネコ、そしてもちろん取引きの主要品であるビーヴァー皮と交換をおこなった。わな猟師たちが後背地で剥ぎ、運んでくる毛皮を、イングランドの交易商人が湾岸で待つ。会社は、土地の人びととの接触を絶やさないために、主要な川の河口に原始的な柵でつくった交易所をこしらえた。交易所までの旅は厳しいものであったけれども、これに勧誘されるわな猟師の数は年々増えつづけるものと期待された。

グロセリエとラディソンの予言通り、ここでは膨大な数のビーヴァーが獲れた。光沢あるその毛皮のクオリティはきわめて高く、ヨーロッパじゅうで際立った需要があった。十七世紀から十八世紀にかけて製作された多くの版画で、この奇妙な近視のオレンジ色の大きな歯を突き出した齧歯《げっし》動物が、空想的光景のなかに登場する。口を開き平たい尾をうしろに広げ、スフィンクス然とした堂々たるポーズで描かれたかと思えば、直立歩行しながら肩に丸太を担ぎ、みごとな共同作業で建設にいそしむ姿——あたかも、毛を生やした人間風のアリが、嬉々として行進しているかのような——が描かれたりする。なかには、銃をかまえた男たちが池の土手に沿って並び、自分たちのダムや住居を作るための木をかじっているビーヴァーを狙い撃ちしているというものもある。ビーヴァーたちの住居は、池の真ん中に数十頭分の住まいをまかなう多層階のアパート風の土手として描かれることもある。当時の文章のなかには、ビーヴァーが巨大な共同住宅からなる村に住み、互いに会話を交わし、共同で狩りと建設をおこなうなどという説明をしているものもある。

擬人化されたよく働くビーヴァーの群が、奇抜な17世紀の情景のなか、共同で労働している。ハーマン・モールの『描かれた世界』より。

この毛に覆われた平たい尾を持つ齧歯動物の、もっと現実的な生態についてよく知っていた毛皮交易商人であり冒険家であるサミュエル・ハーンは、ビーヴァーがかくのごときみごとな性質を持っていると描かれているのを面白がっている。その著書『北洋への旅』で、「わたしは、その生き物の秩序だった営みについてさまざまな人が書いている文章を読むにつけ、笑みを禁じえないのである。……言われていないことといえば、ビーヴァーの言語の語彙、彼らの法体系、その宗教のあらましくらいのものなのではないか」と書いている。

おとなしくて無害な生物が、かくも大きな称賛を引き起こすというのは尋常なことではないように思われる。しかし、彼らがそれほどの注目を集めたのは、その洗練された文化ゆえではなく、彼らの価値ゆえであった。その毛皮は、当時、同じ重さの金とまではいかないにしても、非常に高い金額に値するものであった。

毛皮はその暖かさゆえに、つねに価値あるものとされてきたが、当時のヨーロッパにおける需要をかきたてたのは、フェルト製造における毛皮の利用であった。フェルトは帽子の主材料であり、当時、帽子は紳士淑女に不可欠の装身具で、つねにその流行が変化していた。そのスタイルも、海軍の特徴的な縁反帽《ふちそりぼう》から背が高く尊大な〈リージェント〉（トップ・ハット）や、少々滑稽に見えなくもない〈パリ・ボウ〉にいたるまで、職業生業に応じてさまざまなものがあった。人びとは自分の社会的地位を示すために帽子をかぶり、それを反映すべく帽子には値札がくくりつけられていた。非常に高価な紳士用の帽子などは、裕福な人であっても大事にし、その型の流行が廃れてしまっていなければ、律儀にも遺産相続の品に加えたほどである。ヨーロッパのほぼ全域で、商業利用できるビーヴァーの頭数は壊滅状態にあったが、十七世紀にハドソン湾会社の勅許状によってカバーされた地域には、少なくとも一千万頭のビーヴァーが生息していた。そこには、驚くべきことに全世界の淡水のほぼ半分が蓄えられている。無数の湖沼からなる湿地を有し、ポプラや樺の森林に覆われたこの地域はビーヴァーの理想の餌場であり、世界最大のビーヴァー生息地のひとつだった。

2

三本マストの船が、上げ潮にのってヨーク・ファクトリーのヘイズ川河口の入江に止まると、それを見守っていた薄汚いなりの者たちの動揺し大あわての活動がはじまった。そのハドソン湾会社の大型船には支給物資が積まれ、会社が交易に精を出す荒涼とした石だらけの湾北岸のこの辺境前哨地へと送られることになった新入りたちが乗船していた。この大型船と他の小型船が船団を組み、一年に一度、各交易所に物資を届け、帰りにはつやつやしたビーヴァーの毛皮の梱を積んでいった。北米の未開地で獲れるこの齧歯動物の毛皮は、大西洋をはさむ交易のもっとも価値のある商品となっていた。

十八世紀の大部分を通じ、ハドソン湾会社は地道な努力をつづけ、ハドソン湾における足場を固め、徐々に利益を拡大していった。スペイン継承戦争とアメリカ独立戦争のあいだは、カナダ内のフランス人の侵略を幾度か受け、一時は数年間交易が途絶えたこともあったが、大体は、たとえはなばなしいものではなかったにせよ、終始一貫して利益を公表できていた。当時の基準からすると、ハドソン湾会社は小規模の事業体であり、イングランド東インド会社と比べても、ちっぽけなものであった。ロバート・クライブのもとで興隆をきわめた東インド会社からは、数十年の遅れを取っていた。毛皮の供給を拡大する努力に一心不乱に取り組んでいるようには見えないような控え目なやり方で、交易の規模を小さく抑える方針をとっていた。平穏に、目立ちすぎることなく会社は繁栄し、配当金の支払いは途切れることなく、安定した経営がつづいた。

ハドソン湾会社がそのように控え目なアプローチを選んだのは、そうすることで、古くからつづく先

ハドソン湾会社の紋章。会社はほぼ2世紀間、イングランド国王チャールズ2世の特権を得て、北アメリカの数百万キロを「真の領主にして所有者」として支配したが、それは名ばかりのものであった。

住民との交易と内陸の奥深くまでたどれる水路の交通ネットワークとを利用できたからである。湾岸の交易所のもっとも近隣に住んでいたクリー族が、当初、交易の仲介をおこなった。その役は、やがてアシニボイン族とチプワイアン族に移る。彼らは独自の抜け目のない慎重なやり方でヨーロッパ人との交易を独占し、そこで得た物品をさらに奥地の先住民たちに高く売りつけていた。先住民たちは、ヨーロッパの交易商たちが自分たちの土地を動き回ることを拒んだ。しかし、互いに非常に異なる文化間での一世紀近くにもわたる交流は、それぞれ独自のテクノロジーを双方に伝えることになった。ヨーロッパの金属製品は、石器時代に生きる部族を、ナイフ、斧、鍋、銃を有効利用する鉄器時代へと移行させ、逆に彼らの方はヨーロッパ人の交易商人たちに内地探検のための服装、雪靴、バーク・カヌー、トボガン（そり）、そして荒野でのサバイバル術を提供した。保守的経営手法を取ってきたこの会社も、やがてはさらなる毛皮を求めて従業員たちを奥地へと送らなくてはならなくなる。かつては交易所近くに豊富にあった毛皮の供給が尽きてしまっていたからである。

十八世紀中葉、会社はハドソン湾のむこう側にあるものを発見するため、探検家たちを内陸の後背地へ送った。ヘンリー・ケルシーは、カヌーと徒歩で内陸南部と西部を探検した。ジェイムズ・ナイトは沿岸を北に航海し、金と北西への経路を探索した。アンソニー・ヘンデイは数千キロもの道のりを突き進み、ロッキー山脈の姿が見えるところに達した。サミュエル・ハーンは、「陽気で愛想のいい」クリー族のガイド、マトナビーの案内で、北方と西方を探検し、銅だけでなく存在するか定かではない中国《キャセイ》への北方水路を探した。

この当時、ハドソン湾会社は全部でおよそ六〇回におよぶ内陸探検のスポンサーとなったが、これは交易の拡大刺激を狙ったものである。ヨーロッパでは毛皮の需要がすでに増大していたが、会社が心配していたのは、まさに次のような事態であった。つまり、モントリオールのライバル交易商たちが、ハドソン湾会社の交易所にカヌーで到着する前に、内陸に住むインディアンのわな猟師とそのルート上で出会い取引きをし、これがはっきりと商売に痛く響いていることであった。

クリュール・ドゥ・ボワと呼ばれるモントリオールの毛皮商人たちは、十八世紀のあいだずっと、西方、北方へと足を伸ばし、新しい市場と「西の大海」を探しつづけてきた。たとえばそのひとり、不屈のさすらい人ピエール・ゴーティエ・ドゥ・ヴァランヌ、シール・ドゥ・ラ・ヴェランドリは、西は遠く現在のサウスダコタ州のビッグ・ヒルズ、そしてウィニペグ湖岸を放浪した。十八世紀末、モントリオールを本拠地とする交易商人はその交易を独占しようとして、ハドソン湾に流れ込む川の上流に独自の交易用前哨地をいくつも建設しようとしていた。この交易は、ハドソン湾会社の交易所近くに住み、他の先住民猟師たちに、ハドソン湾会社の交易所までわざわざカヌーを漕いで行くなと強引に説得しようとしていたクリー族に、妨害されていたからであった。会社が期待したのは、一七五九年、イギリス軍による対ケベック戦の勝利によって、やっかいな競争相手がきっぱりそこからいなくなることである。しかし、事態は正反対となる。数年後、内陸の湖と川――会社が独占権を勅許により認められた領土――には、モントリオールから送られたカヌーがぎっしりと押し寄せてきていた。モントリオールの交易商たちは資金を調達し、精力的な提携関係を結んで組織していたのである。

激しい競争が起こったせいで、やむを得ずハドソン湾会社は、一七七三年、はじめて常設の奥地交易用前哨地カンバーランド・ハウスを建設する。その六年後、モントリオールの交易商人らは、正式にノースウェスト会社を組織したが、数年間は商人のあいだの小規模でゆるい提携状態がつづく。この間も、彼らはハドソン湾会社の独占を断つことを狙い、奥地への探検をおこなっていた。一七八三年、ベンジャミン・フロビシャー、ジョゼフ・フロビシャー、サイモン・マクタヴィッシュら潤沢な資金力をもった投資家たちが筆頭となり、恒久的企業体に統合され、本社が設置された。すぐに彼らは、内陸奥深くに交易所と前哨地を次々と開設し、毛皮交易において優位を占めるようになる。決断を迅速化し、奥地の現地社員に権限を持たせることで変化に素早く対応し、機会があれば有効に利用するという手法をとった。これは、指令系統に柔軟性がなく、意義ある決断の力を持たない低賃金の従業員からなる硬直的で官僚的なハドソン湾会社には、真似のできないことだった。ハドソン湾会社の従業員を、遠く離れた株主のために行動する消極的支店長にたとえるならば、この新しいノースウェスト会社の共同出資者たちは、直接、利益の配分に預かる個人がゆるやかに提携を組んだものだったといえる。彼らは活発精力的で企業家精神にあふれ、貴族的で伝統に縛られた者たちではなかった。

両者の競争関係はまたたく間にできあがったが、この敵対関係は、もともと時をさかのぼること一七一三年以前のイギリスの会社とフランスの交易商人との戦いに端を発している。これは、一方は帝国によるビジネス、他方は植民地によるビジネスという、明確に異なるふたつのビジネスモデル間の相克なのである。そのような異なった企業思想は容易に混じりあうことは不可能であり、本質的に相容れないものだった。

ほどなく、ノースウェスト会社の共同出資者たちは交易範囲を未踏査の領土奥にまでのばし、先住民の仲介人との関係を断ち、大量の毛皮を西のモントリオールへと運ぶようになる。彼らの利益は膨大なものとなり、事業の拡大は迅速だった。それに対し、その競争相手は活気がなく死に体となっていた。


鹿皮をまとったノースウェスト会社のヴォワヤジュールたちが、モントリオール近くのセント・ローレンス川に浮かべた巨大な〈カノ・デュ・メートル〉「親方のカヌー」を西の交易フロンティアにむけて漕ぎ出したとき、彼らの行く手には長く厳しい旅路が待っていた。四トンにもなろうという金属の小間物や道具、鍋、マスケット銃、何梱もの毛布と布、小袋に入れた黒色火薬、ウィスキー樽とそのまわりに詰め込んだタバコと茶葉を満載し、二〇人を超える漕ぎ手と乗員をのせ、それら堂々たる〈バーチバーク・カヌー〉（アメリカシラカバ製カヌー）はオタワ川を西にさかのぼり、ジョージア湾とヒューロン湖をわたって、スペリオル湖西端のグランド・ポーティッジにたどりついた。そこで、もっと小さな〈カノ・デュ・ノール〉（北のカヌー）に積荷を移し、急流だらけのいくつもの川をもがくように漕ぎ、ウッズ湖へといたる。そこから彼らは、最西はロッキー山脈にいたるまで、広大なプレーリーを四方八方へと散っていった。アサバスカ地方に着々とその数を増していた交易所に物資を供給するためである。そして彼らは毎秋その地に留まり、凍てつく長い冬に備えた。

翌春、山のような毛皮の梱を積んで東へと戻る彼らの復路は、往路と同じく、厳しく定かならぬ経路をたどる数ヵ月の旅となった。ハドソン湾会社の眠るがごとき不活発な経営要因のおかげで、莫大な利益を稼ぎ、毛皮取引きの多くの部分を占有し、「北西の疾風」なる異名をとった彼らであっても、利益の多い安定的ビジネスをつづけていくことは、どんどんむずかしくなっていく。というのも、新しく開拓した地域も、乱獲によって、やがてビーヴァーなき土地へとかわってしまうからである。それゆえ、毛皮を求める旅団は、さらに西の奥地へと探検をつづけ、十九世紀初頭には、不確かで非効率なルートの長さはほぼ五千キロにまでのびていた。毛皮交易が西に拡大するにつれ、輸送にかかるコストは、一マイルごとに増えていった。

このふたつの毛皮交易会社の双方が、厳しい状況に直面していた。大陸中心部まで船を送ることのできたノースウェスト会社は、ハドソン湾会社よりも、はるかに遠くまでカヌーを送らなければならなかった。一方、ハドソン湾会社の方は人的資源の不足に苦しんでいた。従業員数はつねにたかだか二、三百人にすぎなかった。対するノースウェスト会社は、ケベックの六万人の人口が味方についていた。はるかな凍てつく湾の岸辺を目ざして船にのり、帰郷してよりよい仕事に転職するまでは低賃金で数年間辛い労働にいそしむということを、外国人に依存するのではなく、地元民にたよることができた。それぞれの企業は、競争上の有利不利をそれぞれかかえていたのである。

両会社間の競争は激しさを増し、交易所や取引き支所がお互いの見える場所に作られることも珍しくなかったほどである。それぞれ金属交易品の標準セットに独自の色をつけて、先住民の毛皮取引き人の気を引こうとした。たとえばハドソン湾会社は良質のウールの毛布と銅製の鍋を、対してノースウェスト会社はクオリティの高いフランスのブランデーとテーラーメードのコートを追加したりしたのである。先住民わな猟師たちは、一番いい取引きができるように双方の交易所を訪れ、毛皮と交換する品々を値切り倒した。この競争は互いにとって消耗戦であり、双方をしだいに疲弊させてしまう恐れがあった。

支配権をめぐる終わりなき抗争のどこかの時点で、商いの戦争は現実の戦争となった。両社は互いに捕虜をとらえ、人質たちを野蛮に扱った。カヌーのルート上で待ち伏せをし、銃撃。互いの砦を襲い、交易品や年に一度の毛皮の積荷を略奪。先住民たちには混ぜ物の下等蒸留酒を売りつけ、土着文化に堕落と破壊をまねいた。両社とも、取引き先をあからさまに攻撃することはなかった。取引き先が相互に、またライバル社に暴力と詐欺に訴えるように仕向けたのである。社会通念に反しない礼節を保証したり課したりするような統括的警察組織もなく、一般に通じる慣習や法律を強制できるほどの強権を持った部族はまったくなかったので、両社は少なくともこの現場においては、みずからの行為になんの制限も受けずに、北アメリカ北部を徘徊する悪党の一団と化した。交易商人たちのこうした破廉恥な残忍さが、彼らの存在を正当化してくれていた毛皮取引きというビジネスそのものを脅かしはじめるのに、時間はかからなかった。

数年にわたる熾烈な競争は両社を破産の瀬戸際まで追いつめたが、この対立が最後の山場を迎えたのは一八一六年、今日のマニトバ州にあるレッド川流域での事件だった。まだ若いジョージ・シンプソンがカリスマ性を持った力強いリーダーとしてたちあらわれたのが、この抗争においてであった。

3

ジョージ・シンプソンは、一七九二年、スコットランドの小さな町ディングウォールで庶出の子として生を受け、父親の家族、とくに叔母のメアリーによって養育された。メアリーが結婚し、一八〇七年に息子を産むと、ジョージは家を出て自活する。船にのってスコットランドの北からロンドンに渡り、叔父の砂糖仲買会社に見習いとして働く。勤勉で鋭敏、カリスマ性も持っていたシンプソンは、すぐに雇い主たちの信頼を得て、とくに社長のアンドリュー・ウェダーバーンの寵愛を受ける。シンプソンは背が低かったが、精力的な身なりの良い伊達男で、海外取引き事務の仕事を覚えるようになったころは、コーヒーハウスに足しげく通うような男であった。どういう理由によるものか、当時フランスで権力を握りイギリスと戦火を交えていたナポレオン・ボナパルトに、時代遅れの強い興味を抱くようになっていた。

砂糖貿易の関係で、シンプソンは西インド諸島へ数回おもむくことになったが、これによって彼は奴隷貿易のなんたるかを知り、それがいかに偏見に満ち残忍なことかと知ることになる。自分自身の文化と肌の色の生得的優位性という前提にもとづき人間を使用し乱用すらできるということの感覚は、数年後、ルパーツランドの先住民《ファースト・ネーション》に対するシンプソンの態度に疑いなく影響を与えた。最新のシンプソンの評伝『北の皇帝』を著したジェイムズ・ラファンは、「肌の色によって授けられた相対的な力と権威に関する不穏な考え方を、シンプソンは、毛皮交易にもそれ以外の彼の人生すべてにも持ちこんだのだろう」と記している。カナダの著名な歴史家ピーター・C・ニューマンが、やや角の立った言い方で、シンプソンは「生まれが私生児《バスタード》なら信条もろくでなし《バスタード》」とからかっているのはよく知られている。

ウェダーバーンの妹が、五代目セルカーク伯のトマス・ダグラスに嫁いだとき、シンプソンにとってまったく新しい人生の扉がひらいた。非常に裕福で博愛的気質のセルカークは、流民となったハイランドの小作農に個人的関心を寄せ、カナダの領土に彼らの移住先を見つけてやろうと計画した。当時、ナポレオン戦争下における毛皮需要の冷えこみと、商いの存亡を危うくするほどのノースウェスト会社との抗争がつづいていたことから、ハドソン湾会社の株価は下落していた。セルカークとウェダーバーンはハドソン湾会社の株を買いはじめ、ついには企業支配権を握るほどの株式を取得した。その結果、ウェダーバーンはロンドンの委員会にポストを得て、一八一一年五月、会社はウィニペグ湖南のレッド川とアシニボイン川の分岐する場所に、三〇万平方キロの一等地を農業ユートピアの建設のためセルカークに譲与することとなった。ここは、イギリス王からの勅許が与えられた当時から会社が保有する土地であった。提案された定住地は、これは偶然ではないが、モントリオールと北西部の毛皮主産地との間、ノースウェスト会社の主要輸送ルートがまさに通る場所に置かれたのである。

およそ百人からなるセルカークの移住者たちがカナダのプレーリーの原野にやってきたのは、翌一八一二年のことだった。彼らは、ノースウェスト会社の毛皮商人と、バイソン猟をおこなうメイティ（フランス系カナダ人と先住民の混血）の同盟者からの敵対行為に遭うことになる。定住した居留地を追い出され、収穫物を焼かれ、牛を追い払われたりした。これに対しセルカークは、彼の移住者と農民たちを守るべく、一〇〇人の傭兵とともにモントリオールから西へおもむく。彼は、バイソンの乾燥肉にベリー類と油を混ぜて作られるクリュール・ドゥ・ボワの主食ペミカンを、彼の領地から輸出することを制限する法令を発布した。これは、もし施行されればノースウェスト会社の操業に大打撃を与え、メイティの生計を脅かす法令だった。

ノースウェスト会社との取引きを継続していたメイティは、これに対抗し、スコットランド人とクリー族との混血カスバート・グラントを司令官に選び、戦争に備えた。一八一六年六月十九日、現在のウィニペグ州セブン・オークスで両軍団はあいまみえる。つづく戦闘で、セルカーク植民地の総督と十九人の移民たちがメイティに銃殺された。激怒したセルカークは、スペリオル湖フォート・ウィリアムのノースウェスト会社の交易所を傭兵を従えて急襲し、ここにいた社員たちの大部分を拘束する。このあいだ、この毛皮地域のいたるところで、敵対する両社の職員たちが、容疑をでっちあげて互いを攻撃し拘束しはじめた。

戦闘と報復が混沌状態にまで陥ってくると、ハドソン湾会社の理事たちは、ウェダーバーンの提案で異例の決断をする。上層階級外から新しく予備の総督を任命するというもので、これに抜擢されたのがジョージ・シンプソンだった。彼は、五日間で静穏なロンドン生活に見切りをつけよとの通告を受ける。ある同僚に宛てた手紙のなかでシンプソンは、「セルカーク卿問題、つまりハドソン湾会社とノースウェスト会社とのあいだで起こっている事件に関連した重要な仕事」にたずさわる旨を記している。現総督がノースウェスト会社の手先に捕まったり殺されたりした場合は、ルパーツランドの臨時総督として指揮をとる準備をするよう命じられたのである。

シンプソンはニューヨークへと船で渡り、陸路モントリオールに、さらに奥地へと進んだ。このとき通ったルートは皮肉にも、ハドソン湾会社のルートではなく、ノースウェスト会社が昔から使っているルートだった。彼はカヌーでセント・ローレンス川を西へのぼり、五大湖を横断し、フォート・ウィリアムに上陸した。ここに、イギリス陸軍・植民地大臣バサースト卿の書簡を届けにきたのである。それは両社に対し、あらゆる敵対行為を即座に中止し、イギリス政府の仲裁を受け入れることを求める手紙だった。その後、シンプソンはセルカークの土地へ、さらに毛皮の領土の中心部にわけ入り、アサバスカ湖岸のフォート・ウェダーバーンへとおもむいた。

この寒風吹きすさぶ厳寒の湖畔で、彼は北米での最初の冬を越した。その厳しさに対しても、滞在期間の長さに対しても、備えができていなかったはずだが、にもかかわらず、それをむしろやりがいと感じて耐えたようだ。それまでの生涯すべてにわたり、ブリテン島で過ごしてきたシンプソンは、この地の荒れ野での生活のさまざまな術に意外にもうまく適応したのである。原始的な諸条件、厳しい気候、慣れ親しんだ生活からの孤立にも狼狽することはなかったようだ。上流社会の束縛から解放され、彼は本能を思うがまま発揮し、まわりの世界にみずからの権威を押しつけ、その欲望と野心に合致するよう作り直していく。ここで彼は本領を発揮したのである。

シンプソンはたくましい不屈の旅人で、到着するとすぐ、彼が責任を持つことになる土地についてできるだけ多くのことを学ぼうとしはじめる。この地の地理、気候、さまざまな部族の縄張りと慣習、部族間の力関係についての知識を頭に詰めこんだ。経験のないカヌーでの旅にも、蚊のわく低地や土砂降りの豪雨のなかで眠ることにも、臆することがないようだった。友人に宛てた手紙で、外套があれば「ベッドの役目をいろいろ果たす」などと書いているほどだ。観察眼鋭く、自分の置かれた状況を即座に判断することにたけていた。「ノースウェスト会社を懸賞試合のボクシングで押さえつけようとしても駄目で、粘り強い努力でビジネス協定の秩序を作り、われわれ自身の権利をしっかりと維持していくことが肝要であり、それには拳などではなく、もっと強力な武器が必要なのだ」と彼は言う。暴力ではなく、規律と勤勉こそが利益を勝ちとる武器だというのである。鉄の意志を持った厳しく頑固な監督者であったシンプソンは、論争になると必ず支配権を握り、数十年間の商戦のあいだ、この交易事業を襲ってきた混沌状態から、ある種秩序のごときものを叩き出す才を見せた。

一方、両社の、とくにノースウェスト会社の財政状況は悲惨なものとなっていた。倒産の影が迫っていた。ハドソン湾会社ははるかに資金力があり、出資者への利益配当を控える余裕があったし、ロンドンの政財界の名士たちの援助もあった。それに対しノースウェスト会社は長期的資金を調達できず、共同出資者らはかなりの額の年間配当に頼っていた。長引く商戦をのり切るだけの体力が備わっていなかったのである。イギリス政府からの圧力により、ノースウェスト会社は宿命の敵と合併することに同意する。シンプソンがまだ現場で活躍していた一八二一年の春、少なくとも書類上は、ハドソン湾会社はノースウェスト会社を併合した。この新しい企業体の独占がルパーツランド全体に認められただけではなく、その独占権は、はるか西、太平洋岸にまで拡大するものとされた。というのも、イギリス政府は財政的に安定したイギリス企業に、アメリカの拡張主義と対抗することを期待したからである。新会社はハドソン湾会社の名を継承することになったが、その中身は、両方の親会社から受け継いだ流儀と組織構造が混じりあう複合体だった。ハドソン湾会社からは、厳格な中央集権的管理と財政支援体制、そして働く者すべてが正規社員である雇用制度を受け継ぐ一方、ノースウェスト会社からは、その大胆で利益第一主義の共同経営という性格も引き継いだ。期待通り合併のニュースが伝えられると、この新しい独占企業の株価は跳ねあがった。

シンプソンは北アメリカへの新参者だったが、この新事業の一翼を担うのにもっとも有能な人物と考えられた。とくに、彼が過去数十年間の暴力と報復合戦とかかわりを持っていなかったことは、双方にとって望ましいことだった。委員会における彼の有力な後援者であるウェダーバーンが、シンプソンの処遇について働きかけたことは疑いない。会社は別々の地域を統括する二部門にわけられ、彼はこの一方の責任者の地位につく。二部門のうち南部部門は、相対的に平穏でビーヴァーの頭数が少なくなった地域を扱った。開発の成熟段階にある地域である。それに対して北部部門は、規模拡大と利益増収の大きな可能性を秘めていた。シンプソンは、この儲けの可能性の大きい北部部門を統括し、ビジネスに利益をもたらすことに取りかかった。

4

ヨーク・ファクトリーは、数十の木造や石造りの建物が立ち並ぶハドソン湾会社の主要流通拠点であった。一八二一年の夏、ふたつの会社の重役たちがすべて一堂に会すべく、奥地の川からこのヨーク・ファクトリーの立つ大きな川の合流点へとカヌーにのってやってきた。合併後、新しい経営陣の最初の会合、あるいは、少なくとも最初の「銃と脅しを伴わない」会合がひらかれた。北部部門の新しい総督が招集をかけ、これを拒むことのできる者はいなかった。彼らがこの交易所に近づくと、小さな交易所の社会のまわりに野営するクリー族とイロコイ族の集団が見えてきた。ここにすぐ、数百のメイティとヴォワヤジュールらが加わった。なにかお祭りかお祝いに興じている様子である。彼らのあいだの緊張感は、奇跡的にどこかへと霧消し、さまざまなゲームやら物語りやらがはじまった。大きなホールでシンプソンが宴会の主人役を務め、野鴨、イワナ、鹿肉のご馳走を振る舞い、グラスになみなみとそそがれたシェリー酒とポートワインで会話は弾んでいた。昔からの憎しみはどこかへ消え、新しい協調関係がはじまり、新しい統一体が作り出された。必要なときにはカリスマ的に、そうであることがふさわしいというときには辛辣に、そして時を選ばず利己的にシンプソンは振る舞った。反目する異集団をなだめ落ち着かせ、新しい一体化した同業者集団を作り出した。そして彼は、それが儲けにつながるよう動きはじめたのである。

合併時には、ふたつの会社はおびただしい数の重複する交易所を有し、従業員数もあまりに多すぎた。ノースウェスト会社の交易所は九七、ハドソン湾会社は七六に達していた。これらの競合する交易所の多くが、お互いの声が聞こえるような距離に作られていたので、収益をあげたくてもあげられない。シンプソンは、強い情熱をもって彼のすべきことを断行した。重複する交易所はとざし、怠惰だったり手に負えないと感じるような従業員は転任させたり職を解いたりし、必要な場合は追放処分にすることもあった。老齢者も彼の目は逃さなかった。「われわれの集団によぼよぼの老人がいるというのは、みなの利益にとって非常に有害だと考えている。年寄りは臆病で怠惰で無力で、困難、危険、緊急の折になんの役にも立たない。よぼよぼのインディアンの交易商人たちは、わたしが知るもっとも役立たずの男たちの集まりであり、わが社としては、きちんと活動し労働できる日々が過ぎ去った者たちと手を切ることがすみやかであればあるほどよい」。彼は指揮を執りはじめてから最初の数年のうちに、千人を超える「よぼよぼの」商人たちを厄介払いした。

即断即決の人として知られたシンプソンは、誰を留め誰を昇進させ、誰を候補から外し誰を降格させるかを本能的に知り、素早く、そして気配りせずにそれらを実行に移した。ジェイムズ・ラファンによれば、「ハドソン湾会社と地元わな猟師たちとの商い全体のベースには、毛皮と交易品を交換する大規模なやり方がさまざまに存在していたわけだが、それぞれの交易所にも、独自のより小さなやり方がたくさんあった。つまり、固有の環境と特有の駆け引きで、具体的には、地元先住民の歴史や感情、ハドソン湾会社のビジネスをおこなう職員たちの経歴と気質、理解しておかなければならない独特の地理的・気候的問題などであること」を、シンプソンは理解していたという。

シンプソンは、瑣末な事柄、たとえば従業員らの食事を肉から魚へ変えるだとか、「贅沢品」をすべて彼らの食事と生活からなくす、などということを始終考えていた。標準サイズの輸送用カヌーを増やしたら、一方で同時に漕ぎ手の数を減らす。好まれようが憎まれようが意に介さない。就任まもないころから、コスト削減の方策がないか、会社の操業のあらゆる場所をほじくりまわした。給料を払いすぎている者たち、仕事を満足にこなしていない者たちが多すぎるというのが彼の持論で、この見立ては長年経ってもあまり変わることがなかった。経費削減のため彼が取り入れた節約措置のほとんどは、最下級層の若手や非熟練の労働者が、不釣り合いなことだが担っていた。駆り立てられたように働く労働依存《ワーカホリック》ではないような者、彼の権威に疑義を抱く者、こういう人たちの賃金を四分の一も減らしたこともある。

シンプソンには、あらゆることを微に入り細を穿って管理しないではいられない、押しつけがましく人の感情を害するような傾向があった。主要な仲買人が消費するお茶の量にはじまり、部下たちが取るべき適切な品行にいたるまで、また強制的に宗教儀式をどう執りおこなうべきか、ディナーではどんな食器が用いられるべきか(ブリキの皿がよい)、テーブルはどうセットするべきか(テーブルクロス不要、ワイングラスもなし)、こういうことを事細かに考えた。部下たちの家庭内のさまざまな取り決めの細目に夢中になるなどというのは、管理することへの病的な欲求のあらわれである。彼がこの処世観を心に深く刻んでいたことは、一八四三年三月、「ソース」というタイトルで雑記帳に書かれた項目を読めばわかる――「ソース類・ピクルス類を会社の会計で発注する必要はまったくない……わたし自身、国で魚用のソースなど使うことはないし、ソースを使っている者を見たこともない。ピクルスだってそうだ。ただし、発注されたマスタードの量から察するに、これはインディアンたちとの取引き品目に入れていいようだ」。金を稼ぐことの第一歩は、つまらない散財で金を浪費しないこと、というのがシンプソンの信念だった。

先住民たちに対しては、彼らを「野蛮な人種」と呼び、酒を飲ませて欲しいものを手に入れるという、恥も外聞もない態度をとった。「インディアンには、少しラムを飲ませれば魔法のように効く」と書いている――「彼らは酒の誘惑には勝てないし、その餌を適切に使えば毛皮は全部こっちのものになる」。合併後は、「彼らのあいだに立って新しい秩序に従うようにさせる」道をさぐった――「彼らを適切な従属状態に持っていき、それを維持するには鉄のように堅い支配力をもってしなければならない。これを首尾よくおこなうもっとも確実な方法は、彼らに自分たちがわれわれに依存しているのだと感じさせることだ」。のちになって彼は、ほとんどの地域で酒を交易品から外すが、これは酒が利益にならないからというのではなく、酒のせいで先住民が怠惰になり、働きが悪くなると感じるようになったからであった。

シンプソン体制下で、交易所は頻繁に使われる重要な移動ルート上に設置され、より堅固な常設施設へと進化した。こうした常設インフラの整備とともにシンプソンが作ったのは、こちらも同じくらいしっかりした会社の人的資産の一覧表であった。彼はかの有名な「人物帳」に、会社の役職者たちについて、例によってあからさまな人物評を細かく記録していた。この評価記録は二社が合併する前、ルパーツランドに赴任した最初の年にはじめられた。このなかには、サー・ジョン・フランクリンによる一八一九年の悲劇の奥地探検についての意見まで記されている――「(フランクリンは)この国でのさして厳しくもない航海という仕事に必要な体力もなかった」。「一日三食必ず摂り、お茶は欠かせません、どんなに頑張っても歩くのは一日八マイル、というのだから、ああいうジェントルマンたちが成功しなかったからといって、あの困難が克服不可能ということにはならない」と手厳しい。

この「人物帳」は、シンプソンの配下に属する上級職員一五〇人以上の内密の記録である。記録には名前が付されておらず、人物らには番号がふられ、シンプソンだけが照合できる解読表を持っていた。彼のもっとも優良な補佐役のひとりであった、フランス系スコットランド人のジョン・マクローフリンについては、次のように書いている――「ロンドンあたりの夜の脇道で出会いたくはない風貌……昔流行った服をまとっているが、いまやその服はいろんな色の無数のつぎがあてられていて、顎にはグリズリー・ベアに敬意を払っているかのごとき髭がたくわえられ、顔と手は身づくろいにあまり時間を取られていないことをはっきり示している。武器をどっさり身につけ、ヘラクレスのごとき体格ともあいまって、昔の追剥ぎ強盗はかくあらんといった雰囲気をかもし出している。怒り出すと手に負えない、乱暴な気質」。

フォート・エドモントンの伝説的所長ジョン・ローワンドは、一見「激しい気性、ライオンのように大胆。最も獰猛なインディアンたちを、鉄のごとき堅い支配力で押さえつけながらも、彼らを自分に惹きつける独特の才能を持つ優れた交易商人」と評される。別な交易商人は「うぬぼれた、無知の、下等な男……毛皮取引業の面汚し」と特記され、また別の交易商人は「わたしの知り合ったなかで最悪でもっとも危険な男。わたしが一緒にいればしらふにしておけるが、ひとりのときは常習的大酒飲みとなるのは間違いない」とされる。ある者は「健全な精神を宿しているとは言いがたい」し、またある者は、「本当のことを言うより嘘をつくことの方が多い、軽薄で浅薄で取るに足らないやつ」である。

シンプソンの人物評は、じつはそれほど見当違いではなく、支離滅裂で暴力的で激しやすい職員を彼が管理しなければならなかったことが露わになっているとも考えられる。彼らの一部は単なる暴漢であり、カッとなりやすい短気な商人もいれば、忠誠心が疑わしいような外交家もいる。彼らは強いキャラクターを持ったやっかいな集団で、シンプソンのような気質、カリスマ性、そしてビジョンを持った男にとっては、この雑多なグループになんらかの秩序を与えることが必要であった。会社がコントロールできる他のどんなものよりもこれら交易商人たちは毛皮独占を支える主力であり、それが泥のなかを這うか天翔るかを左右する屋台骨だった。もし、シンプソンが冷静かつ公平に自分自身にも評価の目を向けていたとしたら、彼の役職者たちにもっと慈悲深くなっていたかもしれない。しかし、それどころか、彼は、他の者たちを縛るルールを自分は超えた人間であると信じていた。独自の行動基準をみずから設定し、他とは異なった基準で判断される、自分はそういう人間だと考えていた。

新興の毛皮の帝国最奥部のフロンティアに赴任した最初の数年のあいだに、ヴォワヤジュールが、新しい実力者を喜ばせようと懸命に漕ぐカヌーにのり、シンプソンは、会社の広大な領地を横断する彼の名声を高めた伝説的な旅をはじめた。あらゆる天候のなかで、一日十八時間進みつづけるというのは珍しいことではなかった。

一八二四年の有名な太平洋までの旅では、シンプソンのカヌーは、スペリオル湖岸のグランド・ポーティッジから出発した。お供のヴォワヤジュールたちが猛烈に漕いでプレーリーを渡り、ロッキー山脈のなかでは曲がりくねった川筋をたどって急流泡立つ渓谷を進み、岩だらけの急斜面をカヌーと物資を引いてよじ登り、ラバのつけた曲がりくねる峠道を往き、水路を出てから次の水路までの陸路では、ガラガラ

カヌー中央に堂々と陣取り、シルクハットをしっかりと被ったジョージ・シンプソン卿。お抱え奏者のコリン・フレーザーにバグパイプを吹き鳴らさせながら、彼の荒野の毛皮交易所に到着したところ。1923年用のハドソン湾会社のカレンダーより。

ヘビのはびこるヤマヨモギで覆われた丘を越え、西海岸にたどりついた。シンプソンと乗組員たちは、たった八四日間で大陸横断を果たした。これは、それまでの記録を二〇日も更新するものだった。

太平洋の爽やかな風の香りを嗅ぎ、眼前に白い波頭の立った眺めを見て、シンプソンは、とうとう彼の広大な商いの帝国の西の境界にたどりついたことを知った。レッド川からコロンビア川河口までを敷衍し、ハドソン湾の不毛な岸辺からスペイン領カリフォルニアの北の境界まで拡大する、彼の帝国の西の果てを目にしたのである。ハドソン湾会社は北アメリカ最大の企業であり、現在のカナダ西部とアメリカのモンタナ州、アイダホ州、ワシントン州、オレゴン州にあたる地域で、唯一の北アメリカ外資本の企業であった。そばには青き急流が流れ、円錐形のレニア山をはるかに臨むフォート・ヴァンクーヴァーは、シンプソンの命によりコロンビア川北岸に建設された。一八一八年、英米間で協定が結ばれたとき、イギリス側の提案により、両国間の国境がこの川沿いに設定されることが予想されたからである。

外事に敏感だったシンプソンは、「ここから緯度にして二度から三度北方のフレイザー川の河口」に、会社の流通拠点の中心を移したいという意向を持っていた。彼にとって、西部の流通拠点をできるだけ北の川に設けることが論理的選択肢だった。そこはまごうかたなく、イギリス人探検家が最初に航行した場所であり、一八一八年協定でアメリカが要求した北緯四九度線の国境より北に位置していた。もし、アメリカの政治的主張が優勢になっても——彼はそうなると推測していたのだが——、フレイザー川ならばイギリスの領土内におさまっている。この記念碑的探検のあと、シンプソンは地域担当の部下マクローフリンとともに、ロッキー山脈西地区と名づけたコロンビア地域の運営方法について戦略を立てる。ここは、西部へ進出しはじめたアメリカのわな猟師にまだまったく荒らされていない場所だった。大急ぎで東のレッド川地区へと戻った彼は、さらにヨーク・ファクトリーへと北上し、そこから進捗状況報告のためロンドンへと航海する。

シンプソンは、わくわくする力が体にみなぎってくるのを覚えていた。その土地は大きな変化を迎える転換期にあり、そこでの成功は、それをつかみとろうとする大胆さを持った人間には容易に獲得できるものだと彼は感じていた。ロンドンにいたとしたら、苦労してそこそこの成功をつかんだかもしれないが、とくに彼の私生児という卑しい出自を考えると、とうてい大きな成功などありはしない。しかし、ルパーツランドでは、彼は社会的身分のはしごの下段中段を跳び越え、てっぺんへと上り詰めることができるかもしれない。たしかに、荒野での生活には不利なことが多々あった。彼の身分にふさわしい社交界もなければ、ロンドンで楽しめるような娯楽もない。大英帝国の動向から遠く離れ、事によると永久に絶縁してしまうかもしれない。しかし、自由、権力、名誉というそれらを埋め合わせる要素には、彼にロンドンを捨てて荒野の毛皮の帝国で人生を賭けさせるだけの魅力が十分にあった。

彼はモントリオールへ、内陸の毛皮交易所へ、そして実質的独裁者としての人生へと舞い戻る道を選んだ。ロンドンの理事たちは、彼の北アメリカでの努力を大いに喜び、彼を北部局と南部局両方を担当する責任者の地位に昇進させた。一八二六年以降、シンプソンは、巨大な商業の帝国、そして、しだいに政治的色彩も帯びていく帝国の押しも押されもせぬ支配者となり、そこに住む者に対して、大きな権勢をふるうこととなった。彼らの生活の細目にわたり、監督支配する彼の力は比類なきもので、この君臨を彼は楽しんだ。こうして彼は、大陸の半分を相手に商う唯一の雑貨店のボスとして、のちに〈小皇帝〉という非公式の称号を得ることになる。

会社の勢力範囲は、ほぼ八〇〇万平方キロにもおよび、これはヨーロッパの大部分、あるいは地球の陸地の十二分の一に匹敵するものだった。十九世紀中葉までの会社の成長は著しく、従業員たちの生活はもとより、数万という数の先住民たちの生活を支配するまでになっていた。シンプソンの先住民に対する見方は、彼の王国の他の者たちに対する態度と変わるものではなかった。すなわち、シンプソンにとって、彼らは自身の運命を自身で切りひらく独立した人びとなどではなく、会社の利益を作り出す機械の歯車として、会社と結びついた存在でしかなかった。シンプソンの統治下で、先住民《ファースト・ネーション》たちはしだいに会社の管理下に置かれ、彼らの生活様式は、会社の取引きの効率を向上させるべく形を与えられ、そしてパターン化されていった。

交易所は遠くハワイにまで作られた。ロンドンの倉庫は、ヨーロッパで取引きされる毛皮の大部分を扱う集配センターとなった。しかし、総裁、副総裁、七人の重役からなる委員会は、ロンドンの本部から会社経営を監督するというだけで、大西洋を渡ってヨーク・ファクトリーへ訪れたこともなければ、ましてや内陸を探検し、会社の膨大な領地を確認するなどということは一切なかった。〈英雄的交易の時代〉における他の大会社の取締役と同じく、これらの人びともまた、自分の支配領域でなにが起こっているのか、直接的な知識はほとんどなかった。彼らは、自分が支配しそこから利益を吸いあげる土地を目にしたことがない、本質的に〈不在の領主〉であり、自分のかわりに、シンプソンのような無慈悲でカリスマ的な男たちに、厳しい圧政をもって統治することを委ねる、そういう存在だったのである。

利益が着実に上がっている限り、横槍は入らなかった。利益が大きければ大きいほど、名ばかりの上司の目は届かず、現地を支配する者たちの権力は増大していった。シンプソンは利益を高く維持しつづけたため、その業績により、彼の権勢はロンドンの委員会にチェックを受けることなく保証されたのである。もちろん不満分子も存在し、従業員のジョン・マクリーンは、『ハドソン湾領地における二五年の勤務覚書』のなかで次のように述べている——「イギリス国王の支配下にある植民地のなかで、ルパーツランド交易植民地ほど独裁的権力が行使されている場所はない。厳しく監視された軍隊的規則による、専横と強欲な取引きに貫かれているさもしい吝嗇とが結びついた権力である。ラブラドールからヌートカ入江にいたるまで、抑圧も制御もされることのないひとりの人間の意志が、この地の法を定めている。……身にまとった権力があまりに制限のないものなので、卑しい身分からなりあがった男がその出自を忘れ、暴君としてふるまえるというのも不思議ではない」。

シンプソンは、利益を上げるには、収入を増やすか支出を減らすか、あるいはその両方が必要だと理解していた。彼は毛皮交易の黄金時代の終焉を、ほかならぬ彼自身がその時代を切りひらく以前から予測できたのかもしれない。交易所が建設されていた近くの地域には、ずっと前からビーヴァーはいなくなっていたのである。大きくて簡単に捕まえられるこの動物は、先住民のハンターたちがすでに狩猟の対象としていた。会社が最大の利益を上げられる地域は、数十年かけて着実に西へ西へと動いていき、ついにはまったくなくなってしまうだろうと予想された。それゆえ一八二〇年代以降、シンプソンは、この大陸でいまだ乱獲をこうむっていない最大の実質的ビーヴァー保護区に目をつけた。ロッキー山脈西の、ほとんど開発の手が入っていない領地であった。

5

一八二六年、シンプソンは、モントリオール近郊のラシーヌに本部を設置し、ここでモントリオールの社会とイングランド＝スコットランドのビジネス界の頂点にしっかりとおさまった。彼は自宅に帰還してくるたびに政財界の名士たちを招いて、豪勢なディナーやパーティーをひらいた。ビジネスと快楽とを結びつけることになんのためらいもなかった。むしろ、そのふたつに区別をつけようとしなかったというべきか。というのも、このように社交界に進出していくことが彼の楽しみであると同時に、会社の地位を保全し堅固なものにする手段でもあったからである。毛皮交易にマイナスの影響を及ぼしかねないような決定、たとえば課税率をあげるとか、先住民の生活に対して干渉主義的役割を強化しようする植民地総督の意向などが持ち上がったりすると、それに反対するロビー活動をするのに格好の場所がこの社交界だったのである。

とはいえ、シンプソンの姿がモントリオール本部で見られるのは稀なことであった。彼の情熱は、ほとんど途切れることなくおこなわれた内陸への旅、彼の領地の毛皮舞い踊る地域への旅にむけられた。つねに動きまわり、現場に自分の存在を示し、さまざまな命令を発し、大陸じゅうの辺境の前哨地を厳しくコントロールした。一八二八年、シンプソンは巨大なツーリング用のカヌーにのり、これまた伝説的大陸横断の壮大な旅に出る。ヨーク・ファクトリーからアサバスカ湖岸フォート・チプウィアンを経由しフォート・ヴァンクーヴァーへ、ロッキー山脈を越えフレイザー川を太平洋までくだり、南下してピュージェット湾に入り、最後は陸路でコロンビア川に到達する、一万一千キロ以上の叙事詩を彷彿とさせる旅だった。この旅のあいだもシンプソンは、何百という社命をくだし、取引きに情を持ちこむような甘い毛皮商人がいれば、それを厳しく叱咤し、仲買頭の気の緩みを見逃さず、つねに彼の求めるへつらいと従属とを満喫した。シンプソンに取り入り昇進を狙うもっとも確実な方法のひとつは、卑下と恭順を示すこと、信じがたいほどの長時間労働をしたうえで彼の前で平伏することであった。

翌春、東へ戻った彼は、評議会を開いたあと、一八二九年秋、ラシーヌに到着する。この旅のあと、シンプソンは大西洋を渡りロンドンへむかうが、これは明らかに、ひどく苦労させられた北西部への旅の疲れを癒すためだった。老いを感じるようになってきたこの皇帝はこう書いている——「昔は軽い運動でしかなかったような骨折り仕事に、今では疲労困憊させられる。雪靴でのロッキー越えや、サスカチェワンから大陸中を旅するのは、さすがに大仕事になってきた」。

翌春になると、彼は静養生活から一転、花嫁候補を探しはじめる。彼が妻に選んだのは、いとこのフランシス・シンプソンだった。シンプソンがロンドン生活をはじめるのに力を貸してくれた叔父の娘で、ときに十八歳、彼の年齢の半分に満たない若さだった。花嫁探しを前に、彼は数多くの非公認の子孫のひとりを身ごもっていた北米の愛人を捨てていた。立派なことにシンプソンには、このときすでにスコットランドに二人、ルパーツランドに五人もしくはそれ以上の子どもがあった。彼があまりに頻繁に子どもをつくったので、一部のカナダ人の物書きたちは、彼を「毛皮交易の文字通りの父」と呼んできたほどである。愛人の多くは、彼の領土中の交易所の仲買頭とその先住民の妻のあいだに生まれた娘たちだった。飽きるまで密通を重ねたあとは御用済み、というのが彼のパターンで、あるとき部下に「もう無用で金のかかる厄介者」は放り出すことにしたと言ったそうである。

シンプソンの女道楽は微笑ましいなどといって済まされるようなものではないと考える毛皮交易史の研究者アイリーン・スプライは、次のように述べている――「女を性の対象物としてみなす彼の態度は、人間的慎みをともなった婚姻関係を維持していた〈現地の慣習に即した結婚〉(マリアージュ・ア・ラ・ファソン・デュ・ペ)という制度を崩壊させる大きな原因となった。彼は、人間的慎みを保った関係の型のなかに、完全な秩序崩壊をもたらしたのである」。先住民と白人毛皮交易商人との人種間結婚は、交易にかかわる人びとの関係を何十年間も円滑にしてきた社会の仕組みのひとつだった。シンプソンは、不倫の末の責任を負うことは拒みつつ、この「円滑化効果」を利用したのである。

彼が先住民や混血の愛人たちを結婚相手として考えるなどということは、微塵もなかった。社会的地位を補強するために彼が欲したのは、毛皮のフロンティア生まれの逞しい先住民の女ではなく、ロンドンやモントリオールのサロンで受け入れられるような白人イギリス人妻だった。シンプソンは、フランシスを娶ったあと、部下の役職者に、先住民女性との現地婚を思いとどまらせはじめる。先住民を相手にするより不倫関係の方がいいというわけである。またシンプソン夫妻は、部下の先住民妻を自宅に客として招くことを断っていたという。

フランシスが一八三〇年、彼とはじめて大西洋を渡ったとき、彼女を巨大なカヌーにのせ、毛皮交易のおこなわれている地方を巡遊する旅行へと連れて行った。それまでイギリスを出たことのなかった彼女にとって、カナダの荒野、そしてそこをめぐるあいだに夫がみせる尊大で王様然とした役割を目の当たりにするのは初めての体験となった。けっして体質が丈夫でなかった彼女は、この新しい環境で元気に暮らすことができなかった。一八三〇年、シンプソンがレッド川に堅牢な石造りの砦をつくらせたにもかかわらず――彼はこの出費について、ロンドンの委員会に報告を遅らせ隠蔽しようとした――、三年後、彼女は、少なくとも表向きには健康を回復させるためイギリスに帰国し、一八三八年まで北アメリカに戻ることはなかった。シンプソンはすぐに本部をレッド川からラシーヌへと移したが、彼自身は領地内を休むことなく動き回りつづけた。そのあいだ、シンプソンにコントロールできないような政治的できごとがかさなり、彼が大変な努力のすえ獲得した領地の大きな部分を失う事態が生じた。

シンプソンの在職中、太平洋岸のコロンビア地区は一八一八年の協定以来、理論的にはアメリカとイギリスが共同統治することになっていたが、実際上は、ハドソン湾会社が単独支配する領域となっていた。

ロッキー山脈西側では、毛皮商間の競争はまったくなかった。シンプソンとマクローフリンがオールド・オレゴンをそのように維持するための戦略は単純で、その地域をビーヴァー猟に完璧な環境に保つことを中心に考えればよかった。まず、アメリカのわな猟師が入ってこないようにすることは当然である。それに加え、会社との契約が切れたヴォワヤジュールらについては、コロンビア川のフォート・ヴァンクーヴァー周辺は農耕に適していたのだが、彼らをそこにそのまま農耕定住させずにすべて東へ戻らせ、この地の農業開発を制限した。人口の少ない原野で、原始的交易所の緩やかなネットワークのみをインフラストラクチャーとし、主に先住民の労働者とメイティ、およびフランス系クリュール・ドゥ・ボワを使って毛皮を得る、というのが会社のなすべきことであり、定住と農耕が会社のこの商業的目的と相容れないとシンプソンは認識していた。

こうして、一八二〇年代から三〇年代にかけ、マクローフリンは、アメリカのわな猟師や移住者にスネーク川以西に入ってこさせないという困難な仕事に取り組んだ。コロンビア地区の統治を委任された彼は、先住民からもヨーロッパ人からも伝説的な存在となっていた。先住民からは〈白頭鷲〉（ホワイトヘッディド・イーグル）と呼ばれ（白頭鷲は先住民にとって神聖な生き物）、五〇〇人の会社従業員と、結局少しずつ入ってくることになった移住民たちからは〈オレゴンの王〉と呼ばれた。彼はフォート・ヴァンクーヴァーに、学校、図書館、鍛冶屋、製粉所、製材所、十二平方キロの農場などを作り、ここを小さなコミュニティへと変えた。

抜け目なく狡猾で、家父長的温情を見せたかと思えば、ときに無慈悲なマクローフリンは、ほぼ二〇年間にわたり、老練な〈追い剥ぎ貴族《ロバー・バロン》〉のようにこの地を支配した。フォート・ヴァンクーヴァーの柵のなかには大きな木造のホールがあり、この暗い奥の部屋で彼は法廷をひらいていた。ここではこの地域全体に関する裁判がおこなわれたが、それはマクローフリン自身の良心が命じるところに従ってなされた。復讐的怒りがくだされたと思うと、驚くべき寛大さが示されることもある。ひとえに彼の気分がそれを決めた。

マクローフリンの裁きは素早かったと思われる。あるとき、この地を訪れていた英国国教会宣教師ハーバート・ビーヴァーが、マクローフリンの二五歳の先住民の妻について、「身持ちの悪いという評判の女」だとほのめかすようなことを言ったとき、すさまじく激怒し、この宣教師を公衆の面前で杖で激しく殴打した。震えあがった血まみれのビーヴァーは、まわりの助けがなければ命がなかったかもしれない。マクローフリンの裁きは、彼の厳格な規範を犯したと感じられる先住民に対しても、同じようにくだされた。一般的な懲罰は、真鍮の大砲に紐でつながれ鞭打たれるというものであったが、あるときマクローフリンは、クララム族の海岸沿いのふたつの野営地を潰すようにと武装した会社の警察隊に命じ、会社の毛皮商人五人を殺害した懲罰として、二三人を殺戮させた。彼を有名にしたのは寛大さではなく、分け隔てのない厳格さである。その尋常ではない処罰感覚ゆえに、少なくとも先住民たちからは尊敬されていた。

マクローフリンは、フォート・ヴァンクーヴァーの門戸をあらゆる旅人や放浪者にひらいた。先住民であれ白人であれ、彼の権威を傷つけたり、毛皮交易にあからさまな脅威となるようなことをしたりしない限り受け入れた。会社の役職者や訪れた高官を招き夜ごと催される宴会は伝説となっている。祝時の際には、この白いたて髪の独裁者は、両側にバグパイプ奏者をならばせ、祖国スコットランドの古い歌を演奏させながら、政治、宗教、そして毛皮交易についてペラペラと持論を語った。

二〇年の支配期間、マクローフリンは、自分の気前のよさや贅沢や信仰心、そして少しずつ入ってくる移住者たちへの共感というような自身の性向と、会社の利益とのバランスをとった。シンプソンの禁欲主義的政策を中和する立場に立とうとも試みた。シンプソンは二、三年ごとにここを訪れたが、必ず会社の政策について激しい言い争いになった。とくに引退するヴォワヤジュールの処遇について、ふたりの意見は一致しなかった。シンプソンは、できるだけ多くの従業員を契約終了後その土地に残らせず、モントリオールに船で帰すよう努めた。さらには、マクローフリンが建設した海岸沿いの交易所を撤去し、移動する船団を使うという方法を選んだ。できるだけ長いあいだ、可能な限り領土を未開状態にしておくのが、会社の短期的利益にもっとも適うことだとシンプソンは信じていた。このような状況によって、彼は、国益と会社の利益の対立する利害関係のなかで、国の商業部門の非公式の代表という立場をとることができた。

マクローフリンとシンプソンは、この広大な領地に事実上の政府を作ったと言ってもよいだろう。ただし、ここで施行された法は、イギリスの法律に則ったものではない。あくまで、会社のビジネスの利害に従う法だった。一方でシンプソンは、この土地で唯一の合法的企業の長であり、他方ではイギリス政府から派遣された国の権威を体現する存在である。そして、マクローフリンはその直属の部下であった。

ふたりは協力して、会社の独占権を与えられたこの領土内のヨーロッパ系の人びとすべてを覆う法と秩序を維持する責務を託された。シンプソンはまた、すでに移住している入植者たちが、会社の領土内の他の場所へ移動しないように腐心した。ピーター・C・ニューマンは、ハドソン湾会社のよく知られた歴史書『荒野のカエサルたち』のなかで、このように述べている――「レッド川植民地の出入りを除き、シンプソンによる長い統治期間のなかで、彼の魔法の王国を訪れることを許された部外者はほとんどいなかった。入ることを許されたのは、ここの統治者の栄光を讃える作品を作ろうとした芸術家たち、バッファローの狩場にやってきたイギリスの貴族、王立協会《ロイヤル・ソサエティー》を代表して送られてきた植物学者をはじめとする博物学者たち、あるいはまた、ハドソン湾会社のみごとな保有地の膨大な広さを確認しにきた測量技師たち、という面々だった」。

シンプソンとマクローフリンは、しかしながら一八三〇年代になると、アメリカ人の入植者がコロンビア川とウィラメット渓谷沿いに流入してくるのを抑えることができなくなる。一八三七年、勃発した恐慌により、合衆国東部の農産物価格と不動産価値が急落し、多くの農場主や土地の投機家が棲家をなくすという事態が起こると、移住者は洪水のように西へと押し寄せてきた。フォート・ヴァンクーヴァーへとやってくるアメリカ人住民の数もしだいに増えてくる。長年つづいた英米間の不和によって、イギリスに不信感を抱き、イギリス嫌いとなっていた彼らの多くが、ハドソン湾会社の揺るぎなき権威をしだいに侵食しはじめる。マクローフリンは、ひとつのジレンマに直面していた。移住民の流入は、オールド・オレゴンにおける彼の統治の終焉と毛皮交易の終焉を予告するものであった（コロンビア川の南では、一八四〇年代はじめまでに毛皮の収益は落ち込みつづけていた）が、移住民を追い払うことは、仮にそれが会社の利益に適うことだとしても、マクローフリンの望むところではなかった。また彼には、平和的不干渉政策をとるというのも不本意だった。というのも、彼はウィラメット植民地を毛皮交易を破壊している厄介な存在ではなく、彼自身がその一部となっている新しい社会のはじまりと捉えはじめていたからである。

一八四〇年代ごろになると、年間千人を超える移住民がフォート・ヴァンクーヴァーにやってきた。彼らはしばしば餓死寸前というところまで困窮し、とても冬を越せる状態ではない者たちも多かった。信用貸しをする、とりわけ会社の益にならない移住民たちに信用貸しをするというのは、そもそも会社の方針にそぐわないことであったが、ボロを着てはいるが希望に満ちた移住民たちに、マクローフリンはしだいに共感を寄せるようになった。彼はこのジレンマに苦しんだが、寛容にも、入植してくる開拓民すべてに援助の手を差し伸べ、先住民と移住民とが敵対するのを防ごうとした。会社の政策に反し、一八四五年までに、会社の経営する店で三万ドル以上の掛け売りを許した。この施しは、多くの移住民と彼らの芽生えつつあるコミュニティとが生き延びることに少なからず力を貸した。と同時に、これによって彼はシンプソンの怒りを買うことにもなる。シンプソンは、移住民へのマクローフリンの支援をだんだん懐疑的に見るようになっていた。というのも、こうした移住民が、オールド・オレゴンにおける会社の独占の終焉を告げるものだったからである。

流入する移住民たちを押しとどめたくても、ハドソン湾会社には打つ手がなかった。政治的には、この地域全体がイギリスとアメリカ合衆国との共同領有下にあり、ここを商業開発することは両国にひらかれていた。オールド・オレゴンが分割されるであろうことは疑いもないことであったが、どこに分割線を置くかということは容易に解答の得られない問題であった。マクローフリンは、依然、コロンビア川を国境線として維持できると期待していたが、大陸全体に流れる時代の潮流にもっと敏感だったシンプソンは、北緯四九度線のすぐ北のフレイザー川に目をつけていた。

シンプソンは、会社の中心流通拠点を、フォート・ヴァンクーヴァーからそのさらに北に位置する場所に移す計画を携え、一八四一年、フォート・ヴァンクーヴァーへの最後の訪問となる旅をおこなった。ちなみに、彼はこの旅の途中、アラスカのシトカへも足をのばし、露米会社の本部を訪れているが、このときの悪印象を「これまで不潔で惨めな場所をいろいろみてきたが、シトカは、顕著にも、もっとも図抜けて惨めで不潔なところだ」とつづっている。

シンプソンとマクローフリンは互いへの敵愾心を隠しつつ、出自の定かでない大柄のスコットランド系ムラート（純白人と純黒人を両親とする第一代目）で、およそ十五年にわたりマクローフリンの右腕を務めてきたジェイムズ・ダグラスを、北のヴァンクーヴァー島への遠征調査に派遣することで合意した。この遠征は「よい港と木材の豊富な供給に加え、農耕や牧畜のための必要条件すべてを備えた、大規模な施設建設に都合のよい場所を選定することを目的とする」ものだった。ダグラスは一八四三年に出発、「この岩だらけの不毛の岸」の南端にフォート・キャムスンを設立した。ここは、すぐにフォート・ヴィクトリアと改名される。新しい本部はファン・デ・フカ海峡を眺望でき（将来の国境紛争に備えるため）、深く安全な港に設置された。周囲には、この新しい前哨地への供給を担う農耕地と牧草地が作られた。

オールド・オレゴンの政治上の危機は、もはや無視できない様相を呈してきた。一八四一年、アメリカ人の初期入植者のひとりの死によって、なんらかの政治的権力の必要が高まった。この男は遺言を書かずに、ウィラメット渓谷に自作農場と六〇〇頭の牛を遺したが、彼の地所を分配するためには、なんらかの法律を定める必要があった。マクローフリンは、シンプソンとロンドンの役員たちに、数千ものアメリカ人を統治することは自分にはできないと報告するが、建設的な回答や指示を受け取ることはなかった。しかし、ひとつの民間企業がこの地域の唯一の公権力でありつづけることは、もはや不可能であることを彼は悟っていた。御しがたい開拓者たち（そのほとんどがアメリカ人だった）が、もっと責任を負うべき政府を求めることは時間の問題だった。マクローフリンは、ロンドンないし会社から軍事的支援がなければ、オールド・オレゴンを支配することはほとんど不可能になるだろうと認識していた。

一八四三年、ウィラメット川沿岸の入植者たちが結束して、彼らの土地の権利請求を承認しコミュニティを安定させるべく（アイオワ州の法令にもとづいて）暫定政府を作った。この暫定政府はすぐにさまざまな法律を作り、徴税をおこない、合衆国との連携を声高に宣言しはじめた。ほとんどが、引退した毛皮商人とハドソン湾会社の退職者からなるカナダ人入植者たちは、当初、この動きに超然とした態度を取っていたが、翌一八四四年には千四百人、一八四五年には三千人のアメリカ人入植者が怒涛のごとく押し寄せてきた。一八四五年、入植者たちは新暫定州知事にジョージ・アバーネシーを選出し、ワシントンに代表を送り、〈アメリカ連合〉への編入を要求した。単独で事に対処することを任されたマクローフリンは、一八四五年八月十五日、「オレゴン暫定政府の基本法を支持」し、新しい政府に協力することに同意した。これをロンドンに説明した彼のことばによると、「国境問題の解決によって、両国にその義務が委ねられるまで、動乱を防ぎ平和を維持するため」の措置であった。

この地をめぐる英米間の共同占領についての協定は不調をかさねてきていた。一八二六年、イギリスはオールド・オレゴン全域の領有を保持し、アメリカにはピュージェット湾に港を持つことを許すという提案をするが、これに対抗しアメリカ側は、コロンビア川におけるイギリス船の自由航行を認めるが、北緯四九度線を国境とすることを主張。一八二八年、共同占領は無期限延長されるが、一八四〇年代半ばまでに実質的な意味がほとんど失われてしまっていた。アメリカ人はすでにこの地方の主要な住民となっており（そこに先住民は考慮されていない。十九世紀、彼らは、つねに見過ごされる民だった）、彼らは自分たちの意向を広く喧伝した。イギリスの主張に有利に働いていたはずの歴史的先例の重みは、オレゴン・トレイルを通ってこの地に入ってくるアメリカ人の大流入によって失われていく。シンプソンの政策によるところもあり、イギリス人入植者の数は二、三百以上になったことはなく、一八四三年には早くも膨大な差がついていた。

アメリカのオレゴンへの政治的関心が最大となったのは一八四四年、熱狂的領土拡張論者ジェイムズ・ノックス・ポークの大統領選においてであった。このときポークが掲げた民主党のスローガンは、「五四度四〇分か戦いか」と「テキサス再併合とオレゴン再占領」であったが、これらは、ハドソン湾会社にとっても、オレゴン領地におけるイギリスの主権にとっても凶兆を示すフレーズとなった。イギリスの外交官たちは狼狽した。ここに示されている提言内容は途方もないものであるが、果たしてポークは太平洋岸すべてを合衆国領として要求することがあるのだろうか。たしかにポークは、一八四五年十二月、共同占領を終わらせるよう議会を説得し、戦争突入かという噂が流れ、イギリス海軍の軍艦がファン・デ・フカ海峡を警戒航行するという事態となった。

イギリスの高官らは、オレゴンをめぐる戦争が起れば、それは遠く太平洋岸に限定されるものではなくなり、カナダへの侵略戦争に発展するおそれがあると認識していた。そもそも、コントロールできないアメリカ人によってすでに占拠され、部分的に毛皮が枯渇してしまっていたこの紛争地域は、危険を犯してまで死守する価値はないと判断された。一方アメリカ側も、テキサスをめぐりメキシコとの戦争が差し迫っていた。ポークと彼の助言者らは、これ以上イギリスを敵にまわすことには積極的ではなかった。こうして北米を二分割する国境線が、北緯四九度に引かれることとなった。ただしヴァンクーヴァー島は例外とし、そのすべてをイギリスが領有する。これは、シンプソンの予言通りとなったわけである。(国の威信を保ち、ハドソン湾会社をなだめるために) イギリスがアメリカに要求した最終的譲歩のひとつは、アメリカ政府がハドソン湾会社の財産をすべて正式に認知し、毛皮交易に従事している限りにおいて、コロンビア川を会社の船が航行することを認めるというものであった。

6

シンプソンの外交への干渉は、オールド・オレゴンへの関心にとどまるものではなかった。関心はハワイにもむけられ、その独立を強く支持していた。この理念を推し進めるため、会社の資金の多くを提供した。彼はハワイ諸島がイギリスの保護領として認定されることに対し、積極的に反対工作をおこなった。というのは、すでにこの島々とかなりの規模のビジネスを展開していたため、ここが大英帝国の一部となるよりも、独立したハワイ王国になる方が会社の利益にもっともかなう、と考えていたからである。シンプソンが長年つらぬいた入植抑制策により、オレゴン領地をアメリカに奪われてしまうという結果を招き、またハワイ王国の独立認知に資金を供給して支持することが本国の利害と対立するものであったにもかかわらず、皮肉なことに、彼は北極圏における探検への貢献を理由に、一八四六年、ヴィクトリア女王からナイト爵を授けられた。

イギリスで叙爵されたあと、この老貿易王はおよそ二年間、世界をめぐる大旅行に出かける。北米を横断、シベリアへ渡り、ロンドンへと帰る旅だった。帰国後、この周遊旅行の生き生きとした記録を残すため、ゴーストライターを雇い出版の準備をさせている。地球をぐるりと駆け抜ける旅のあと、ラシーヌへ戻った彼は、モントリオールの上流階級を支える長老の座に落ちつく。いまや六〇代となり、彼の毛皮の王国をめぐるかつて伝説となったような旅をするような力は失われてきていた。「奥地への旅も、そこで三〇年以上果たしてきた務めも、いまはしだいにうんざりするものに感じられる。もしわたしが直接おもむくことが望ましいというような状況が起こったとしても、分水界を越えて旅することは十中八九するつもりはない」と彼は記している。

彼の妻は一八五三年に他界し、彼自身の衰えゆく健康は肉体的な活動を狭めていく。かつて現場でともに働いた同僚のひとりは、このように記している――「われらが老ボス、ジョージも、寄る年波で足元もおぼつかなく、老いさらばえて昔の面影もない。選りすぐりの男、もちろん選りすぐりの女たちをのせた彼の軽快なカヌーも、もはや彼に喜びと満足を与えるものではなくなった」。オールド・オレゴンを失って以降、シンプソンは、会社の圧倒的所有財産のまごうかたなき支配者ではなくなったのである。会社の独占とシンプソンの権力は、他にもさまざまな点で蝕まれはじめる。

独占という理念自体、もはや支持されない時代になっていた。アメリカの領地となってしまう前のフォート・ヴァンクーヴァー周辺には、自由交易者《フリー・トレーダー》がすでに出没していたが、ここへきて、シンプソンの領地全体にあらわれるようになってきた。一八四九年、レッド川植民地の自由交易者ピエール・ジェローム・セイアーが、ハドソン湾会社の手によって捕らえられ告訴される事件が起こる。しかしこの男は、投獄あるいは追放の処分を受けずに、裁判官により放免されるだけで済まされた。この一件の軽い措置がはっきり示していたのは、ハドソン湾会社の政府認可による独占が終わりを迎えていたということだった。

この地のメイティのコミュニティは、シンプソンとその会社の独裁主義的命令に黙って耐えるような存在ではなくなっていた。時が進むにつれ、あちこちでコミュニティや植民地が次々と出現し、斜陽の毛皮交易とは関係のないさまざまな商業活動が起こってくる。これらのコミュニティを創設した人びとは、ハドソン湾会社の店が唯一の商品・食料の調達先でなければならないなどという考えを鼻から持っていなかった。むしろ、会社のおこなう横暴、たとえば家屋の捜索、所有物の損壊、脅し、さまざまな嫌がらせなどに対し不満が鬱積していた。

ある報告によると、「武装した警官とともに、社員が入植者たちの家に毛皮の捜索に入り、見つけた毛皮すべてを没収した。ある気の毒な者は、押収を受けたあと家を焼き払われ、その後、ヨーク・ファクトリーに囚人として連行された。……年に一度のミネソタへの商い旅行の途中、われわれは重罪犯であるかのように、武装した警官に追いかけられた。トランクをこじあけられ、持ち物をチェックされ、見つけられた毛皮は全部もっていかれた」。この土地は、地図に載っていない荒野ではもはやなかった。ハドソン湾会社が唯一の統治機関としてつづくことも、もはやない。会社は迷惑な過去の遺物となってしまっていた。

一八四九年、ヴァンクーヴァー島直轄植民地が作られ、新しい総督が任命されると、会社のこの島での権力は縮小した。しかし二年後この総督が退任すると、この職は会社の太平洋地区の長であったジェイムズ・ダグラスに引き継がれる。一時期、彼は植民地総督と会社のトップとを兼任し、この間、ヴァンクーヴァー島の先住民三万人と懲罰に関する協定交渉をおこなった。一八五八年、ゴールド・ラッシュが起こり、カリフォルニアからアメリカの採鉱者が殺到したあと、本土太平洋岸にはブリティッシュ・コロンビア直轄植民地が作られ、それとともに会社のこの領地における支配は終わりを迎える。こうして、ハドソン湾会社は徐々に瓦解していった。

シンプソンは一八五六年、ロンドン委員会への手紙で先を予見し、会社のおかれた「非常に危機的な状況」を指摘している。「当局は混血児《ハーフブリード》の数の力によって脅威にさらされております。いついかなるときに、あまり起こってほしくないという程度の偶然の衝突が、会社に対する全体蜂起や施設の破壊につながるかしれません。それに対しわれわれは、臨機応変に辛抱強くなんとか平和を維持し、大きな利益を出しているという状況です。この状況は一年か二年、あるいはそれ以上つづくかもしれません。ただし、突如としてこれが妨げられる可能性はつねにあるのです」。

人種差別的な見下しはさておき、この短信が示しているのは、シンプソンが肉体は衰えてきていてもその知性はいまだ鋭く、現場の情勢を把握する伝説的能力を失っていなかったことである。設立されたとき、会社は従業員に対して絶対的力を持っていた。のちに、それがあまりに強大なものとなったがゆえ、しだいに数を増やしていった顧客である先住民にも、権力を行使できるまでになった。しかし、会社の領土がそれを阻止しようとするシンプソンの努力にもかかわらず、ヨーロッパ系英語話者――そのなかには〈混血児〉や彼の蔑むメイティ（彼の子どもの大部分がこのメイティだったが）が含まれていた――の植民を惹きつけるようになると、会社の専横的独占の権力は終焉を迎えざるをえなくなった。交通・通信の手段が向上することにより、会社が領地の奥でおこなっていることが伝わるのをもはや抑えることができなくなっていた。

現地には不在でありながら会社を所有しコントロールしている領主たちの利益を守るため、会社がおこなっている暴虐を告発する報道がなされはじめた。間近に迫った終焉は不可避になっていた。シンプソンにできたかもしれないことは、その過程を遅らせることだけであった。『トロント・グローブ』紙のジョージ・ブラウンによる社説は、次のように結論づけている──「四〇〇万平方マイルを覆うハドソン湾会社の有害で堕落した支配が時を待たずして終焉を迎えること、そしてこの広大な国の運命が、われわれ自身の運命とひとつに結びつくであろうことは疑問の余地がない。二三二人の株主の利益のために、せいぜいのところ単なる疑わしい所有権なるものにもとづいてこの北米大陸の半分から文明が排除されてしまうとしたら、それは許されざることである」。この感情はカナダでも、さらに重要なことにはロンドンでも、さまざまな言論のなかでくり返された。

一八五〇年代、シンプソンは依然として年に一度、恒例の監査のため会社の交易所をまわっていたが、彼自身のビジネスの関心は、レッド川やアサバスカ地方からモントリオールでの活動にシフトしていた。会社のため、高官に対してロビー活動をつづけながら、他の投機的事業、とくに鉄道や鉱業関連、そして蒸気船運行業へのかかわりを拡大していった。彼は必要とあらば、政財界の重鎮を自分の目的のために操ることをためらわなかった。彼の汽船航路のひとつに政府の契約をとりつけるために、著名政治家に「一万の黄金の理《ことわり》」を供与したことは有名である。

ハドソン湾会社のライセンスは一八五九年、失効し更新期を迎えたが、時を同じくして、会社の運営に対する世論の反感はどんどん大きくなっていた。一八五七年、シンプソンは、旧態依然の独占がおこなってきたさまざまな活動について調査をおこなうイギリス下院の特別委員会で、証言するよう召喚された。六五歳のサー・ジョージ・シンプソンは、くり返される質問のさなか、要所要所で咳をしたり、間をとったり、答えを先延ばししたりという策を弄してこれに臨んだ。

彼は依然として、ルパーツランドは植民地には適さない場所であると主張しようとした。じっさいは、レッド川植民地や太平洋岸の会社の農場のように、幾つか成功している農業コミュニティがあるにもかかわらず、さらには彼自身がかつて一八四三年に出版した本のなかで正反対の持論を展開していたにもかかわらずである。その本のなかでシンプソンはなんと、ルパーツランドが大きな農業的可能性を持っていると褒めちぎっている。まさに同じ土地について、ビーヴァー猟にしか適さないというのが彼のいまの主張である。はたして、かつてほとんどまったく反論に会ったことのないシンプソンの見解は、いまや人を直接に欺くものとまではいわないまでも、信用すべきではないものと考えられるようになっていた。特別委員会はルパーツランドのすべてをイギリス領カナダ植民地に併合し、ハドソン湾会社と数百人の富裕なイギリスの株主は自慢の権力と特権を手放すべきであると勧告した。

一八七〇年ハドソン湾会社の残りの領地すべてが、新しい国家カナダ自治領に組み入れられた。会社の独裁時代は終わりを告げた。会社はカナダ西部に広大な所有地を有し、北アメリカ大陸の半分の全域に供給ラインと流通拠点を保持してはいたが、今後は会社が生きるにしても死ぬにしても、ごく普通のビジネスとしてそれを受け入れなければならなくなった。悲劇的なことに、とはいっても驚くべきことではないが、何十万という先住民たちは、イギリスの会社とその植民地政府とのあいだで交わされた取引きのなかで、一切考慮されることはなかった。会社のたどったこの運命をシンプソンが生きて見ることはなかった。

彼の会社からその特別な権力すべてが剥ぎ取られてしまう前の一八六〇年、ラシーヌで彼は他界した。

独占の喪失さえも、利益に転ずることはできた。会社は立派なことに、時代が進むにつれ西に押し寄せてきた入植者に、所有する土地の販売をはじめた。独占権を守ることができなくなると（いずれにせよ、会社の価値はすでに下落してしまっていた）、会社経営の店舗を通じて入植者に物品を販売し、主要水路の交通輸送の権利を独占するために戦い、ビジネス全体としては繁栄した。いくつかの会社の毛皮交易所は、のちにカナダ連邦の州都となる。フォート・ギャリーはマニトバ州ウィニペグに、フォート・エドモントンはアルバータ州エドモントンに、フォート・ヴィクトリアはブリティッシュ・コロンビア州ヴィクトリアに、という具合である。

〈小皇帝〉シンプソンは、史上もっともユニークな企業体のひとつ――ビーヴァーの帝国――の進むべき道の地図を描いた。それを急激な成功へと邁進させたものの、彼は短期的利益に傾いた政策を追求することで、オールド・オレゴンにおける大きな領地損失の原因を作ったことに間違いはない。しかし同時に、彼の拡大主義的な利益第一のビジョンが、最終的には北アメリカ大陸北部におけるイギリスの政治的優位の基礎を築いたことも、おそらく間違いではない。彼の同時代人の多くと同様、いやそれ以上に、シンプソンは性差別主義者であり、人種差別主義者であり、傲慢な自慢家だった。彼の欲するもの――すなわち、自分とハドソン湾会社への富と権力の集中――を得るためには、政治家であろうとビジネス・パートナーであろうと、都合よく操る人間だった。彼の実生活における関心の狭さ、他者の利用と乱用、先住民の文化と自律を抑圧することに果たした役割などによって、われわれ現代人の感受性から見て、彼に敬服すべき要素を探すことは難しい。十万ポンドを超えると見積もられる巨額の財産のうち、先住民の母を持つ彼の大勢の子どもたちには一文たりとも遺すことはなかった。彼の〈正式〉の娘たちであっても、不適切な求婚者との婚姻を選んだ場合、十分な俸給を差し控えるようにすることを遺言執行人に命じている。

人格的欠点を別にすれば、シンプソンは紛れもなく、史上もっとも成功をおさめた世界的貿易王のひとりだった。その商才、鋼の意志と傲岸な自信、自分の人生の他のあらゆる資産を犠牲にしても会社が儲かることのみに身を捧げる底知れぬ献身によって、彼は北アメリカの歴史のたどる道をその手で変えたのである。死の前年、ロンドン委員会の名ばかりのボスたちに宛て、四〇年の奉公の末の辞職が身に迫っていることを通告する手紙を送っているが、この一節が自身の人生を追悼するあたかも墓碑銘にふさわしい文となっている――「この長いあいだ、一週間まとめて休暇をとったことなど一度もなく、会社がわたしに求めているとわたし自身が考えたことに対し、家族の絆や個人的な都合を優先させたこともけっしてありません」。

彼の生涯が終わりを迎えたとき、妻から同僚や多くの商敵にいたるまで、彼の人生のなかでかかわりを持ってきたほとんどすべての人びとが、すでに亡くなっていた。しかし、サー・ジョージ・シンプソンは、時代を生き延びたとしても、世界の変化のなかで恐れと混乱のうちに萎んでいく類の人間ではなかった。シンプソンは四〇年にわたり、強力な支配と権力をもって大陸の半分を治める比類なき独裁者であったがゆえ、彼の時代の終焉は、彼がこの世を去り、四〇年前に自身の手でしっかりと握りしめた権力の手綱を緩めることで、はじめて訪れたのである。

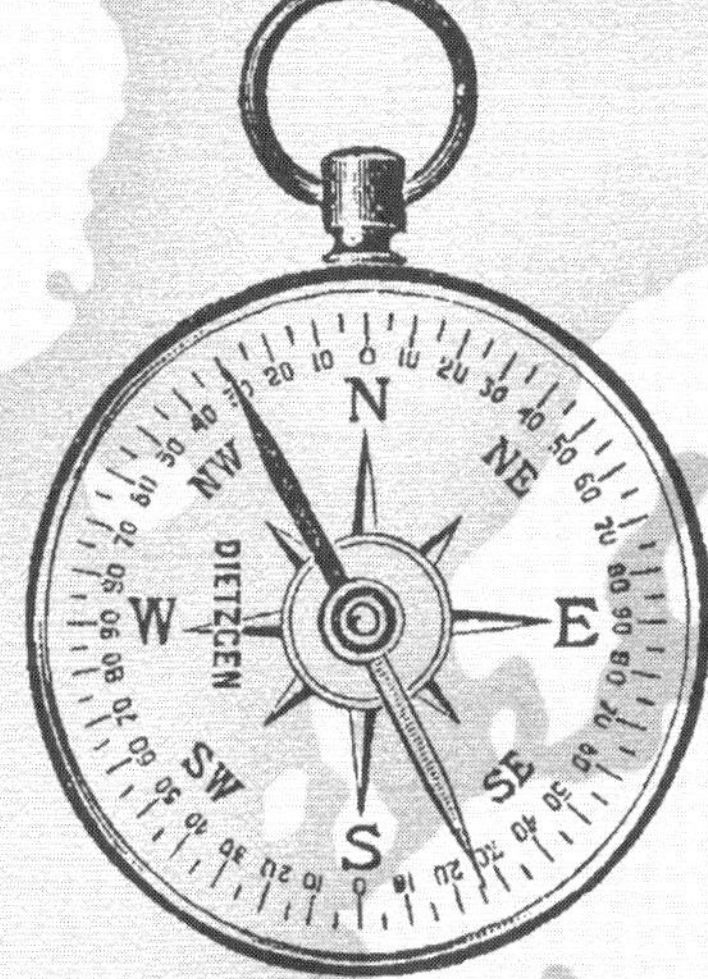

第6章
ダイヤモンドと欺瞞

セシル・ジョン・ローズとイギリス南アフリカ会社

グレート・ブリテンはきわめて小さな島である。その地位はひたすら交易にかかっている。現在、蛮行が横行している世界の保護領を開発しないなら、世界貿易を締め出すことになるだろう。諸君は交易の場が世界であることを肝に銘じておかなくてはならない。諸君の生きる場所は世界であって、イングランドではない。だからこそ、諸君はこうした世界の拡大と保有といった問題に対処しなければならないのだ。

——セシル・ジョン・ローズ、1895年ごろ.

ダイヤモンド複合企業体デ・ビアスとイギリス南アフリカ会社の創立者セシル・ジョン・ローズ。個人の軍隊を使い、中央アフリカ東部を侵略した彼は、会社の軍隊が獲得したこの新しい領土が、彼を称えローデシアと呼ばれるのを認めた。

南アフリカの
イギリス南アフリカ会社
ニヤサ湖
北ローデシア
(ザンビア)
マショナランド
モザンビーク
南ローデシア
(ジンバブエ)
マタベレランド
グブラワヨ(ブラワヨ)
マダガスカル
トランスヴァール
共和国
ヨハネスブルグ
キンバリー
オレンジ
自由国
インド洋
ケープ・タウン
N
W
e
S
0
400 km

1

若きセシル・ジョン・ローズは、一八七一年、露天掘りのダイヤモンド鉱山を目撃した。それは、ある人びとには近代的な産業技術の奇跡に見えたが、またある人びとには、風景を傷つける恐ろしい傷、あるいは亀裂に見えた。その鉱山は幅三万五千平方メートル、深さ七〇メートルの不規則なかたちをした穴状のもので、南アフリカの大地が奥深くまで抉り取られていた。土地は地表近くでは淡褐色、地底に近づくにつれて紺青色が深くなり、ますます作業がしにくくなるのだが、その硬い紺青色の土は、やがて若きローズの運命を左右することになる。

当時、何千人ものアフリカ黒人たちがつるはしやシャベルで土と格闘し、価値のありそうな土を馬車で地表まで引き上げた。やがて日が落ち、熱気がいくらか和らぐと、作業員たちは、旅で訪れたアンソニー・トロロープ（イギリスの十九世紀の小説家）のことばを借りると、「壁をはいあがるハエのように、ただしハエと違って嬉しそうに跳ねまわり、大声をあげながら」穴から出てきたものであった。

一八七〇年代初期には、穴のなかに杭で囲われた何百もの採掘占有地があり、所有者のほとんどは連れのいない白人鉱夫で、土からダイヤモンドを梳くために、少数のアフリカ黒人労働者を雇っていた。一八七一年末には、すでに五万人以上もの占有地所有者や労働者たちが、鉱山や近くの地域社会に殺到していた。作業場は、一見、それほど強い印象を与えるものではなかったにしても、じっさいここでは、一攫千金の夢も実現していた。ローズはズールー族の労働者ふたりと、道具や生活用品を山積みした牛車をともない、地平線に布製テントが点在するにわかづくりの町にむかって出発したのであった。彼が一攫千金を夢みる汚い荒くれ者たちの群れに混じって出かけたのは、兄に会うのが目的だったが、やがて採掘場を確保し、このダイヤモンド探しに加わることになる。

ローズは十六歳の若さで初めて南アフリカの土を踏み、兄ハーバートのもとを訪れた。兄はケープ植民地で木綿農業を営んでいた。父親はローズを聖職者の道に進ませたかったが、彼が法律家の道を志したことから、両親とのあいだに溝が生じた。家族間で話し合った結果、とりあえず溝を埋める妥協策として、彼は学校教育を先送りして、兄のもとに行くことになった。当時は誰ひとり、彼がたまにイギリスに帰るだけで、生涯を南アフリカで過ごすことになろうとは、また南アフリカの未来に大きなインパクトを与え、功成り名遂げて（悪名ではあるが）その地で没することになろうとは、想像もしなかったにちがいない。

ローズはこうなることを待つために、生まれたわけでも育ったわけでもなかった。彼は一八五三年七月五日、ハートフォードシャーのビショップス・ストートフォードで生まれた。大家族の第五子だった。両親は信仰に篤く、父は英国国教会の牧師だった。セシル少年は歴史と古典に興味を持ち、信徒のなかでも目立った存在で、日曜学校や聖書勉強会で教える立場にあった。病弱で喘息持ちだったため、両親は風土的に暑く乾燥しているアフリカに旅行に行けば、彼の虚弱体質にいい効果があるかもしれないと期待した。

当時、南アフリカは、国籍的にも政治的にも管轄がバラバラでパッチワーク状態にあり、イギリス支配下にありながら、イギリスの統治がしっかり根づいていなかった。十五世紀末に喜望峰経由の航路を開いたのはもともとポルトガルの船員たちだったが、十七世紀初頭、香料産出国への往復途上でテーブル湾（ケープ・タウンの湾）にしばしば立ち寄ったのは、イングランド東インド会社やオランダ東インド会社の船員たちだった。一六五〇年、独占的なオランダ東インド会社は、ヤン・ファン・リーベックを送り、船の補給のために喜望峰に砦と小さな入植地を建設させた。彼はまた、土地の先住民コイコイ族を捜しあて、彼らと親しくするという任務も帯びていた。彼はコイコイ族を狩人として雇ったり、彼らから畜牛を買ったりして、約八〇人の入植者たちが、ほとんど自給自足の生活ができるようになった。当初、入植地では野菜や果物が余分に栽培されたが、それは東インド(諸島)への往復途上、ビタミンCの欠乏により壊血病にかかった会社の船員たちに、食糧として提供するためだった。

しかし結局、オランダ会社の独占的な権力に嫌気がさした入植者は、さらに奥地へと移住し、土着の牛飼いたちを領地から追放した。会社は、移住する入植者に対する統治を維持しようと絶えず領域を広げていったが、そのことがかえって入植者をますます奥地へ追いやることになった。一七一四年、会社は、独立心旺盛な入植者が会社の統治のおよばないところへと移住するのを防ぐために、さらなる植民地への移住を禁止した。また、多くのコイコイ族は畜牛とともに、さらに人もまばらな奥地へと引っ込んだが、残った人びとは天然痘の流行で命を落とした。会社は食料を依存していた大勢の牛飼いたちが亡くなったことから、労働者として西アフリカの奴隷を輸入することにした。

一八一五年、イギリスは、フランスとのナポレオン戦争の結果、ケープ植民地に対する統治権を獲得した。当時、ケープ植民地には、約一万六千人のヨーロッパ人(ほとんどは、オランダ系のボーア人)、ほぼ同数の西アフリカから連れてこられた奴隷たち、それに数千人のコイコイ族やサン族がいた。イギリスは植民地の資源を手に入れただけでなく、社会的問題、とりわけ東部におけるボーア人とバントゥー族の牛飼いたちのあいだで爆発寸前だった闘争の問題もまた受け継いだ。この問題は十九世紀のあいだに悪化した。

そして、ズールー族の侵略者がバントゥー族を南方へと追いやったことから、乏しい土地をめぐる争いが激化し、敵対する人びとのあいだで複雑にからみあった闘争が絶え間なくつづくようになった。そうした闘争がつづくなか、イギリスのケープ植民地は、地域に平和と安定をもたらそうと努め、境界を拡大していった。

一方、ボーア人の牛飼いたちの移動はとどまることを知らず、やがて一八三七年のグレート・トレック（一八三〇年代後半から四〇年代初めまでに、ケープ植民地のブール人やボーア人などのオランダ系入植者がイギリス人の支配をきらい、自由の天地を求め北へ北へと向かった集団的な大移動）で頂点に達し、何千ものボーア人がイギリスの領土、およびその法律や規制から逃げ出した。彼らが逃げた理由は、とりわけ西アフリカ人の奴隷貿易や先住民コイコイ族の奴隷化を禁止する法律にあった。イギリス領内の奴隷貿易が禁止されたのは一八〇七年、奴隷の所有が禁止されたのはその約二五年後であった。その結果、ボーア人は廉価な労働力を獲得できなくなり、労働力不足や労働者のあいだの訓練不足という問題に直面した。しかし、グレート・トレックは、ボーア人と彼らが侵入した地域のいろいろな部族との衝突をもたらし、さらに血なまぐさい出来事を引き起こした。そして、イギリス人、ボーア人、ズールー族、バントゥー族などのあいだで、多くの争いと流血沙汰がくり返され、やがて国王シャカが支配する人口二五万人の強大なズールー王国に加えて、三つの独立した共和国――ケープ植民地、オレンジ自由国、トランスヴァール共和国――が成立するに至った。

一八五二〜五三年にイギリスはボーア人の共和国、すなわち人口約十二万人のオレンジ自由国と人口約十五万人のトランスヴァール共和国を承認した。また、はるかに大きな英語圏の、限定的な自治を認める方向に動いた。そして、互いに争うグループのあいだに、きわめて希薄で壊れやすいとはいえ、一応の和平が確立した。一八六〇年代、土地の貴重な鉱物資源が発見される前は、これらの共和国の経済は牧歌的で、ケープ西方とナタール共和国に小さな鉄道が敷設されはじめたばかりだった。奥地への往復の旅はすべて、まだ徒歩や牛車、あるいは馬車に頼っており、土地の経済的生産物は羊毛、ワイン、穀類、畜牛、羊などであった。

一八六七年、ダイヤモンドが発見されるや、政治的状況および壊れやすい和平はいっそう複雑な様相を呈するようになった。突然、ベルギーのコンゴに対する、またドイツの南西アフリカや東アフリカに対する関心が高まったのである。ダイヤモンドは、当時も現在同様、潜在的にきわめて高い価値を持っており、ダイヤモンド・ラッシュは、土地や植民地間の不明瞭な国境をめぐる争いに大いに拍車をかけた。主要なダイヤモンド発見場所は、ケープ植民地か、あるいはふたつのボーア共和国の管轄下にあるどこかはっきりしない地域だったが、当然のことながら、それらの三つの政府はただちに権利を主張しはじめた（最初のダイヤモンド発掘者たちはもうひとつの地元の共和国の設立宣言をしたが、そこはまもなくケープ植民地に併合された）。いまや帝国主義的な〈アフリカ獲得競争〉がはじまろうとしていた。それは典型的に、日和見主義者に適した束の間の移ろいやすい時期であり、またずる賢く抜け目のない不徳の企業家連中が栄えていく時代であった。幸運やめざましい大成功、人を酔わせる帝国主義の信条が白熱化して、ほかの時代であれば疑ってかかるような活動を正当化させるに至ったのである。

2

ハドソン湾会社が新しいカナダ国家に領地を委譲した一八七〇年、セシル・ローズがギーギー軋む古い帆船に乗ってから七二日間が過ぎ去った。帆船はイングランドから南下し、赤道を越えてケープ植民地にむかっていた。ダーバンで下船したセシル青年は、兄ハーバートがダイヤモンド探しの一団とともに内地へ探検の旅に出たことを知った。兄は頼りにならなかった。ひとり残されたセシルは、アンコマース谷の兄の農場に行き、兄が戻るまで農業について学びはじめた。彼は小さな小屋を立て、ズールー族の日雇い労働者とともに土地を耕し農地にかえた。兄は帰宅後、数ヵ月のあいだ弟セシルとともに働いたが、翌一八七一年の春、セシルに秋の収穫を任せ、ふたたび旅立っていった。

時代の趨勢を見る目にたけていたセシルは、まだ弱冠十七歳だったが、木綿ブームがまもなく終わることに気づき、コールズバーグ・コピエのダイヤモンド採掘場の兄の占有地に行くことにした。この地域はのちに、イギリスの植民地大臣キンバリー伯爵にちなんで〈キンバリー〉と改名される。セシルは十月、大きな希望を胸に六五〇〇キロの冒険の旅に出発したが、まもなく希望は無残に打ち砕かれた。馬は旅の途中で死に、残りのきびしい行程はすべて徒歩となった。彼はずっしり重い生活必需品の荷を背負いながら、およそ一日に二〇キロ、夜明けから日が暮れるまでトボトボと歩きつづけた。そして、十一月になってようやく、できたばかりのむさ苦しい採掘部落に到着した。そこは当時、まだ南アフリカで二番目に大きな居留地になる途上にあった。それは、イングランド中流階級の快適な生活に慣れた若者にとっては、驚くばかりの体験だったにちがいない。

何千人もの新参者たちが、流水も下水もなく熱気がむんむんするなかで暮らしていた。ある旅行者は、「ホコリがすごく、ホコリが舞ってますますひどいことにならないように、誰もホコリに手を出そうとしなかった。また、ハエも数え切れないほどいたが、ふつうの方法でハエを殺すと後始末が面倒なので、ほとんど誰もハエを殺そうとしなかった」と述べている。熱風が土埃を舞いあげ、大きな雲となってすべてを覆い、「まるで、大地の地表が希薄化して空中に浮かんだように見えた……キンバリーとその周辺では、きれいなものは何もなかった」という。

住民は半数以上がアフリカ黒人で、ひどく劣悪な環境のもとで労役に服し、当座しのぎの狭い家並みの波型鉄板製の小屋や、汚れた布製のテントを住居としていた。労働者たちは変質した肉やバター、また萎れた野菜などで生命をつないでいた。ローズは母親に宛てた手紙のなかで、「まるで、考えられないほどびっしりとクロアリで覆われた無数のアリ塚のようなのです。クロアリというのは人間ですよ。小さな丘(コピエ)に約六〇〇もの占有地があり、それぞれがふつう四つに区切られ、そのそれぞれに約六人の黒人や白人が働いていると思ってください。毎日、一八〇×二二〇ヤードの土地で総計一万もの人びとが働いているわけです」と書いている。

多くの国々から、採鉱者たちが採鉱場に殺到した。彼らは荒っぽい連中で、ローズの身辺にいた教育を受けた中流階級の紳士たちとは違っていた(ローズはまだ紳士の教育を身につけていなかったが、当時の呼び方によれば彼は〈紳士〉だった)。たむろしている雑多な連中の多くは、商人、漂泊者、あやしげな貿易商、畜牛業者、盗人、売春婦、ばくち打ちなど、世界中からやって来た採鉱ブームの常連たちであった。一方、肉体労働のほとんどを担っていたのは、滞在期間の短い何千人ものバントゥー族の労働者で、彼らは畜牛

巨大塚のアリに似た鉱夫が、ホコリと暑さのなか、せっせと働いているところ。南アフリカのキンバリー・ダイヤモンド鉱山を写した1870年代初期の写真。

や結婚相手、また銃などを買うための資金をかせいで故郷に帰っていった。こうした荒っぽい共同体での主要な娯楽は飲酒と賭博だった。ここはローズに向いていたようである。

彼は腰をおちつけて、兄の三つの占有地のひとつを引き受け、仕事に取りかかった。しかしまもなく、兄はまた逃げ出した。兄はすべてに中途半端で、毎日、採鉱場で骨の折れる単調な仕事をすることに興味を失い、十八歳のセシルにすべてを任せ、木綿の農場へと帰ってしまったのである。しかし、弟のセシルは成功した。穴をますます深く掘り進め、土をふるいにかけて、毎週、およそ一〇〇ポンドのダイヤモンドを手に入れた。

数ヵ月後、兄がもうひとりの兄をしたがえてふたたび戻ってきた。木綿の農場は売り払ってしまったとのことだった。兄はセシルの成長と意志の強さに驚いた。セシルは、ずっと年配の探鉱者が彼の占有地にちょっと侵入したときにも激しく言い争って、まったく引き下がる様子を見せなかった。また、労働者の雇用や解雇の仕方、ダイヤモンドの等級づけ、〈価値のありそうな土砂〉の引き上げ方、侵入者を寄せつけない方法、抜け目のないダイヤモンドのブローカーへの対応などをしっかり身につけていた。兄ハーバートは家族に宛て、「セシルはダイヤモンドに関しては、まったくみごとにやってのけたようです」と書き送った。ちょうどこのころ、セシルははじめて心臓の発作を起こし、療養に数週間をついやした。

富と名声（悪名という人もいる）の頂点に達する前のセシル・ローズについては多くの伝説があるが、そうしたもののひとつに、青年ローズがキンバリーのダイヤモンド鉱山の深い穴を見下ろすというものがある。うわの空で遠くを見るような彼の視線に気づいた連れの男が、「何が見えるのですか」と尋ねると、その光景から目を離すことなく、「ローズは手をゆっくりひと振りして、ひと言、〈権力〉と答えた」というのである。

このアフリカ最大の貿易王ローズの肖像画や写真は、ダイヤモンド鉱山でひと山当てようとやってきた病弱な若者については多くを語らない。むしろ、それらに映し出されているのは、少しあとに彼が手に入れた、権威と社会的地位を示すどっしり落ち着いた重厚な仮面である。彼のもっとも有名な正式の写真では、疲れて世の中にうんざりしている様子がうかがえる。張りのない顔は垂れ下がり、目の下にはたるみがあって、彫像にみられる強そうな顔立ちの冒険家とはまったく似ても似つかない。この肖像写真は、全体的に見て、やさしいおじさんといった印象である。ぽっちゃりしていて穏やかで目立たず、さしずめ、当時、どこにでもいた名もない中年の経営者か支配人、あるいは役職者といったところである。しかし、この平凡な外見の背後に、今日では不快に感じられる、政治的・社会的に正統な思想の揺るぎない核が隠されていた。

ローズは偉大なアングロ・サクソン至上主義者で、そうした主義にもとづいた世界規模の政府を心の底から求めていた。かつての同胞のひとり、リアンダー・ジェームソン博士の回顧録によれば、ローズは「アングロ・サクソン族の究極の宿命の信仰に深い感銘を受けていた。もっとも必要とされるのは、溢れすぎた人口が永続的に定住するのにふさわしい新たな領地であり、それによって、世界の工場たる母国の商品を売りさばく市場が提供されるのだと、彼はくり返し語った」という。ローズ自身も、「われわれは容易に資源を入手できる新たな土地を見つけなければならない。同時に、植民地の先住民から、安価な奴隷の労働力を手に入れるべく努めなければならない」と主張している。

傲慢な人種差別主義者で、どうしようもなく独善的なローズは、拡大しつづける大英帝国の多くの否定的側面を体現している。十九世紀中庸に何十年にもわたり経済的繁栄があり、自由貿易が増大し、ナポレオンの敗北後、イギリスは七つの海の真の支配者となり、優秀な軍事力と経済的成功において他を圧するようになった。市場独占の認可はもはや時代遅れであった。貿易事業は、国家の政治的・外交的利権と直接結びつく必要がなくなり、じっさい、こうした市場独占は十九世紀末には消滅したり、かつての高い位置を失ったりした。しかし、ローズが成人に達したこの時代には、帝国主義と国家主義の台頭もまた見られた。それによって、個人的資本を利用することで外交的・政治的・戦略的目標を達成する手段としての、特権を付与された会社を再建するための豊かな土壌がふたたび醸成されることになった。こうした時代にはじめて、社会進化論として知られる哲学から人種的階級差別という考え方が誕生し、ヨーロッパがそれ以外の国民を隷属させることが正当化されるようになったのである。

ローズは子どものころから、こうした国家主義・人種差別・帝国主義の入り混じった風潮に浸されていた。彼は、イギリスによる統治を世界中に拡大することこそ、〈人類最大の利益〉になると堅く信じていた。一八七二年、キンバリーで起こした最初の心臓発作から回復過程にあったとき、彼はウィンウッド・リードの『人類の苦悩』（一八七二年）を読んだ。この本は、ダーウィンの自然淘汰理論を曲解し敷衍したもので、ここでは、ある人種が生来ほかの人種よりも優れているという民族的優位性の概念が支持され、最適者が生き残って統治すると考えられていた。こうした考え方は、いまでこそ不愉快、時代錯誤的、愚考などと見なされるが、当時、似たような考え方は広く世に流布しており、ローズはそれらに影響を受けたり、逆に演説によってほかの人びとに影響を与えたりしたのだった。それらは全員に受け入れられたわけではなかったが、思想や社会的談論のひとつの主流になっていたことは疑いない。

リードの議論によれば、イギリスの貿易と経済は世界中の植民地と結びついており、それらとの絆を強化するためには、共通の目標や目的を持つ必要があるという。国家主義と人種差別主義は、領土拡大の継続と英語を話さない人びとの統治を正当化するために帝国主義と結びつけられた。本国イギリスと統治される植民地との関係を強化しようとする努力は、一般に広がった。ジョン・マーロウは『セシル・ローズ──帝国の解剖』のなかで、「人種的イデオロギーは〈白い〉植民地と本国との協調関係の基礎をなしていたが、それは民族的優位性という概念に容易に格上げされ、〈後進国〉の人びとに対するアングロ・サクソン族の統治を正当化するようになった」と記している。地図を赤く塗り──〈赤〉は地図上で大英帝国の支配下にある地域を示すのに一般的に用いられた──支配下の人びとに対して〈白人の責務〉を引き受けるという政治的考え方は、イギリスにおいてきわめて広く民間に普及した。ローズのたどった経歴は、多少とも、この帝国主義の原理が日の出の勢いにあった三〇年間と一致する。ローズはこの動向を示す人物のひとりとして、人びとに知られるようになったのである。

3

一八七二年の中ごろには、セシル・ローズはすでにかなりの資産家になっていた。彼はいつも仕事ばかりで、毎週一回、何人かのキンバリーの教養ある市民たちと集まったり食事をしたりするのを除けば、ほとんどなんの趣味も持たなかった。自分には正規の教育が欠けていると痛感し、そのことを矯正すべき一種の短所と見なしていた。やがて、彼は仕事によって貯蓄が増え、一度、ダイヤモンド鉱山を離れ、広く周辺地域をめぐる旅に出た。当時は道路らしい道路がなかったことから、牛車に引かれての旅となった。しかし、この遊山旅行も、ただ娯楽のためだけではなかった。ローズはいつも新しいビジネス・チャンスを求めており、おそらく当時は意識しなかったにしても、その地域全体に対する雄大な夢の実現にむけて基礎を固めようとする目的もあった。彼は近くのトランスヴァール共和国でひとつの農場を購入し、そこで働くアフリカの黒人労働者を何人か雇い入れ、さらにキンバリーで知りあったチャールズ・ラッドという友人と手を組んだ。ふたりは資産を出しあい、ローズの兄ハーバートから、ダイヤモンドの占有地を自分たちのものとして買い取った。ハーバートはダイヤモンド発掘で成功するのに必要となる単調で厳しい労働に専従する意欲がなく、冒険を求めて北をめざして旅立った。しかし、ローズは新しい協力者と力をあわせて地道に働きつづけた。ふたりはキンバリーの占有地を買い、整備して売却しては利益を上げ、それから利益のすべてを近くのデ・ビアス鉱山の比較的安い占有地に投資した。デ・ビアスという名は、鉱山のある土地を所有していたオランダ人農夫の名前に由来する。抜け目のないふたりは仕事に精を出し、多くの事業を手がけては、利益が出るようになった段階でそれらを売却したのである。

一八七三年の中ごろ、セシルは事業をラッドの手にゆだね、イングランドに帰国した。そして、かねてより望んでいた教育を身につけ、めでたく紳士としての証を手に入れるために、オックスフォード大学オーリエル・コレッジに入学した。彼は勉学中にも鉱山での事業展開を見守るつもりだったが、突然、母親の訃報に接し、喪失感に打ちのめされた。さらに肺の病が再発したため、一八七四年の春、健康を回復させるためキンバリーに戻り、金もうけの仕事を再開した。教育はいまでなくてもよかった。彼はまだ二〇歳にすぎなかった。このころ、彼はすでに占有地を購入し、それらを確固たるものにして、可能な限り多くのダイヤモンド産業をわがものとすることを夢見ていた。

一八七六年、ローズはオックスフォード大学に戻り、二年間滞在し、休暇はキンバリーで過ごした。一八七八年から一八八一年のあいだはほとんどキンバリーで過ごし、最終学期にはオックスフォードに戻り、二八歳で学位を取得した。彼は研究的というよりきわめて実際的な人間だったが、オックスフォードでは大きな夢を見ること、人生は巨大なカンバスであり、歴史に名を残せる可能性があることを学んだ。

彼はまた、当時国内を席巻し初期段階にあった一般大衆の植民地支配熱にさらされていた。代表的なものは、ケープからカイロへ至るイギリスの影響力の回廊の夢であり、それは、のちに彼が情熱を傾ける理念となった。この夢こそ、彼が目的実現の手段として、いっそう多くの金儲けに走るようになった動機でもあった。また、オックスフォードで受けた教育は意思決定をするときの自信ともなり、彼が単なる守銭奴ではなく（たしかに、金儲けはしたけれども）紳士の地位にあることを確固たる事実にした。

彼は紳士たちと交わり、おそらく彼らの動機や弱点を知り、利用したり支配したりするようになったと思われる。彼は金によって得られた権力について、「もっとも完成されたかたちのオックスフォードのシステムは、きわめて非実際的に見えるが、科学は別にして、どこに目をむけてもオックスフォード出身者はトップにいる」と記している。オックスフォード大学に対する愛校心と、彼が大学から得たと信じていた人生の目的は、生涯、失われることはなかった。

ローズはこのころ、芽生えはじめた自分の理念を表わす論文を書いているが、それは当時イギリスで人気を博していた理念と大同小異であった。「わたしは主張したい。われわれは世界随一の民族であり、われわれが世界中の多くの場所に住めば住むほど、それは人類にとってめでたいことである。われわれの領土に一エーカーの土地が加えられれば、それだけ多くのイギリス人を誕生させることができる。それがなければ生まれてこなかったはずの人たちである。さらに付け加えると、世界の多くの国々をわれわれの支配下に併合するということは、すべての戦争を終結させることにほかならない」と彼は言う。

彼はすでに大学を卒業するまでには、世界についての、また世界と大英帝国との関係についての哲学的理念を固めていた。彼の考えによれば、人は「大英帝国を促進させ、未開の世界すべてをイギリス支配下に置き、アメリカ合衆国を正常な状態に戻し、アングロ・サクソン族をたったひとつの帝国にする」ために努力すべきだという。これは、歴史家ジョン・マーロウの言う、ローズの「未熟な知性と実社会的な天稟との奇妙な融合」が初めて文章のかたちで表わされたものであり、擬似科学的な人種論を基礎とした国家主義の一種であった。ローズは、増加の一途をたどる自分の財産が、こうした哲学や夢に取り組む手段となると信じて疑わなかったのである。

一方このころ、キンバリーの居留地は変化した。道路は舗装され、雑なつくりのテントの町は、いままでより永住できるような建築物に取って代わられ、混乱した居留地のとげとげしい雰囲気は、法と秩序によって円滑化された。鉱夫や市民のなかには、家庭を持つ者さえ出てきた。デ・ビアス鉱山は、当初、キンバリー鉱山ほど儲からないように見えたが、ローズとラッドは何年ものあいだ、デ・ビアスの占有地の買い占めに儲けのすべてをつぎ込み、いまや、実質的に鉱山のほとんどを所有するようになった。掘削の容易な表面の土を掘り進めると、下から堅い青土が姿を見せる。手作業で小さな占有地を掘る時代は終わろうとしていた。堅い青土を掘削できる機械は高価であり、これを購入するためには巨額の資金が必要だった。ふたりはほかの協力者を雇い入れ、できるだけ多くの占有地を買いつづけることにした。有限会社を設立し、デ・ビアス鉱山全体を入手するための手段を探り、計画を立てたりもした。

一八七九年、ローズは、ドイツ系ユダヤ人のアルフレッド・ベイトと出会った。ベイトは数年前にキンバリーにやってきたダイヤモンド業者で、世界中に取引き先を持っていた。伝えられるところによると、ある晩ローズは、夜もふけたのに事務所で仕事をしているベイトを見かけ、ふらりとなかに入った。なにをしているのか気になり、そんなに一生懸命に働くなんて、いったい何をしたいのかと尋ねた。すると、キンバリーのダイヤモンド産業を独占したいのだという返事が返ってきた。ローズは、「そいつはおもしろい。じつは、わたしも同じことを考えていたのです。どうです、手を組みませんか」と言ったという。こうして一八八〇年、ふたりが設立した会社は〈デ・ビアス〉と名づけられた。同年、いまや市民を代表するひとりとなったローズはケープ・タウンの議員に選出され、政治の世界に足を踏み入れたが、彼の目はつねに、しっかりデ・ビアス・ダイヤモンド会社に注がれていた。会社は、一八八三年には、当初の資本二〇万ポンドの四倍にふくれ上がっていた。

ローズはあまりに忙しくて、議会のあるケープ・タウンに正式に転居することはできなかった。その後七年間、事業仲間のネヴィル・ピカリングやリアンダー・ジェームソン博士とともにキンバリーで暮らし、ケープ・タウンとのあいだを往復するという生活がつづいた。彼は事業と政治の仕事を交互にこなしたが、ときどき両者が重なることがあったとしても驚くにあたらない。じっさいローズには、事業を政治と融合させようというもくろみがあった。彼がキンバリーまで鉄道を誘致しようと努めたのは、いかに自分の政治力を用いて事業展開を有利に運ぼうとしたかを示す好例である。彼の議論によれば、安定した生活と居留地の増加によって鉄道敷設は正当化され、そうすることで、こんどは地域全体の事業収益が増大することになるという。すでに目先のきく若い政治家となっていたローズは、そのために、ケープ植民地のイギリス人とオランダ人との関係改善に乗り出した。それは、イギリス領南アフリカが単一政府を持つように仕向ける手段でもあった。ローズには、世界中にイギリス文化を広めるというもっとも重要な目標のひとつとして、南アフリカのすべての民族をケープ植民地政府のもとに結びつけるという壮大な夢があった。その夢が実現すれば、ケープ植民地政府は北方の中央アフリカへと、まだヨーロッパ列強の支配下に入っていない地域へと拡大していくはずであった。

しかし、ベルギー、フランス、ポルトガル、ドイツなど、ほかのヨーロッパ列強にも中央アフリカに進出しようとする野心があった。ローズはそのことを承知のうえで、たまたま自分の商業的利権のからむその地域を獲得しようと心に誓い、「中央をわたしによこせば、海岸を取り巻く湿原は欲しい者にくれてやる」と言明した。彼は、トランスヴァールの西方でカラハリ砂漠の東方にある、キンバリーから北上する細長い地域に目をつけた。この回廊地帯は、かつてデイヴィッド・リヴィングストンをはじめ数十人の宣教師たちが、その地を北上して内陸に入ったところから〈宣教師道路〉（ミッショナリー・ロード）と呼ばれていたが、ここを通れば中央アフリカの高原地帯へと容易に入ることができた。しかし、この〈北上する道路〉の支配権をめぐっては、トランスヴァール共和国とケープ植民地とのあいだで長年にわたり対立がつづいていた。

ローズがこの回廊地帯を中央アフリカ統治の鍵と見なしたことは正しかった。彼はイギリスの利権、願わくば彼自身の利権による回廊地帯の支配を確固たるものにしたかった。しかし、トランスヴァールは、イギリスが回廊沿いに領土を拡大し、地域一帯の資源を独占するのを妨害するにちがいなかった。そこで、彼は作戦を立てた。ケープ植民地をトランスヴァール共和国の周囲に拡大し、トランスヴァールの連絡網や供給網を遮断してしまえば、ケープ植民地をイギリス支配下に統合することを認めざるをえなくなると考えたのである。

ローズはまだ三〇代前半に入ったばかりだったが、地政学的状況を見抜く鋭い眼力を持っていた。彼は、いずれ多くの人びとが南アフリカの地勢にまで採掘権を拡大しようと動き出すだろうと予見していた。それは、彼にとって巨大なゲーム台のようなものであり、どうするべきかはわかっていた。しかし彼には、それを真剣に受け止めてもらうだけの力がなかった。ジョン・S・ガルブレイスは『王冠と勅許状――イギリス南アフリカ会社の初期』のなかで「ローズは月並みな事業家ではなかったが、また月並みな政治家でもなかった」として、「代議制度によって政府に課せられる限界は、彼のありようと一致しなかった。議会の手続きに責任を負わなければならない政府は、本来弱体であり、政治家が導くべき国民の偉大さにそぐわないように思われた。アングロ・サクソン族の運命は、政府の機関によって実現できるようなものではない。それに必要な勢力と炎を提供するのは、自分の生命・エネルギー・財産をそうした使命に捧げようとする熱意ある人びとでなければならなかった」と書いている。ローズは政治的な力だけでは不十分であり、自分の考えを現実化するためには莫大な資金が必要であると気づいていた。

4

一八八〇年代中ごろになると、ローズは、キンバリーの指導的市民として広く知られる富豪になっていた。彼はまた、すでにケープ・タウンでは有望な政治家としても名声を馳せていた。デ・ビアスに対する夢は、イギリス支配による南アフリカ構想と同じように壮大だったが、後者よりもすみやかに進行していた。デ・ビアス社は、ローズやベイトやラッドの指揮のもとで発展しつづけ、ますます多くの利益を生み出せることが確実となり、共同経営者たちに莫大な収入をもたらした。しかし、ローズは富豪になったとはいえ、まだ全権を有するまでには至っていなかった。鉱山地域には、まだほかに七つの占有地所有者が残っていた。長年にわたってのデ・ビアス社の方針は、こつこつと利益をあげ、資金調達が可能になりしだい占有地を買い占め、ダイヤモンドの鉱山と産業に対する会社の支配権を拡大していくというものだった。

一八八七年、ローズはついにデ・ビアス鉱山のすべての採掘権を買収すると、すぐに事業の整理統合にとりかかった。彼は経費節減のため、労働力の大部分を占めていたアフリカ人労働者の住居を、会社が運営する隔離された貧民街へと移した。労働者たちはそこの家に住み、食事をし、毎日、無許可でダイヤモンド探索にあたった。こうした節約が功を奏し、利益はうなぎ登りに上昇した。株主への配当金も同様で、ダイヤモンドの世界的価格は若干落ち込んだものの、一八八七年以前の三パーセントから一八八八年の二五パーセントへと上昇した。ローズはダイヤモンドに対する世界の需要が一定量であり、生産過剰になると、それにともない価格の下落が生じることを承知していた。そこで、デ・ビアスからより多くの利益を引き出すためには、ほとんど全世界のダイヤモンド供給量を統制するというか、供給を制限することによって価格を高く維持するべく、企業連合のようなものを設ける必要があった。また彼は、自分の愛国的な野心について、デ・ビアス社の株主たちに語ったことはなかったが、南アフリカのダイヤモンド産業を支配することによって、帝国の夢実現のための財政的基盤が確立することになるはずであった。

一八八七年には、南アフリカのほとんどのダイヤモンド貿易を、ふたつの会社が支配していた。デ・ビアス鉱山のデ・ビアス社と、より大きな近くのキンバリー鉱山のキンバリー・セントラル社である。バーニー・アイザックスは、通称〈バーニー・バーナート〉として知られるロンドンの若者で、ローズとその共同経営者たちがデ・ビアスを発展させたのと同じ方法、すなわち、長年にわたり着々と鉱山の採掘権を買収することによって、キンバリー・セントラル社を成長させた。バーナートは、ローズに勝るとも劣らないほどの富豪であるといわれたが、おそらくバーナートの方がまさっていたかもしれない。ふたつの会社は戦うか、あるいはダイヤモンド市場を氾濫させないように、産出量をめぐり合意に達するかのどちらかを選ぶしかなかった。

ローズは戦うことを選択した。彼はまずヨーロッパの代理業者をとおし、キンバリー鉱山の残りの採掘権を有するフランスの会社の発行株式を購入するよう手配した。それからロンドンへ旅立ち、ベイトの筋からコンタクトをとり、ロスチャイルド卿に面会して、購入資金七五万ポンドの融資を受けた。さらに、ハンブルクの財閥からも七五万ポンドの融資を受け、フランスの会社頭取に接触し、一四〇万ポンドという大金で全株式の購入を申し入れた。しかし、ローズの仕事の進め方は、例によって一面的ではなかった。多額の融資に対しては、彼はデ・ビアス社の株式で利息を支払うという契約を交わしていたが、そこにはひとひねり加えられていた。すなわち、デ・ビアス社の株価が上がり、契約期間が切れた時点で高くなっていたら、その上昇分の利益は、デ・ビアス社と融資元とで折半することになっていた。ローズの観測によれば、株価は近いうちに上昇するはずであり、彼も会社も上昇分から利益が得られるようにしておきたかったのである。

しかし、ローズの申し入れがフランスの会社に受諾される前に、バーナートがこのうわさを嗅ぎつけた。即刻、彼は案をまとめ、彼らの持ち株に対してローズ以上の金額を支払うと申し入れた（こうした提案や対案が迅速におこなわれるようになったのは、ケープ・タウンとキンバリーとを結ぶ新しい電信線のおかげだった）。ローズはあわてることなくバーナートに接触し、フランスの会社に対する対案を撤回するよう説得に努めた。彼は見返りとして、デ・ビアス社が支払ったのと同額で、フランスの会社株をバーナートとキンバリー・セントラル社に売却することを約束した。すなわち、フランスの会社株を儲けなしに、彼らに譲渡すると言ったのである。ただし、ローズはここでひとつの条件を出した。それは、現金ではなくキンバリー・セントラル社の株で支払ってほしいということだった。バーナートはこれに同意し、取引きは成立した。デ・ビアス社は、キンバリー・セントラル社の株の二〇パーセントを保有し、キンバリー・セントラル社はキンバリーのダイヤモンド鉱山全体を支配することになった。いまや世界の主要なダイヤモンド鉱山の両方を、わずかふたつの会社が所有することになったのである。

ここで、ローズは大きな賭けに出た。彼はベイトの助けを借り、さらに多くの資本を投じて、できるだけ多くのキンバリー・セントラルの株を買いはじめた。バーナートは、株主たちに自社株を売らせないように、より高い価格を示してこれに対抗した。両社の株価は急騰した（ローズとデ・ビアス社は、株価の値上がり分をヨーロッパの経済的支援者たちと折半し、かなりの大金を手にした）。市場が高騰したために、株主たちの多くが両社の株を売却し利益を得た。しかし、ローズの支援者たちはほとんどヨーロッパにいて、ローズの戦略の成功に対して既得権益を有していたことから、断固として株を手放さなかった（一方、キンバリー・セントラル社の株主たちの多くはキンバリーに住んでいた）。しばらく激しい株の買い占めがつづき、やがてローズとデ・ビアス社は、キンバリー・セントラル社を支配できるだけの株を手に入れることができた。

それからローズは、両社の株主たちに両社が合併することを納得させた。その結果、投資家たちは、所有している株を新しい持ち株会社デ・ビアス・コンソリデーテッド・マインズ社の株と交換することになった。唯一のネックは、デ・ビアス・コンソリデーテッド・マインズ社の活動範囲を規定する定款だった。バーナートをはじめ何人かは、そこに新会社の活動をダイヤモンド産業に限定すると記載したがったが、ローズはそうした制限をよしとしなかった。そして、最終的にローズの意向どおり、新会社はほかの事業にも関与できることが明記された。新会社に許された権限リストは、異常で途方もないものだった。そこには、必要が生じた場合に行使できる権限が盛り込まれていた。つまり、まだ正式にヨーロッパ列強に所有されていない地域を併合する権限、その目的達成のために私的に軍隊を召集できる権限、まだ決まっていないが然るべき事業に対して銀行業務をはじめとする経済的支援をおこなえる権限などが含まれていたのである。ローズとその仲間たちは（バーナートもそのひとりで、伝記作者のなかには、彼は最初から進んで一連の計画に加わり、ローズと共謀して株価を高騰させ、ともに皇帝にも匹敵するような財をなしたのだと考える者もいる）、デ・ビアス・コンソリデーテッド・マインズ社の終身役員となり、会社が利益を生み出すかぎり、それぞれ数億ドルという莫大な収入を保証された。

いまやローズは、世界のダイヤモンド市場の約九〇パーセントを占める実質的な独占企業を支配していた。しかし、これはまだ出発点にすぎなかった。彼は合併した新会社の株主たちへのスピーチで、直近の目的を鮮明に打ち出し、「この会社を、いまだかつて存在したことがないほど資金豊かで偉大かつ強力な会社にすることが、われわれの大望です」と語った。このとき、貧しい労働者たち——ほとんどがアフリカ黒人で、熱気とホコリのなかで地中からダイヤモンドを掘り出す仕事をしていた——は奈落のような状況にあった。彼らは、事実上、会社の運営する居住地域の囚人たちと言ってよかった。彼らが身を粉にして手に入れた給料は、会社の経営する店で費やすしかなかった。批評家ジョン・メリマンは、「それは誰が考えても不名誉で恥ずべきことだ。そう思わないのは、つねに彼らを働く動物としてしか考えないことから、道徳意識が鈍くなった連中だけだ」と評している。合併が成立すると、白人労働者の四分の一、黒人労働者の約半数が解雇された。会社の株価は上昇し、利益はうなぎ登りとなり、その一方で競争が減少し、労働状況は悪化した。

ローズの蓄財計画は、ダイヤモンドやデ・ビアスに限定されなかった。一八八六年、〈ウィットウォーターズランド〉と呼ばれるプレトリアの南部地域で金が発見されると、そこは〈ランド〉として知られるようになった。そこは、やがて世界でもっとも豊富な金鉱にまで成長し、近くにはヨハネスバーグという町も発展した。ローズは最初のうちこそ気が進まなかったが、裕福な共同経営者たちと手を組んで、大々的にこれに関与するようになった。いちばん深く関わるようになったのは、ローズ自身だった。金鉱産業については、ダイヤモンド産業ほど理解も支配もしなかったが、彼は最初の投機によって莫大な金額をかせぎ出した。またのちには、持ち株会社の南アフリカ・コンソリデーテッド・ゴールド・フィールズ社のオーナーになったり、社長や会長に指名されたりして、膨大な年収を得るようになる。デ・ビアス・コンソリデーテッド社と同様、こうした動きもまた、会社が幅広くいろいろな事業に投資することに明るい見通しをもたらすものであった。

このころローズはもっぱら通商活動に従事していたが、発展する帝国建設という政治的展望は、こうした商業的基盤とみごとに絡みあっていた。一八九〇年、彼はケープ植民地首相となり、彼の描く展望図は新たな重要性を持つようになった。彼は南アフリカにおいては、ずば抜けて裕福で権力ある人物だった。彼は「居住地」（先住民が占有する土地）が商業的発展の障害となることを見越しており、アフリカ人が投票権を持つことには反対だった（すでに、ボーア人のトランスヴァール共和国とオレンジ自由国では、彼らは投票を禁じられていた）。世界は規制されない自由な産業発展によって進歩するというのが彼の信念であり、そのため土着のアフリカ人が自分たちの土地に頑固にしがみつき、〈進歩〉の邪魔をするのを望まなかった。とりわけ産業の発展や採鉱がそうだった。ローズはまた、北方の南部中央アフリカに目をむけ、採鉱や産業の利権にとって有利な法律を導入した。彼にはこの〈空白〉の土地に対して壮大な計画や夢があった。その気になれば、そこを開発するのに必要な資本も政治的影響力も持っていた。彼はその目的のために、ますます多くのエネルギーを注ぐようになっていく。

5

ランドで金が発見されてから、探鉱者たちは、ヨーロッパ的なケープ植民地やボーア人の諸共和国の辺境より、もっと北方に目をむけるようになった。ダイヤモンドや金の資源は、すでに発見された鉱脈にしかないというわけではない。一八八〇年代には、多くの探検家や探鉱者たちは、少しずつ北のマタベレランドに移動していた。ここはもともと、マタベレ（ンデベレ）族の王ローベングラの領地であった。マタベレ族は、中央アフリカの大湖沼地域の南西部、リンポポ川の主要な放牧地に住んでいたズールー族から派生した民族である。彼らは一八八〇年代にはおよそ六万人にも達し、南アフリカでもっとも恐れられていた。奴隷を所有する侵略民族であり、しばしばグブラワヨの中心的居留地から周辺地域へと深く侵入した。『ローズ――アフリカ獲得競争』の著者アントニー・トマスは、マタベレ族を古代スパルタの戦士に、またグブラワヨを「巨大な軍事的野営地」にたとえている。「その形状は直径半マイルの円形に近く、堅材となるアフリカテツボクの柱やトゲのある低木林の堅固な防御柵に囲われていた。この外輪のすぐ内側には、びっしりと草木の小屋が六層の輪をなして建てられ、伝統的な蜂の巣状になっており」、そこに国

グブラワヨの宿所内部で嘆願者と召使に囲まれているアフリカ人の王ローベングラ。1880年代の版画より。

王の従者や戦士たちが住んでいた。国王の内なる聖域は、さらにもうひとつの防御柵に囲われ、なかにはふたつの大きなレンガ造りの家があった。旅行家のA・T・ブライアントによれば、「住民の生活はアリ塚のようであり、プライバシーなどといったものはまったくなかった。彼らの魂は自分のものではなく、大いなる国王やまじない師たちの逆鱗に触れることを恐れてびくびくしていて、みんなが国王の意志にあやつられる人形のように行動した」という。

王のローベングラは身なりにこだわる頑健な体格の堂々たる人物で、外交儀礼や外見に細心の注意をはらっていた。ある旅行者の印象によれば、「マタベレ族戦士たちはみんなうつむいて歩く人を軽んじるものだが、ローベングラは顔をあおむけにして胸を大きく張り、背筋をピンと立てて歩く。長い杖を右手に持ってゆったり歩く彼の姿に、周囲の人びとはみんな称賛を浴びせる。その様子といったら、文句のつけようがないほどだ」という。ローベングラには多くの呼び名があるが、なかには、〈人食い〉や〈天の刺客〉といったものもある。彼の「ぎょろりと血走った大きな目で、頭のてっぺんからつま先までじろじろ横柄に眺められる」と、人びとは恐怖の念に襲われる。何人かのヨーロッパの貿易商はグブラワヨ付近に留まることを許され、外輪の柵の周辺に居住した。ローベングラは彼らを〈白い犬たち〉と呼んでおり、領土内で採鉱する許可は誰にも与えなかった。ローズは、もし貴重な鉱物や宝石の新しい鉱脈が発見されるとすれば、それはこのローベングラの王国のなかだろうと確信していた。彼は、「マタベレの王が……中央アフリカへの唯一の障害であり、彼の領土さえ手に入れてしまえば、あとは簡単だ」と述べている。

アフリカ獲得競争はつづいており、ヨーロッパ列強は征服によって開拓できる領地を探し求め、同時に他国のそうした動きを牽制した。イギリスというよりはヨーロッパのほとんどの人びとは、アフリカでまだ領有されていない地域、あるいはアフリカの民族によって十分に活用されていない地域であれば、自分たちにも占領して開拓・開発をする権利があると信じるようになり、そうした傾向はますます強くなっていった。当時の著述家のひとり、ジョゼフ・チェンバレンはこうした考え方について、次のように明言している――「われわれが現在領有している植民地とザンベジ川とのあいだで、まだ領有されていない地域については、事実上、まだいかなる国家にも所有されていないと言っていいだろう。それらの地で支配権を行使する種族や首長は、その土地を占有することも、またその土地の可能性を開発することも絶対にできない。早晩、それらの国が、ヨーロッパの企業やヨーロッパによる植民地化の動きの流出口になることは避けがたい必然である」。

ローベングラの宮廷には、採掘権の譲与を求める人びとが群がっていたが、彼の心は揺るがず、採鉱会社やヨーロッパ政府の申し出には、一貫して見向きもしなかった。それでも、ポルトガル政府は彼の領地の一部を要求し、ドイツ政府も使節を送った。そして、イギリスの宣教師たちも彼の土地で活動したいと考え、また採鉱会社の役員たちもときにはヨーロッパ政府と結託し、ローベングラの領地で活動することを快く認めてもらえるよう画策した。ヨーロッパ列強は、アフリカに対する領土権の主張が認められるかどうかは、実質的な占領によって決定されると考えた。イギリスがすぐに北方に領土を拡大しなければ、ケープからカイロまでイギリスの政治支配の回廊を築くという夢は打ち砕かれる。ローズは、どこかほかのヨーロッパ強国の領土権の主張に先を越されることを恐れた。最大の不安は、トランスヴァール共和国のボーア人移住者たちがこの地の支配権を握ろうとすることだった。じっさい一八八七年、彼らはまさにこの戦略の実行を試みた。ローベングラを騙して契約文書に王印を押させ、それによって彼の領地との貿易独占権を手に入れ、他国の侵入を禁じたのである。

そのごまかしの文書は、ローベングラがそれを否認したことによって、広く世界に認められることはなかったが、一八八七年、ダイヤモンド産業を支配する策謀をめぐらせていたローズは、彼らにこのように出し抜かれたことに激怒した。いかなるときでも、自分の壮大な計画について多面的に活動するのがローズだった。彼はローベングラの領地へと支配を拡大していく将来計画に取りかかり、一八八七年八月、牛車に黄金や財宝など、ローベングラへの贈りものを山積みにし、キンバリーから六人の使者を送り出した。使者たちは何週間もかけて平原を横断し、ようやくグブラワヨに到着。さっそくローベングラ王に面会を求め、〈ラッド協定〉という文書に捺印するよう王を説得した。

その協定によれば、ローベングラは百丁の後装式ライフル銃や弾丸などの多くの贈りものを受け取り、さらに、武装蒸気船もザンベジ川を航行して彼に届けられることになっていた。彼はその見返りとして、ローズとその仲間たちに、「わが王国・公国・領土内に位置し包含されるあらゆる金属と鉱物に対する完全にして排他的な管理権とともに、それらを獲得・入手するために必要と思われる物事すべてをおこなう権利」を譲与した。また協定では「近年、わが領地の土地・採掘権の認可や譲与を要求・要請してくる多様な輩に大いに煩わされてきたが、土地・金属・鉱物、あるいはこの地の採掘権を要求するすべての輩をわが王国から排除するために、上記譲受人に対して、必要にして合法的なあらゆる手段を講じることをここに認可するものである」となっていた。

ローベングラは計算高く抜け目のない君主であり、人びとをあやつったり畏怖させたりして卓越した地位を維持していた。そんなローベングラが、この協定書について正確な翻訳を示されたとは考えにくい。彼はのちに、ラッド協定では、一時期に王国内で作業できる工夫の数は最大十人と告げられたと主張したが、ローズの使者たちは協定書の調印がすむとすぐさま南下し、これを公けのものとした。ローズ自身もすぐ、それに関連する任務により乗船してロンドンにむかった。

ローベングラの王国にはすばらしい鉱物資源が眠っていると考えたローズは、イギリス政府の独占権を確固たるものにして、ひとつの会社がそれらを発掘できるようにしようと企てた。彼が設立した会社は、〈ラッド・コンセション・シンジケート〉と呼ばれ、なにやらあやしげなラッド協定そのものを唯一の資産としていた。彼は、この会社が王国内において、電話線と鉄道網の拡大、銀行の設立、鉱物資源の発掘などを可能にする認可を得られるようにイギリス植民省にはたらきかけた。シンジケート自体の資産をもってすれば、この地域の経済発展を刺激するのみならず、ほかのヨーロッパ列強の進出を防ぐことができるはずである。ローズは、イギリス南アフリカ会社の設立のために必要となる裏工作に手を染めた。それは実質的に、独自の警察権を立ちあげ、領域内のすべての人びとを支配し、リンポポ川からグレート・レイクス地域まで、近接する国民と条約を結べるような会社でなければならない。ローズは、こうした大胆な要求にむけて、対話、彼の大きな人間的魅力、鋭い政治的洞察力、金銭や縁故などを駆使して仕事にとりかかった。

彼の計画は結局、多くの政府高官たちに支持されるようになったが、彼がどのように彼らを説得したかについては、正確に記された記録がない。ローズは再三にわたり、皮肉な調子で「人それぞれ代価を手にした」と語っているだけである。おそらく、彼は小切手帳に劣らず、カリスマ的な魅力や自信にみちた洞察力によって、多くの敵対者たちを首尾よく味方に引き入れたにちがいない。彼らは、ローズの主張は自分たちの主張であり、すべては帝国と国家のためであると説得されたのである。

ローズはまたほかにも、役員会への任命権の行使、影響力のある有力者への格安での株の売却、大切な政治運動への献金など、さらに巧妙な策に打って出た。政府の認可を得た独占企業であれば、虐げられたアフリカ人のためになるばかりでなく、ほかのヨーロッパ列強の侵略に対抗して中央アフリカにおけるイギリスの利権を推進することができる。最も都合がいいのは、政府にとってまったく費用がかからないということである。こうした彼の主張によってまもなく、影響力を持った有力者たちが彼の計画に取り込まれた。そして、会社の独占権の認可によって利益を得る人びとの輪が広がるにつれて、反対の声は徐々に薄れていった。『ロンドン・タイムズ』紙には、その地域は「資源に富んでいる。貴金属だけでなく、ほかの数種類の金属もとてつもなく豊富だそうである。それらは、ただ掻き集めればいいだけである。穀物やあらゆる農作物も大量に収穫できる」と記された。ローズと彼の主だった支援者たちは、イギリス南アフリカ会社が一般の投資家たちに開かれる前に、株をいろいろな持ち株会社に移して、圧倒的利益を確保することができた。

会社は特許状によって、「政府の目的達成に必要なあらゆる権力……すなわち、銀行をはじめとする企業や協会の設立、鉄道・電信・蒸気船航路の開設と運営、採掘作業の推進と採鉱会社の認可、植民と土地の開墾や改良、平和と秩序の維持……その目的のための警察権と警察独自の旗の取得などを遂行する権利」を手に入れた。会社はまた、奴隷貿易の排除やアルコール類の販売制限を義務づけられた。すなわち、通常、イギリス直轄植民地に付与されるあらゆる権力が、最初の二五年間に限って会社に委ねられたのである。役員会は十七人の役員からなることになっていたが、ローズは最初から実質的に独裁者であり、役員たちは彼の決定にめくら判を押すばかり。役員たちになんの相談もなく決定がくだされることもしばしばだった。

しかし、ローズの新しく認可された会社の価値が十分に認識されたのは、ローベングラが、自分の権威を保持しようとする頑迷な抵抗をあきらめたときだった。会社の特許状は、不正な手段で獲得された協定書のあやしげな合法性と、崇高な活動に従事するというローズの約束にもとづいていた。ローベングラをはじめとする諸王の残酷な専制政治から、アフリカの人びとを解放するといった約束などがそれに当たる。特許状の根底にある薄弱な協定書は、とうてい綿密な精査に耐えられるようなものではなかったろう。それによって、マタベレ族との戦争が避けられないのであれば、戦うのは早ければ早いほどいい。

彼は一八八九年十二月には、すでに「マタベレ族の勢力を打ち砕き」、ローベングラを廃位に追いやるべしという命令を発し、若い軍人フランク・ジョンソンを起用して、彼に秘密の遠征隊を先導させた。しかし、その陰謀は何者かによって暴かれた。植民地当局への報告があったのである。もちろんローズは、自分のあずかり知らぬことであり、自分に責任はないと主張した。そしてまもなく、またジョンソンを先導者とする別の計画が準備され、何百人もの「立派な戦士たち」がこれに志願した。〈ローズの天使たち〉として知られる兵士たちは、「可能な限り、ケープ植民地の各地を代表する良家の子息たち」から集められた。ローズの予備的計画によれば、ジョンソンの部下たちが問題を引き起こし、「包囲され孤立した」とすれば、家族は彼らの救出を要請するにちがいない。彼は「で、誰が君たちを救出すると思うかね」とジョンソンに尋ねた――「教えてやろうか。〈インペリアル・ファクター〉(〈帝国の要因〉の意で、ここでは植民省のこと)だよ……で、〈インペリアル・ファクター〉にプレッシャーをかけて救出にむかわせるのは誰だと思う? 若い部下たちの〈インフルエンシャル・ファザー〉(影響力のある父親)なんだよ」。

一八九〇年の夏、約二〇〇人の重装備の先遣部隊が北をめざして出発した。ローズのイギリス南アフリカ警察の五〇〇人もの警官や部下たち、さらに、ほとんどがアフリカ黒人からなる千人以上もの警察要員もそれにつづいた。この縦列をなした部隊は、ローベングラを挑発しようと彼の領地の境界のまわりを行進した。一方ローズは、首相を務めるケープ植民地関連の仕事で忙しかった。アントニー・トマスは著書『ローズ――アフリカ獲得競争』のなかで、「首相ローズは、ダイヤモンド独占者ローズに影響をおよぼすような事柄にどのように対処できるというのか、あるいは金鉱地責任者ローズ、鉄道建設業者のローズ、さらに特許会社のローズとどのように契約できるというのか。誰かしら、そうした疑問にとらわれた者がいたにちがいない」と言っている。しかし、これらの利権の対立は大きく、露骨で明白だったにもかかわらず、当時は、それに対してなんの異議もとなえられなかったのである。

さて、イギリス南アフリカ会社の軍隊は、採鉱者や入植者たちとともにローベングラの領地にじわじわと侵入し、進路沿いに砦を築いて、のちに植民地化するための土地に楔を打った。ローベングラには貿易や採鉱についての交渉の余地はあったかもしれない。しかし、彼はこれまで植民地化を認めたことはなかった。会社軍は、直接ローベングラを攻撃したりはしなかった。それは不法行為であったろう。彼らは彼の王国の周辺部に駐留し、豊かな鉱物資源のありそうな土地を探しまわった。そこは、〈マショナランド〉として知られる地域で、ローベングラの支配下にあったが、彼が直接支配しているわけではなかった。しかし、一年のあいだ探索しても、前評判の高かった鉱物資源はまったく発見できなかった。イギリスの採鉱専門家は、次のようにあたりさわりのない報告をしている――「マショナランドの大いなる鉱物資源や豊かな農作物については……大きな期待が持たれてきたが、それが正しかった、あるいは、ほぼ正しかったということはできない。そのことは否定しようがない。わかっているところでは、そして多くのことがわかっているのだが、マショナランドはアルカディアでもなければエル・ドラドでもなかった」。

不満をかかえた採鉱者や探鉱者は、土地の投機や農耕に目をむけた。ローズの入植者たちはマショナランドの村々を侵害しては村人たちを銃でおどし、自分たちの農場のために無償で働くことを強要した。現地の人びとが殺害され、家畜が盗まれ、村には火がつけられた。そして不正を取り締まる自警活動がさかんになった。一八九一年十月、ローズは北へと旅立ち、はじめて〈自分〉の国に足を踏み入れた――その地域はいまや、入植者たちから〈ローデシア〉(ローズの家)と呼ばれていた。電信線はすでに導入されており、一八九一年の年末にはほとんど完了していた。彼はグレート・ジンバブエ遺跡の近くに、粗雑な家や店が寄り集まってできた新しい首都ソールズベリーを訪れた。遺跡はかつてそこに古代帝国があり、大きな大理石の石壁に守られ、伝説の金鉱に支えられていたことの証であったが、ローズはその古代遺跡を地元のショナ族ではなく、古代フェニキア人の遺産と考えた。その遺跡が地元の人びとによって建造されたと認めてしまうと、彼らには文明が必要だとする彼の信念を裏切ることになるからだと思われる。

しかしながら、古代グレート・ジンバブエの黄金はあてにならないことが判明し、やがて粗末な辺境の居留地の入植者たちは、さらにローベングラの砦に近い地域へと目をむけるようになった。黄金やダイヤモンドはそこにあるにちがいなかった。しかしローズは、かつて彼の前進を阻んだのと同じ問題に直面した。戦争を布告してマタベレランドに進入することは違法であり、会社の特許状を危険にさらすことになりかねない。会社は、デ・ビアス・コンソリデーテッド社やコンソリデーテッド・ゴールド・フィールズ社からの借金をはじめ、これまで大金をつぎ込んできた。それにもかかわらず、初期投資や継続中の遠征軍の維持費の捻出を正当化できるような、価値あるものはなにひとつ発見できなかった。また、ローベングラがショナ族を攻撃していたために、ローズの入植者たちにとっての労働問題も根づよく残っていた。ショナ族は自分たちの村が脅かされても、マタベレ(ンデベレ)族の報復を恐れて仕事をしようとしなかった。会社の入植者たちにとって、彼らの安価で豊富な労働力なしに土地を改良することなどありえない。彼らの関係はますます緊張したものとなり、暴力行為がふつうに見られるようになった。なんとかしなければならないことはわかっていても、ローベングラがマタベレ族を統括しているかぎり、イギリス南アフリカ会社は一歩も踏み出すことができなかった。

ローベングラは、おそらく、こうしたローズの戦略の狂いを感じとったのだろう、終始、露骨に攻撃させようとする相手の挑発には乗らなかった。彼は公けの場で侮辱されても、報復しようと息巻く部下たちを押さえ込んだ。このころローズは、ある代理人から事態解決の方策を示唆する一通の信書を受け取った。そこには、「ローズはきっと事態を終結させる得策を考え出すでしょう……いまや、われわれには、女や子どもの殺害をめぐって騒ぎを起こす口実があるのです。そして、マタベレランドの開放は、株価をはじめ、あらゆるものの高騰をもたらすことになるはずです」と記されていた。会社はおそらく、ローベングラの軍団が女や子どもを襲撃した事件をでっちあげ、それを彼の領土を侵略する口実として利用するつもりだったのだろう。そして、会社軍は進軍した。彼らは不正規兵、探鉱者、ひと山あてようとする入植者からなる寄せ集めの一団で、ローベングラの拠点を略奪し、給料を戦利品のかたちでもらえる約束になっていた。略奪物の半分は会社に、また残りの半分は地位に応じて職員や兵士たちのあいだで分配されることになっていたのである。ローベングラは三〇万頭以上もの畜牛に加え、膨大な量の黄金やダイヤモンドや銃砲類を持っているといわれていた。ローズはまた、会社軍に土地を与えることも約束した。

ローズは、この大規模な軍事攻勢のための情報戦略の一環として、彼がケープ植民地で発行している新聞、とりわけ『ケープ・アーガス』紙を利用した。ラッド協定に反対するマタベレ戦士たちがイギリス人入植者たちを攻撃するべく結集したとする偽情報を流したのである。そして十月には、長年にわたりローズの副官を務めたリアンダー・ジェームソンが千四百人の兵をそろえ、マタベレ族による白人入植者攻撃のうわさを口実として、グブラワヨに進軍した。両軍が激突すると、五千人のマタベレ戦士たちは、近代的な大砲やマシンガンの威力に度肝を抜かれた。戦争はすぐに終わった。そこでは、三千人以上のマタベレ族が命を落としたのに対し、会社軍はほんのひと握りの死者を出しただけだった。ジェームソンはさらに、ローベングラの炎上する首都に軍を進め、くすぶる廃墟のなかに社旗を立てた。それまで近くに控えていたローズは、戦争終了後、まもなく勝利を祝うためにグブラワヨに入った。彼はケープ植民地の首相として、正式に統治した最北の領地に足を踏み入れ、またイギリス南アフリカ会社の社長として、不正に取得した新領土のまっただなかに君臨した。そして、廃墟となったローベングラの王宮の敷地をいしずえとして、自分の住居を建て、わがものとなった新しい首都の商業地域を数日かけて巡回した。そこは後年、〈新グブラワヨ非白人用居住指定地区〉と呼ばれることになる。

ローズは公けの批判にさらされ、また入植者軍によるローベングラ領での略奪・強奪は、イギリス軍の小さな分遣隊によって阻止されそうになった。彼はそれを受けて、すぐさまもう一度、新聞による世論喚起をおこなった。今回は、イギリスに対する警告だった。イギリスは会社の活動に干渉してはならない。さもないと、かならずや「新しい共和国がマタベレ全土をもってしても贖いきれないほど……多くの流血沙汰を引き起こすことになる」というのである。かくて一八九四年七月十八日、イギリスは、新たに獲得した領土に対するイギリス南アフリカ会社の管轄権を承認した。ローデシアの建国は完璧であり、会社の株価は戦争以前の八倍にまで急騰した。ローズはいまや、野蛮なローデシア〈開拓者〉軍団にとってだけでなく、会社の株主たちにとっても英雄であった。彼は会社が「世界のきわめて広大な地域……その地域内のすべて、空気をのぞいた地上のすべてを所有した」ことに有頂天になった。ローズと会社は、マタベレ族を土地から切り離して、まんまと産業や農業の労働者階級へと引きずり落とし、一〇〇万平方キロ以上からなる土地を支配した。そして領土権の侵害は、進歩の名のもとにおこなわれたと信じ込んだ。

6

セシル・ローズはケープ植民地首相、およびローデシアの〈首長〉として、権力・権威・敬意の頂点をきわめた。ケープ植民地では、商業的利権を行使するとともに、ケープのボーア人とイギリス人入植者とのあいだで広がる溝を埋めるべく活動をつづけていた。地域の安定は、商業的に有益であるだけでなく、会社がローデシアを十分に開拓するのになんとしても欠かせなかった。この計画を推進するためには、ボーア人とイギリス人の両方の議員の支援が必要であり、そうした支援を確実にするために、彼は忌むべき妥協をした。彼は議会において、ボーア人と多くの取引きをしたが、それは商業的利権を確保するためにほかならなかった。たとえば、彼には鉄道を敷設したい地域があり、とりわけ、北進してローデシアに入る鉄道は欠かせなかった。彼はまた、デ・ビアスが労働者を酷使することに対して反対する声を抑えたり、ダイヤモンドへの課税計画を先送りしたりした。彼は交換条件として、アフリカ黒人を差別し、ボーア人が主張する法や規制を支持した。アントニー・トマスによると、「ローズを人種差別主義に走らせた重要な理由がふたつある。政治家として有権者の支持が必要だったこと、そして、産業資本家として労働力の統制が必要だったことである」という。

三番目の理由は、ローズがすべての共和国に共通する〈先住民〉政策の必要性を信じていたことである。ボーア人の共和国、すなわち、トランスヴァール共和国やオレンジ自由国ではアフリカ黒人に選挙権はなかったが、ローズは、ケープ植民地においても同じように、黒人票を制限するという案を支持した。彼は手はじめに、土地を共同で所有している人びとに投票権を与えない政策をとった。それは彼にとって、多くのボーア人のあいだで政治的に有利にはたらく政策だった。彼の通達によれば「先住民は従属民として統治しなければならない。前世紀（おそらく一八九〇年ごろ）には、植民地には一二五万人の先住民と二五万人のヨーロッパ人がいた。現在の参政権のもとでは、もし先住民が権利を行使すれば、多数票を獲得することになる。したがって、先住民が野蛮な状況に留まっているあいだは、従属民として扱わねばならない」というのである。

ローズは、南アフリカの共和国の統一にむけて着々と仕事を進めた。ケープ植民地では、アフリカ黒人に対して比較的公平な政策をとってきたが、それはボーア人の共和国との統一化にとっては大きなつまずきの石となりかねない、そう考えたローズは、ケープ植民地の法律改正にむけて動き出した。無礼なふるまいをする（黒人）奴隷に対し、むち打ちの体罰の合法化を支持したり、参政権に必要な土地所有の条件を再度引き上げることに賛成したり、学識テストを導入し、さらに何千人もの黒人から投票権を奪ったり、またさらにむりやり近隣の土地を併合し、何千人ものアフリカ黒人を保護地区に追いやったりした。「わたしの考えでは、先住民はそうした先住民保護地区に囲って、白人とまったく触れさせないようにするべきだ」というのである。また彼は、農場の分割を禁じる法律を成立させた。それによって、農場主の息子たちや未婚の娘たちは自分の土地から離れざるをえなくなり、彼らにとって都合のいいことに、安価な労働力の流れを生み出すことになった。ローズはそれでも飽き足らず、アフリカ黒人が教育を受けることがないように、ミッションスクールを排除した。

「合衆国で生じている労働問題を見るにつけ、またイギリス本国で生じつつある問題を見るにつけ……この地では、労働問題が先住民問題と関連していてよかったと感じている……もし白人が優れた民族として自分たちの地位を維持できるなら、先住民が適切な地位にいてくれることを、みんなありがたいと思うだろう」と彼はいう。彼はそしてアフリカ黒人に夜間外出禁止令を課し、公けの施設における人種の隔離政策をおこなった。こうした変更は、すべてローズの新聞、とりわけ『ケープ・アーガス』紙の支持するところであった。じっさい、半世紀後に活発化するアパルトヘイト構想の主要な基礎は、すべて一八九五年までには確立していた。そしてローデシアにおいては、ローズの土地収用委員会が先住民を彼らの土地から排除し、白人移民者を自分たちの領地に受け入れることができるように、先住民を粗末な環境の保護地区に収容した。

しかし、セシル・ローズでさえも不屈ではなかった。彼はあっという間に転落したが、それも自業自得であった。健康が悪化したのである。心臓に問題をかかえており、それが喫煙や飲酒、体重の激増によって重症化した。まだ四〇代前半だったが、ふるまいも外見もずっと老けて見えた。そして、彼のもっとも大きな野望、すなわち南アフリカの独立した共和国すべてをひとつの国旗のもとに統合するという夢を実現するには時間がたりないと感じはじめていた。

これまでのところ、ローデシアの鉱石産出見込みは、彼の望んだような形にはならなかった。ある鉱山技師は領地を広く歩きまわったあとで、「一般投資家の方たちには、しかるべき識別力をはたらかせるようお勧めします」と報告している。トランスヴァール共和国のヨハネスバーグ周辺の大きな金鉱は、多くの人びとが考えたように北に広がってはいなかった。ローデシアとイギリス南アフリカ会社は、信じられないほど多くの鉱物資源があるという当初の楽観的期待に応えられなかったが、その一方で、トランスヴァール共和国の金の大鉱脈は、ボーア人の共和国を南アフリカ随一の豊かな国に押し上げようとしていた。そうした状況は、ケープ植民地にトランスヴァールを併合することを永遠に不可能にするものだった。おまけにローズは、トランスヴァール共和国の大統領ポール・クルーガーを個人的に嫌っており、このボーア人の共和国を侵略して大統領を倒し、強引にケープ植民地の属国にするという計画に関与していた。

ローズの作戦はローベングラの王国をまんまと奪い取ったときと似たものだった。介入を必要とする仕組まれた反乱という作戦である。今回の主要な共犯者も、ローデシアで攻撃軍を率いたリアンダー・ジェームソンだった。彼は今回も、トランスヴァールの反乱者たちを救出するために私的軍隊を率いて侵入し、すべてをきれいさっぱり解決させるはずだった。イギリス政府はかつて似たような計画を立てたが、いろいろな理由でそれを断念したことがあった。それゆえ、いったん事が成就してしまえば、イギリスはこの軍事行動に反対するはずがないとローズが踏んだのも無理はなかった。

しかし、トランスヴァール侵攻はジャーナリスト・産業資本家・政府官僚を巻き込んだ綿密な作戦だったにもかかわらず、完全なる大失敗に終わった。ジェームソン率いる八〇〇人の侵攻軍は、反乱者たちの支持があるものと期待してトランスヴァール共和国に攻め入った。しかし、反乱は実を結ばず、侵攻軍はトランスヴァール軍に包囲されて捕虜となり、尋問を受けるべく拘束された。ローズは無実を主張したが、首相として退陣せざるをえなくなった。彼の会社に許された特許も取り消されそうになり、膨大な罰金を支払うことになった。それでも彼には侵略に対する直接的関与はなかったとされた。部下たちがみな沈黙を守り、彼の直接的関与については一言もしゃべらず、牢獄にむかったからである。二年後、ローズは政治家として復帰しようと巨額の出費をし、また多くのケープ・タウンの〈自由な〉報道機関を利用した。しかし、彼はわずか一議席の差で敗れた。それからは、〈自分の北国〉と呼んでいたローデシアに目をむけ、鉄道や電信を敷設させたり、鉱山をはじめとする資源を探索したり開発したりすることに多くの時間をついやした。

ボーア戦争が勃発したのは、一八九九年。ボーア人の共和国とケープ植民地の相違が目立って大きくなり、互いに相手を出し抜こうと競っていたことを思えば、多少とも戦争は避けがたかったと言えるだろう。ボーア戦争は全地域を飲み込んだが、そのあいだローズは、キンバリーと自分のダイヤモンド鉱山を守るために積極的に動いた。イギリス軍は何万人もの死者を出したものの、ボーア人の共和国を撃破し、最終的にはオレンジ自由国とトランスヴァール共和国はケープ植民地と併合され、南アフリカ連邦となった。

セシル・ローズの人生の残りの数年間は、もっぱらローデシアの反乱や健康の悪化との戦いに明け暮れた。また、彼はカタジナ・ラジヴィウというポーランドの公爵夫人につきまとわれ、おそらく脅迫されたりもした。彼女はローズ名義の約束手形を捏造したり、ふたりの婚約のうわさを広めたり、彼に求婚したり、また数回、ローズのあとを追ってロンドンとケープ・タウンを往復したりして彼を苦しめた。おまけに最終的に求婚がすべて拒否されると、ローズを詐欺罪で告訴した。彼女は明らかに、ローズが公けにしてほしくない文書を持っていたようで、まんまと彼から多額の金をせしめることになった。ラジヴィウは彼が亡くなるときまで彼につきまとった。ローズは一九〇二年三月二日、四九歳にしてケープ・タウンで亡くなり、ローデシアに埋葬された。

しかし、イギリス南アフリカ会社は存続した。楽天的なカリスマだったローズは、会社が利益を上げられないことを隠していた。会社は、先住民を従属させるための戦争や、私財の損害を招いた入植者に支払う賠償金のために、莫大な額の資金をついやした。たしかにローデシアには鉱物資源があるにはあったが、ローズや当初の株主たちが期待したほど大きな鉱脈にはいきあたらなかった。結局、会社のもっとも価値のある資産といえば土地だけになってしまったが、土地を管理するには、アフリカ人を恒常的に土地から引き離しておく必要があった。そのため、その後も長年にわたって損失がつづいた。本来、奪い取った国の舵取りをすることは利益を生む事業ではない。株主たちはそのことを身にしみて感じたはずである。おまけに彼らは、抑圧された人びとに対する大規模な人権侵害に関与したという点で、道徳的に不利な立場にあった。

しかしながら、会社は入植の勧誘と土地販売のキャンペーンをおこない、第一次世界大戦のころには、ローデシア全土を所有する白人の人口は三万一千人に達していた。農産物は鉱物の産出と同じように劇的に増加した。それでも、当時、株主たちはほとんど利益が見込めなかった。ローデシアの統治にかかる費用はあまりにも膨大であり、またアフリカ先住民に領地を奪回されないように強力な軍隊を維持しなければならず、それにも巨額の費用がかかった。会社によるローデシア統治は、一九二三年、入植者たちが責任ある政府を要求し、その要求がイギリス政府によって認められたことにより終結した。政府はまた所有者のいない土地の所有権について、会社がもはや王室の代理人ではないことから、会社に帰するものではないという決定をくだした。それにもかかわらず、株主たちにはこの土地の損失補償として、数百万ポンドが支払われることになった。

7

イギリス人はローズが亡くなるころ、彼の業績を嫌悪と賛美の入り混じった気持ちで評価していた。『タイムズ』紙の記事によれば、「彼はほかの誰よりも、わが民族が負わされた帝国建設の構想を、国民の想像力の前に明確に提示して見せた。しかし、われわれはみな、彼の名前が想起させるほかのことがらについては、忘れたいと思っている」と言う。そして、ローズ流の帝国主義は、「業績が大きければ大きいほど、それに比例して大きな反感や、ときには嫌悪を招くものである」と結ばれている。一方、礼賛者たちにとっては、ローズは先見の明のある偉人、帝国の拡大と運命の預言者であった。彼は未開の人びとのために大英帝国を拡大し、イギリスを中心とするグローバルな英語圏の帝国が世界に平和と繁栄をもたらすという高貴な夢を実現させるべく、たゆみない努力をかさねた。彼は〈偉大な白人〉だった。しかし、それほど彼を崇拝することなく、彼の行動を別の角度から見る人びともいる。ローズは、多くの富と大きな影響力を利用して、特許を持つ会社からうわべだけの合法性を取得した。そして、自分が所有する新聞や役人の収賄によってメディアを操作しつつ、アフリカの南部と東部に私的な侵略行為を展開した。また、彼の会社に雇われた傭兵たちはアフリカの政体を揺るがし、採鉱の利権拡大のために地元の人びとから不正に土地を奪う道を切り開いた。それは新植民地の夢を歪めることだった、というのである。

ローズは、考え方も行動も、貿易商というよりは政治家のようであり、中世君主のように情け容赦なく、計算高く乱暴にふるまった。他人を巧みにあやつり、大胆な行動が目立ったところから、彼をペテン師と考えるむきもある。彼にまつわる伝説や神話は数多い。彼が公然と、また秘密裏にも新聞社を買収したのは、「報道は人びとの心を支配する」と信じていたからだった。かつて、ダイヤモンド鉱山のアフリカ人労働者のあいだに天然痘が流行したとき、情報を隠蔽するよう医者たちに圧力をかけたと非難されたことがあった。情報が漏れれば労働者たちが鉱山から逃げ出し、ダイヤモンド産出の妨げになり、また、もちろん予防接種には費用がかかると判断したためであった。そうした浪費はしたくなかった。その結果、最終的に流行病が鎮静化するまでに、七五一人もの人びとが亡くなった。また、ローズは、政府内での自分の権力と権威を利用して、鉱山所有者の権利を強化し、土着アフリカ人の選挙権や土地所有権を弱体化させる法律の制定を支援した。そして、ケープ・タウンの下院での演説では、「先住民は子どものように扱うべきで、公民権は否定されてしかるべきである。われわれは、南アフリカの野蛮人たちとの関係においては、専制主義の体制をとらなければいけない」と主張した。

アントニー・トマスは、ローズの人生について、権力を求めて堕落した若い理想主義者の悲劇と総括しているが、これに異論をとなえるのはむずかしい。ローズは妻もなく子どももなく、親しい友人はほんのわずか。何十年も豪奢な生活をしても余りあるほどの富をたくわえながら、絶えず仕事や謀略に専念した。それは、権力を行使する機会を求めて倦むことがないといった人生だったように見える。彼は、大英帝国の発展をもっとも偉大な大義と考え、それを推進するために莫大な資産の大半をついやした。彼の人生は、ほかの非凡な人たちの場合と同じように、神話や根拠のない逸話に満ちあふれている。初期の伝記作家たちの多くは——セシル・ローズは、何十人もの伝記作家を輩出させた——刻苦精励と才能によって、貧しい身から世界一の金持ちへと登りつめた出世物語を、いろいろなかたちで取り込んでいる。ローズにとって、金銭は権力であった。金の力によって、他人に自分の命令を実行させることができるし、自分の夢や野心を実現させることができる。ただし、彼は哲学者ではなくて活動家であった。考える人ではなくて、計画して実行する人、他人の考えを自分の境遇にあてはめて行動する人だった。

ローズの不快な信念と行動は、二〇〇年前のヤン・ピーテルスゾーン・クーンの精神病的な遺産とは異なり、ローズの時代・幼児期の教育・若くして急に手に入った富などの産物であった。じっさい、彼は個人としての偉大さや運命、白人社会における自分の優越性、人類における白人の優位性などを信じていた。えてして若者は急に財産や権力を手に入れると、そうした考えに取りつかれるものである。しかし彼はまた、自分が世界でおこなっていることはいいことであり、敵対している人びとのためにもなると信じていた。悪辣で、ときには暴力的な手段によって人びとから土地を奪ったりして、非道なことはしたけれども、自分の大義は最終的に、彼らの状況を改善することになると信じていた。それは思い違いではあっても、とくに深く考えることをしないローズは、自分が悪いことをしているとは思わなかった。一方、クーンの方は、自分が悪事をおこない、他人に危害を加えていることを自覚していた。それでも、それが自分や会社や国家――順序どおり――の利益になるかぎり、意に介さなかったのである。

ローズはひとりよがりの横柄な知ったかぶりで、目的のためには手段を選ばずという考えだった。若いころに賭けに出てひと山あてると、その後、最初の感動的な大当たりによって可能になった賭けにも、また時機にもめぐまれ、ますますの大成功へと飛躍した。彼は決断したときにつねに勝ちつづけたところから、やがて他人の決断も自分にまかせればうまくいくにちがいないと信じるようになった。ローズやクーンのような貿易王の会社のせいで生命を落としたり職を失ったりした人びとにとっては、動機などはほとんど無関係だったが、動機がふたりの性格をよくあらわしている。ローズが、自分の神聖な使命はまちがっていないと信じる宣教師のようだったのに対し、クーンはいかに着飾り身なりを整えようと、悪党で凶悪犯であることに変わりなかったのである。

ローズは、会社のローデシア入植者だけでなく、大英帝国全体で多くの人びとから英雄として称賛された。オックスフォード大学は、彼に名誉博士の称号を授与した。彼がケープ・タウンに帰ったときは、「ようこそ故郷へ、大英帝国建設者!」と称える旗が道路に列をなした。また新聞も——ローズ自身が所有する新聞もいくつかあったが——彼の数々の業績に対して賛辞を惜しまなかった。彼はイギリス南アフリカ会社をとおして、大英帝国に多くの領地をもたらしたばかりか、多くの人びとに多くの金をかせがせた。ヴィクトリア女王と面談したときは、この前の面会以来なにをしていたのかと尋ねられ、誇らしげに、そしておそらくおつにすまして、へりくだった態度をよそおいながら、「前回お目にかかったあと、女王陛下の領地にふたつの地域を追加いたしました」と返答した。彼はもし四九歳で他界しなかったら、アフリカで獲得した領地の地盤をかため、さらに北へと矛先をむけて領地を拡大しつづけたにちがいない。絶えざる領地拡大こそ、彼が力説してやまないことであった。彼は、「頭上にあるあの星たちを見るがいい。われわれには決して届かない広大な世界だ。できるものなら、ほかの惑星も併合したいものだよ。よくわたしは考えるのだが、あんなにはっきり見えているのに、遠くて手が届かないと思うと悲しくなるんだ」と語っている。

しかし、ローズはまた、生存中から多くの人びとに忌み嫌われた。マーク・トウェインは彼を絞首刑にするべきだと考え、「あいつは立派だよ。率直にそう認めるがね、最期のときがきたら、記念に(絞首刑の)縄を買ってやるさ」と皮肉った。ローズは「悪辣そのもの」というだけでなく、収賄、弊風、職務怠慢、「先住民への残虐行為」などについて公然と非難された。彼の人種観については、部分的に、生存中から広く人びとに知られており、彼自身、首相時代にはそれを政治的に主張していたが、その後、ナチスや南アフリカのアパルトヘイト体制のイデオロギーのなかに取り込まれた。ローズは、かつてのローデシアの国のジンバブエやザンビアだけでなく、南アフリカに対しても、これまで否定的なインパクトを与えつづけている。端緒となったのは、そうした国々を引き裂いた人種差別政策を彼が早いころに支援したことであった。

ローズのもっとも建設的な不朽の遺産といえば――おそらく唯一の建設的遺産だろうが――ローズ奨学資金として知られるオックスフォード大学への巨額の寄付金であろう。彼は何十年にもわたって、後世への遺産を慎重に検討した。一八七〇年代にオックスフォード大学の学生だったときには、「なんの目的も目標もなくて人生にどんな価値があるというのか」と考えた。十九世紀のもうひとりの産業界の巨人アルフレッド・ノーベルは、ダイナマイトの発明で得た莫大な財産を残して、それが物理学・化学・医学・文学・平和に関するとてつもなく権威ある賞の基金となった。ローズは長年、ノーベルのように奨学資金を提供することを考えて、生前、七通の遺言書を書き、それぞれで増えつづける莫大な自分の財産について配分の詳細を正確に定めた。

彼は、えり抜きの学生たちに三年間の年俸の奨学資金を提供した。学生の出身地は、ローデシアのイギリス植民地、ケープ植民地、ナタール、ニューサウスウェールズ、タスマニア、ニュージーランド、ニューファンドランド、バミューダ、ジャマイカ、それにカナダのオンタリオ州とケベック州とした。受給者のなかには、アメリカ合衆国出身の学生も含まれていたが、それはおそらく、アメリカが最終的にイギリスと一体になってほしいという彼の公然たる希望の実現を促進するためだったにちがいない。さらに追加として、毎年五人のドイツ人学生が含まれるようになった——「目的は、三大勢力のあいだの理解によって戦争が不可能になり、教育的な関係によって、もっとも強固な絆が結ばれるからである」と彼は言う。

ローズは、奨学金の有資格者については独自の基準を持っており、学力最優先とは考えなかった。〈単なる本の虫〉には奨学金を供与したくなかったのである。彼はむしろ、運動能力や漠然とした特徴を大事にした。たとえば「クリケットやフットボールなど、男らしいアウトドア・スポーツが好きで、優れた結果を出しているとか、男らしさ、誠実さ、勇気、一途な義務感、弱者への同情や庇護意識、温情、利他的性格、付き合いやすさ、学校で発揮された精神力、級友たちへの関心と先頭に立とうとする本能を持っているとかである。こうした特質を持った生徒は、おそらく卒業後に、公的義務の遂行を人生最高の目標と見なすようになるからである」という。

ここで彼が奨学金をもらうのに必要としている利他的、あるいは騎士道的ともいえる特質は、ほとんど彼自身に欠落しているものである。こうした基準は、〈悪辣〉の一語で片づけられるような生き方をした人物像とは一致しないように見える。彼には、こうした奨学金をもらう資格がなかったと思われるが、彼自身、そのことはよく承知していた。彼は、自分のような人間に世界が侵食されるのを防ぎたかったのだろうか。それとも、生きているあいだ、闘争心が彼の徳性という一面を否定、あるいは支配してしまうほど、なんとしても勝たなければいけなかったということなのだろうか。

興味ぶかいことに、ローズはまた、「人種や宗教観によって、奨学生に選ばれる資格の有無を決めてはならない」と規定している。奨学金はただ男子生徒に与えられると明記されているだけである。彼がきわめて人種差別的だったことを思えば――じっさい、ケープ植民地の首相だったころ、人種差別政策を導入し維持したことを思えば――こうした条件は異常であるように見える。しかし、彼の考えが年をとるにつれ変化しはじめたという証拠がある。彼は統一計画を推進するために、議会におけるボーア人の政治的支援を必要としていた。しかし、おそらくその必要がなくなり、ボーア人にとってもっとも重要な考え方、すなわち、肌の違いによる人種の格付けと差別を放棄したのにちがいない。

ローズは晩年、あるジャーナリストに、人権について以下のように語っている――「ザンベジ川以南の文明人は、みな同等の権利を持つというのがわたしの考えです。文明人とはなにかといえば、白人か黒人かを問わず、自分の名前を書ける教育を受けており、なにがしかの資産、あるいは仕事を持っている人、じっさい、浮浪者ではない人のことです」。不幸なことに、若いころ、彼が人種政策を政治的に支持したことから、地域全体が人種の格付けの制度化にむかって悲惨な道をたどることになった。じっさい、彼はかつての政策をなんとかすることができたなら、おそらく撤回する努力をしたにちがいない。しかし、寿命は尽きてしまったのである。

ローズは、葛藤をかかえた複雑な巨人であり、当時の歴史に巨大な影を落とした。彼は、いろいろな商業的利権やダイヤモンド産業の独占によって、世界最大級の大富豪になった。妻帯することもなく、派手なことは避け、節制して穏やかに暮らしたが、誇り高く傲慢で、彼の会社が征服したほどほどの大きさの国を、自分の名前にちなんでローデシアと名づけたりもした。彼と会社については、野心、情け容赦のない戦略、闘争性、他国の人びとや文化に対する冒瀆などの点で毀誉褒貶《きよほうへん》がいちじるしい。アフリカの南部と東部にもたらした混乱や変動は、今日にいたっても解消されていない。

ローズは、イギリス南アフリカ会社をとおして征服した土地を、実質的に中世の封土のように支配した。一方では、雄弁で魅力的なカリスマ的主君のようであり、また一方では、威張りちらす暴君のようでもあった。自分の利権のために、また大英帝国の利益になると信じたことのために、多くの人びとを鼓舞しては行動に駆りたてた。もっとも厳しい批評家たちでさえも、それは金を大々的に消費したり見せびらかしたりするためではない、と認めざるをえなかった。会社の行動が非難されながら、ローズ自身は、彼の名のもとに、あるいは彼の命令でおこなわれた薄汚い取引きに手を染めていないように見えるのは、このように彼の動機がより高尚で高貴であると広く信じられているからである。

ジョン・S・ガルブレイスによれば、「イギリスの覇権は不変であるという信念が揺らぎはじめた時代には、ローズの偉業を見れば、偉大な日々はまだ終わっていないということがよくわかる。彼はイギリスの民族の優秀性を自明のこととし、納税者に負担をかけずに帝国を拡大した」という。ローズの業績評価については、生存中はいろいろだったが、二〇世紀中ごろには、蛮人を飼いならして〈白人〉文化を広めた人物として神格化され、英雄にまつりあげられた。しかし、いまや彼はちょっとやっかいな人物、行動や考え方が現代とずれているために、忘れてしまいたい人物のひとりと見なされている。しかし、ローズやイギリス南アフリカ会社の行動や遺産は、彼のインパクトがもっとも大きかった場所、すなわち南アフリカにおいては、忘れることはほとんど不可能なのである。

ローズの大きな悲劇は、こうした知性・カリスマ性・権力・富を持った男が、領土の獲得と拡大を螺旋上昇的に推進することに才能と財産を浪費したところにある。彼は必要以上に金をかせぎつづけ、そのために労働者の権利を制限し、広大な領地を暴力的に併合する政策を続行し、その国民を隷属させた。すべては、より多くの鉱物資源を入手し、自分の商業的な帝国と政治的な大英帝国を拡大するためだった。結局、彼の事業が人生を疲弊させ、陰謀によって敵を出し抜く刺激的興奮だけの人生にしてしまった。ローズは、帝国の偉大な闘士として名乗り出たけれども、彼の政策は南アフリカの明るい未来の可能性を何世代にもわたって排除し、のちの世代に大きな道徳的自責の念と汚れた遺産を積みあげたにすぎなかった。彼は、多くの貿易王と同様、日々、闘争に明け暮れ、征服と領土拡大をつづける努力以外にも生きる意味がありうる——あるはずだ——ということを忘れてしまったのである。

英雄然と巨像のようにアフリカを跨ぎ、南はケープ州から北はカイロまで延びた電話線を高く掲げているセシル・ローズ。1892年刊の『パンチ』誌の絵より。

エピローグ
会社が世界を支配した時代

独占……は、すぐれた経営の大敵である。
アダム・スミス『国富論』、1776年.

「言うまでもなく、企業というものはすべからく、結局のところ、従属する者の争いを土台として、少数の者に富をもたらす仕組みである」、そうヘクター・チェヴィニーは露米会社について記している。おなじことは、〈英雄的交易の時代〉に闊歩した強大な交易独占会社にもあてはまる。しかし、企業の行動が、ことごとくここに行きつくわけではない。じっさい、製品を売ったり交換したりしようという欲望は、人類の歴史とおなじくらいに古い。貿易王とその独占企業は、監査や挑戦を受けることのない悪夢のようなイデオロギーと一体となった権力の典型である。それは、遠方にいる株主の利益を最大にするために、文明と社会全体を思いのままにする権力である。こうした一枚岩の企業体は、自由市場の資本主義が生んだものというより、ヨーロッパでくり広げられた文化的・経済的優越を求める国家間の戦争や抗争が、交易目的に拡大したものであった。こうした企業は、政府と事業との間の、不透明なグレー・ゾーンに位置していた。

そもそも貿易独占権の付与は、ヨーロッパの政府が、植民地拡大と商業的戦争にかかる天文学的費用を民間資本でまかなおうとする際の好都合な方途であった。しかし、この政策はうまくいかないことがある。交易前哨地の人口が増加するにつれ、本国政府が、会社に唯一の地元部外機関になることを許したときである。ヨーロッパの諸政府は、みずからが関与すべき市民に対する責任を押しつけておきながら、企業が併合した地域の現地住民に対する支配権は主張する始末で、しばしば恐ろしい結末にいたる状況を生んだ。他方、独占企業が本国の信用を自己のために利用するとき、母国にかなりの損失を生じさせる結果となった。たとえば、オランダがマンハッタン島とニュー・ネーデルラントの支配権を失い、イギリスがオールド・オレゴンの支配権を失った例、あるいは会社の領土と特権を守るために軍備に国家歳入を流用した例などがある。

限られた期間なら、独占企業は、その本国に多大の利益をもたらす。しかし、どの組織にも言えることだが、役に立たなくなったにもかかわらず存続しつづけ、その権力が縮少されないと、大きな損害を生むことになった。こうした企業体が、結局、政府の財政援助に依存することになるのは、現代にもあてはまることだ。現代の巨大多国籍金融機関や製造企業のように、過去の大独占企業の多くは、あまりにも巨大化し複合化し、あまりにも多くの人員を雇用したため——経済に影をなげかけ、しばしば外交政策の道具となり——、その失敗や崩壊を許すとなると、国民経済はもとより、国民の士気を壊滅させかねなかった。それらは、あまりにも巨大化し重要になってしまったので、崩壊は許されなかった。数十年間、利益を受けたのはごくごく少数の個人であったが、失敗の代価は、税として課されて、社会全体が等しく支払ったのである。

貿易王は、単なる営利企業であったものを、社会全体を搾取し政治的に従属させる方向へと、自分たちの企業を導いた。本国と彼らの商業活動地域が信じられないほど離れていたので、貿易王は壮大で横暴なそれぞれの構想を追求できた。つまり、ひとたびそれぞれの帆船が港を出て、一年以上にわたる航海に臨むや、彼らやその士官は、本国の法に従うことはなかった。とはいえ、外国社会を支配している法に従ったわけではない。なぜなら、彼らの方が技術的に優れていたので、現地政府は彼らを取り締まることができなかったからである。ひとたび遠く本国を離れるや、信頼できる伝達手段のない、あるいは、それぞれの企業が開拓した地域の信用できる海図のない世界では、貿易王は好き勝手に事業をおこなうことができた。それぞれの衝動を思いのままにみたし、独裁権力をふるい、貪欲に略奪した。そうできたのは、彼らが道徳的・法的拘束から自由であったからにほかならない。本国であれば、彼らの行動と事業活動は制限され、少なくとも抑えこまれたことであろう。限られたごく少数の内情に明るい者は除き、ほとんどのヨーロッパ人は、こうした会社のいくつかが海外活動でいかに腐敗していたかを、あるいはヨーロッパでは社会を拘束している法と慣習を日常的にいかに無視していたかを知らなかった。

貿易王とその独占企業は、現代のグローバライゼーションの傾向が、潜在的にどのように危険かを示してくれている。製品と消費者との距離が大きければ、それだけ消費者が生産を監視する機会は少なくなる。つまり、生産国の生産者が法にのっとり、製品が販売される国の市民が享受する権利を受け入れていることを確かめる機会が少なくなるのである。これは、二一世紀の履物製造や電子機器製造にあてはまるように、十七世紀の香料貿易や十九世紀の毛皮貿易にも言えることである。

自由市場についての偉大な理論家アダム・スミスは、独占企業のはらむ欠点や、独占企業が顧客と、事業を展開している社会とにもたらす危険に十分気づいていた。ひとつの会社は、ときどきは短期的でしかないが、株主とみずからにとって最善と思われる活動をする。それが会社の目的である。独占企業は、チェック・アンド・バランス、つまり、同一地域に別の眼、すなわち競争という眼を持たずに事業展開ができる。貿易王は、それぞれ商業的独占権を握ったうえに、政治的権力を奪取し、さらにその先へと進んだ。すでに見たように、インドネシア全域をオランダ東インド会社は支配し、オランダ西インド会社はニュー・ネーデルラント、イングランド東インド会社はベンガル、露米会社はアラスカ、ハドソン湾会社は北アメリカの多くを支配し、イギリス南アフリカ会社はアフリカ南部で権力をふるった。しかしながら西洋世界では、こうした大独占企業にならぶものが同じようには存在できない段階にまで、もはや達してしまった。完全に規制を受けず、文化や環境を壊滅させ、しかも罰を受けないという企業は、いまでは存在しない。

西洋社会は宗教と政治の分離を目指しているが、営利企業と国家との関係はどうあるべきであろうか。こうした貿易王と独占企業を研究することから明らかに見えてくるのは、〈英雄的交易の時代〉に、交易と国家を結びつけることで、一連の〈悪しき結婚〉が生まれたということである。これは、そうした関係が徹底してうまくいかないことを教える訓話と見ることができる。こうした歴史的実例を見ると、政治的権力としての企業は、しばらくのあいだ矛盾がないように見えるかも知れないが、結局、国民の利益と国家の利益に反することになる。究極的には、営利企業と責任ある政府は、異なる目標にむけ、そして、異なる人びとの利益のために努力している。どの国民にとっても、繁栄のためには営利事業は必須なものであり、そのため社会の主要な面といえる。とはいえ、それは支配的社会の後援と政治的統御のもとで事業展開をしなくてはならず、貿易王たちがしようとしたように、その社会に従属を強いてはいけない。

本書で述べた独占会社のそれぞれは、その活動拠点国が本格的統治に移行しようとしたときに抵抗し、見捨てられたのである。つまり、個人的自由と市民権を付与せぬままで、人びとを無期限に、被雇用者や顧客、あるいは競争者にしておくことはできないからである。ともかく、従属する人びとに対し政治的統制力を持つ大独占企業は、結局、責任を持って人を統治することは、そもそも利益のあがる事業ではないという現実に直面した。短期的に見れば、たしかに搾取は利益をもたらしえたが、結局、それによって搾取側は道徳的に堕落してしまった。それが好ましい会社であったときですら、悪しき統治へとむかった。つまり、統治と商業の究極的目的は、本質的に相容れないことが示されたのである。

こうした成功した会社の指導者たちは、多様な特性を共有していた。彼らはきわめて競争心が強く、また、わが道を歩み、冷酷にも決然と、自己の権力強化のため、みずからの意志を他人に押しつけることができた。誰ひとり、生まれついての金持ちはおらず、社会的地位や権力を持ちあわせてはいなかった。この闘争（彼らはそう見ていた）に勝つことが、何ものにもまさる関心事であった。それぞれの貿易王はまた、戦術にたけ、数百万人の活動を方向づける拡張的構想を有していた。しかしながら、こうした特性によって、彼らはかんばしくない決定をすることになった。こうした貿易王たちをその成功の頂点へ導いたのは、いかに才気があり果断なものとはいえ、やはり腐った個性だったのだろうか。それとも、彼らのめざましい成功によって、彼らの個性のうれしくない側面が見えたのであろうか。世界史の展開過程で、革命的変化をもたらしたのだから、彼らの道徳的欠点は大目に見るべきなのだろうか。彼らの多くは、生前、英雄として称えられたが、今日、好ましいと見られることはほとんどない。残忍な国王や皇帝、さらに将軍ですら、その名の前に〈大〉とつけられているのに、貿易王はひとまとめにしていえば、この種の歴史的関心は持たれていない。

〈英雄的交易の時代〉の貿易王たちは、犯罪容疑者リストにのったような伝説的な商人＝冒険家で、三〇〇年の間、広範にわたる交易企業を世界のかなりの部分に拡大したが、その目的は株主に対し収益を生み、自身の私腹をこやし、みずからの虚栄心をみたすことにほかならなかった。英雄もしくは悪党、愛国者もしくは泥棒、利口な統治者もしくは貪欲な盗賊。こうしたことは、しばしば同じコインの裏面である。目を細めたり、影をずらすのに光を別の場所へあてるなら、一方が他方になりうる。こうした以前の時代の貿易王に思いをめぐらすことは、バックミラーをのぞきこむようなものだ。文化的虚飾を取り除けば、同類の輩が、ビジネスと政治を混ぜこぜにして、今日でも現代世界をつくり上げているのが見える。

年表・英雄的交易の時代

一五八七年　ヤン・ピーテルスゾーン・クーン、誕生。
一五八八年　スペイン無敵艦隊、イングランド征服失敗。
一六〇〇年　イングランド東インド会社、設立。
一六〇二年　オランダ東インド会社、設立。アムステルダム株式取引所が設立され、会社の株や証券の取引が開始される。
一六〇九年　ヘンリー・ハドソン、オランダ東インド会社のためハドソン川を帆船で遡上。
一六一八年　クーン、オランダ東インド会社の東部業務総長に昇進。
一六二一年　オランダ西インド会社、北アメリカとの交易とカリブ海でスペイン船を略奪するため設立。
一六二三年　オランダ東インド会社の従業員、アンボイナ（の虐殺）事件で、イングランド東インド会社従業員を殺害。

一六二九年　クーン、バタヴィアで死去。
一六四七年　ストイフェサント、オランダ西インド会社の新総督として、ニュー・アムステルダム（ニーウアムステルダム）に到着。
一六五二年　スターテン・ヘネラール（オランダ議会）、オランダ西インド会社に、責任体制のある市政の設立を命じる。
一六五七年　オリヴァー・クロムウェル、イングランド東インド会社に新勅許を与え、会社の活動はインドに集中する。
一六六四年　ストイフェサント、銃撃戦を交えることなくニュー・アムステルダムをイングランド軍に譲渡する。
一六七〇年　フランス東インド会社、インドで営業するためにフランスで設立。
　ハドソン湾会社（正式名称「ハドソン湾において通商に従事するイングランドの総督ならびに冒険家たち」）、北アメリカ北部の毛皮貿易開発を目的にロンドンに設立。
一六七二年　ストイフェサント、ニューヨークで他界。
一七〇五年　ムガル帝国皇帝アウラングゼーブが他界し、インドの中央権力が崩壊しはじめる。
一七二五年　ロバート・クライヴ、誕生。
一七四一年　ヴィトゥス・ベーリング、カムチャツカからアラスカへの発見の旅を率い、この地域のロシア遠征と交易を開始する。

一七四七年　アレクサンドル・バラノフ、誕生。
一七四八年　アルコット（タミル・ナードゥ州）の包囲で、クライヴ、インドでのイングランド会社とフランス会社の闘争で恐るべき軍事的指導者としての地位を確立する。
一七五七年　プラッシーの戦いで、クライヴ、イングランド東インド会社軍を率い、インドでフランスに勝利。イングランド会社のインド支配がはじまる。
一七六三年　フランスとイングランドの七年戦争が終結。
一七六四年　最初のオランダ西インド会社、債務負担で崩壊。
一七六八〜七一年　副官ジェームズ・クック、大西洋で最初の発見の航海を率いる。
一七七四年　ロバート・クライヴ、自殺により他界。
一七七五〜八三年　アメリカ独立戦争。
一七七六年　アダム・スミス、『国富論』出版。
一七八二〜八四年　ピットのインド法案、イングランド東インド会社の権力に対し制限を加える。
一七九〇年　バラノフ、アラスカに到達。
一七九二年　ジョージ・シンプソン、誕生。
一七九九年　皇帝パーヴェル一世、露米会社の独占に資金援助し、バラノフをその営業責任者に据える。
　オランダ東インド会社、公式に破産で解体。

一八〇七年　奴隷貿易、イギリス領内で禁止。
一八一五年　ナポレオン、ワーテルローの戦いで敗北。
一八一八年　バラノフ、露米会社筆頭の地位を解任される。
一八一九年　バラノフ、サンクトペテルブルグへの航海の途上、インド洋上で死亡。
一八二〇年　シンプソン、北アメリカに、ハドソン湾会社代理総督として到着。
一八二六年　シンプソン、ハドソン湾会社の北部・南部部門の総督、北アメリカ北部の実質的独裁者となる。
一八三一〜三六年　ビーグル号、イングランドを発ち、南アメリカとガラパゴス諸島の探索をおこなう。チャールズ・ダーウィン、博物学者として同行。
一八四六年　オレゴン境界紛争が解決。北緯四十九度線、カナダと合衆国の国境となる。
一八五二〜五三年　シンプソン、ヴィクトリア女王からナイトの称号を受ける。
イギリス、南アフリカのボーア人共和国（オレンジ自由国とトランスヴァール共和国）の独立を承認。
一八五三年　セシル・ローズ、誕生。
一八五八年　イギリス軍、インド大反乱を鎮圧。
一八六〇年　シンプソン、モントリオール近くで他界。
一八六七年　合衆国、ロシア領アメリカを購入。

一八七〇年　アルフレッド・ノーベル、ダイナマイトを発明。採鉱や建設に革命をもたらす。
カナダ、独立国家になる。
一八七四年　セシル・ローズ、ケープ植民地に到着。
一八七六年　カナダ、ハドソン湾会社の領土を引き継ぎ、そこの独占を終える。
一八八〇年　東インド株式償還法、イングランド東インド会社に終焉をもたらす。
一八八九年　ヴィクトリア女王、インド女帝の称号を受ける。
ローズ、デ・ビアスを結成し、ケープ議会に選挙される。
ローズ、イギリス南アフリカ会社が南部・中部アフリカを植民地化し開発するため、イギリス政府から勅許を獲得する。
一八九四年　イギリス、イギリス南アフリカ会社のローデシア領土への自由裁量権を承認。
一九〇一年　最初のノーベル賞が授与される。
一九〇二年　セシル・ローズ、他界。ローズ奨学制度設立の遺産を遺す。
一九一八年　第一次世界大戦、終結。
一九二三年　イギリス政府、イギリス南アフリカ会社の勅許を無効にし、南ローデシア（ジンバブエ）に自治植民地の地位を、北ローデシア（ザンビア）に保護領の地位を付与する。

訳者あとがき

本書は、ニューヨークの出版社セイント・マーチンズ・プレス社から、二〇〇九年に刊行されたノンフィクション作品（*Merchant Kings: When Companies Ruled the World, 1600 to 1900*）の全訳である。

著者スティーヴン・R・ボウン（Stephen. R. Bown）はカナダのオタワに生まれ、アルバータ大学に学び、マルチメディア関連の職についたあと、フリーランスの作家となる。これまで多数の雑誌に寄稿するほか、出版した著書は以下のとおり（邦名は仮題）である――

『観光客と学者――博物誌黄金期の科学的旅行者』
(*Sightseers and Scholars: Scientific Travellers in the Golden Age of Natural History*, Key Porter Books (Toronto, Ontario, Canada), 2002)

『壊血病――外科医、船員、紳士が、いかに帆船時代最大の医学的ミステリーを解決したか』
(*Scurvy: How a Surgeon, a Mariner, and a Gentleman Solved the Greatest Medical Mystery of the Age of*

Sail, St. Martin's Press (New York, NY), 2004.)
『もっとも忌まわしき発明——ダイナマイト、硝酸塩、そして現代世界の形成』
(*A Most Damnable Invention: Dynamite, Nitrates, and the Making of the Modern World*, St. Martin's Press (New York, NY), 2005.)
『忘却のハイウェー——カナディアン・ロッキーの歴史トレイルをたどる荒野の旅』
(*Forgotten Highways: Wilderness Journeys Down the Historic Trails of the Canadian Rockies*, Brindle & Glass Publishing, 2007)
『狂気、裏切り、鞭打ち——ジョージ・ヴァンクーヴァー艦長の英雄的航海』
(*Madness, Betrayal and the Lash: The Epic Voyage of Captain George Vancouver*, D&M Publishers, 2009)
『一四九四年——中世スペインの家と家の確執が、いかに世界をふたつに分割したか』
(*1494: How a Family Feud in Medieval Spain Divided the World in Half*, Thomas Dunne Books, 2012)
『最後のヴァイキング——ロアール・アムンセン伝』
(*The Last Viking: The Life of Roald Amundsen*, Da Capo Press; Reprint, 2013)
『白人エスキモー——クヌート・ラスムッセンの怖れを知らぬ北極の中心へいたる旅』
(*White Eskimo: Knud Rasmussen's Fearless Journey into the Heart of the Arctic*,Da Capo Press (November 10, 2015))

『ブルー・フォックスの島――世界最大の科学的遠征の大惨事と勝利』
(*Island of the Blue Foxes: Disaster and Triumph of the World's Greatest Scientific Expedition*, Da Capo Press, 2017)

＊　＊　＊

大航海時代初期のポルトガルとスペインの海外進出のあと、スペインの無敵艦隊を破ったイングランドのイングランド東インド会社（一六〇〇年設立）、スペインからの独立を獲得したオランダに設立されたオランダ東インド会社（一六〇二年）を手はじめに、フランス東インド会社（一六〇四年）、デンマーク東インド会社（一六一二年）、スウェーデン東インド会社（一七三一年）と設立されたが、中心はイングランドとオランダであった。本書は、この二国のオランダ会社の東南アジアでの攻防の模様、そして新大陸を舞台としたオランダ西インド会社（一六二一年）、ハドソン湾会社（一六七五年）、露米会社（一七九九年）、さらにアフリカのイギリス南アフリカ会社（一八八八年）の代表的統括者を「貿易王」と呼び、その経営運営・活動を詳細に描きだしている。

出版当初、「焦点が個人にあたり」、「会社自体はほんのおざなり程度にしか扱われず」、「理想の読者は中学二年の少年」で、「文と分析が過度に単純化し……概ねビジネスの洞察力に欠ける」という書評（『ニューヨーク・タイムズ』紙）もあったが、次第に評価が高まってきた。その典型は「六大会社とその指導者たちを見事に描き出した」（『パブリッシャーズ・ウィークリー』紙）という評であろう。とりわけ、以下の評は的確である――

ボウンは、現代に完全にあてはまる年代記を作り、市場が自由であるのは、そこに住み消費する者が、権力から守られているときだけであることを究極的に示している。（二〇一〇年十二月七日付『ニューヨーク・ジャーナル・オヴ・ブックス』紙）

十分に調査されたボウンのテキストは、こうした注目すべき人物たちに再度生を付与し、読者は、細部と感染力を持つ熱情に対する著者の眼差しに導かれ、歴史のこの航路をたどる。戦闘と乱闘、冷徹な構想、絶望、愚行、崇高のすべてが織りなされ、「世界の富を意のままにし、その結果、世界そのものを支配した」男たちの刺激的で捕えてはなさない物語になっている。卓越した歴史研究にして、魅力あふれる読み物。（二〇一〇年八月二十日付『ザ・リヴァプール・デイリー・ポスト』紙）

魅力的に書かれ、爽快な会話調の『貿易王』は、あのように広く手におえない歴史的な時期に一貫性を持たせている。しかも、著者は立派になしとげている。その時期とは、現代の多くの経済的・政治的闘争に直結し、不可分の一部でありつづけている。（二〇一一年三月八日付『ザ・ポスト・アンド・クーリア』紙）

以上の評はしかしながら、「貿易王」とその会社という、物語当事者側の人間の反応にほかならない。これらの会社の利益の供給源であった東南アジア、南アフリカ、北アメリカで、残虐な行為をこうむった原住民の視点からの反応とはとてもいえない。しかし本書は、西洋人の視座からする大きなオムニバス形式の物語を語るものであるが、そうした非西洋人の西洋人への反応もしくは対応も語られてもいる。また、日本人が、オランダ東インド会社に雇われた傭兵として登場するが、現地住民の首を刎ね四つ裂きの処刑執行人の役割を果たしたとされる。その後、周知のことだが、近代国家を作った日本人は、今度は物語の主人公として、現地住民に対処することになる。

本書は、今日のグローバル企業のあり方だけでなく、現代のグローバル世界の歴史的成り立ちを考えるうえで、貴重な視座を提供してくれているだろう。ヨーロッパの善良な市民の、ほんのささやかな欲望であったものが、厖大な欲望へと変貌を遂げ、その欲望の実現化を可能にした各植民地の住民の厖大すぎる犠牲にも目くばりがされている点に本書の価値がある。

＊　＊　＊

訳は、荒木（序章、第一章、第二章、エピローグ）、田口（第三章、第六章）、石木（第四章、第五章）が担当し、荒木が全体を統一した。

荒木　正純　記

二〇一八年九月十五日

資料

わたしは、この企画を遂行するにあたり、歴史学の背景を持ち多方面に関心を抱く者の立場をとった。本書は、そうした読者にむけて書かれている。つまり、個々の貿易王とその独占企業の歴史について書かれており、グローバルな交易もしくは植民地拡大の専門的歴史ではない。一般的に確立している年代順配列と事実にこだわり、主要な資料は本文中に示してある。焦点は、こうした営利企業を駆りたて政治権力を握った人物とその人間性にあり、貿易統計や利幅などの細目ではない。わたしが語りたいと思っているのは貿易王の生涯、つまり、なにが彼らを動機づけたか、なにが彼らに悦びを与え、あるいは怒りに駆りたてたか、なぜ彼らは自分と会社を駆りたて他者を支配し、そしてすべての競争相手を粉砕したのかの物語である。こうした行動を動機づけたのは、単にお金だったのだろうか。わたしはそうではないと考えている。物語によれば、それよりもっとはかり知れないほど不可解ななにか、それでもやはり人間的ななにかが、こうした複雑で好奇心をそそる人物たちを駆りたてたことになる。

クーンと、彼ほどではないがバラノフを除けば、本書で語られる貿易王は数十年にわたり、多数の伝記でその人物像が描かれてきた。もっとも彼らはひとまとまりに考えられることはなかった。彼らが率いた会社はまた、十分に記録され研究されている。こうした個人のひとりひとりについてまるごと一冊本が書かれ、またそれぞれの強力な企業についても、まるごと一冊に及んでいる。わたしは、彼ら六人を一冊の本でとり扱うので、多くの専門的で個別的な詳細は省いてある。インドネシアであれアフリカであれ、インドであれ北アメリカであれ、いく世代にもわたる会社の社員がおりなした複雑な相互関係は、容易にまるまる一冊が必要となるだろう。巻末の主要参考文献目録の作成中にリストにしたのは、有益だと思い、また権威があり、洞察にみち、あるいはその両方のものとして頼りにした資料である。それぞれの貿易王の同時代の引用句のほとんどは、彼らの書簡、演説、そして回想録をまとめた集成から借りるか、学術的著作の補遺に収録されていたものである。

クーンとオランダ東インド会社についての参考文献については、フェム・S・ガストラの『オランダ東インド会社——拡大と衰退』を参照のこと。ジャイルズ・ミルトンの『ナサニエルのナツメグ——ひとりの勇気がいかに歴史をかえたか』は、オランダとイングランドの東インド会社間でくり広げられた、インドネシア産香料貿易を支配しようとする闘争を鮮やかに語ったものである。ストイフェサントとオランダ領マンハッタンへの関心を深めてくれる最良の本は、ラッセル・ショートの魅力的な著作『世界の中心にある島——オランダのマンハッタンとアメリカを形づくった忘れられた植民地』である。

クライヴとイングランド東インド会社に関しては、まさに山のような文献が書かれてきた。マイケル・エドワーズの『クライヴ——天国に生まれた将軍』、あるいはロバート・ハーヴェイの『クライヴ——イギリス皇帝の生涯』からはじめるといい。ジョン・キイの『栄誉ある会社——イングランド東インド会社の歴史』はきわめて読みやすく、何世紀にもわたるこの会社の活動を全般にわたりわかりやすく概観している。バラノフと露米会社一般については研究が少ないが、リディア・ブラックの『アラスカにおけるロシア人――一七三二～一八六七年まで』には格好の概説がある。他方、ヘクター・チェヴィニーの『アラスカの領主――バラノフとロシア人の冒険』は、完全に信頼できるというわけではないが、バラノフの生涯を語る生彩に富んだ作品である。シンプソンの生涯とハドソン湾会社のその後の歴史を全体的に生きいきと説明したものとしては、ジェイムズ・ラファンの『北の皇帝――サー・ジョージ・シンプソンとハドソン湾会社の驚くべき物語』を参照。セシル・ローズについてはおびただしい数の本が書かれ、その多くは二〇世紀初頭のまごうことない聖人伝と言ってよい。もっとも読みやすく、陰影に富む概説書だと思ったのは、アントニー・トマスの比較的最近の作『ローズ――アフリカ獲得競争』である。

索　引

地名＆事項

あ行

か行

さ行

た行

ま行

や行

ら行

欧文

人名

ア行

カ行

サ行

タ行

ナ行

ハ行

マ行

ヤ行

ラ行

ワ行

主要参考文献

Alekseev, Aleksandr Ivanovich. *The Destiny of Russian America, 1741–1867*. Edited by R.A. Pierce. Translated by Maria Ramsay. Kingston, ON: Limestone Press, 1990.

Black, Lydia. *Russians in Alaska, 1732–1867*. Fairbanks: University of Alaska Press, 2004.

Bowen, H.V. The *Business of Empire: The East India Company and Imperial Britain, 1756–1833*. New York: Cambridge University Press, 2006.

Bown, Stephen R. *A Most Damnable Invention: Dynamite, Nitrates and the Making of the Modern World*. Toronto: Viking, 2005.

Boxer, C.R. *The Dutch Seaborne Empire, 1600–1800*. New York: Knopf, 1965.

Braudel, Ferdinand. *Civilization and Capitalism, 15th–18th Century*. New York: Harper & Row, 1984.

Brierly, Joanna Hall. *Spices: The Story of Indonesia's Spice Trade*. Oxford: Oxford University Press, 1994.

Burrows, Edwin G., and Mike Wallace. *Gotham: A History of New York City to 1898*. New York: Oxford University Press, 1999.

Cawston, George. *The Early Chartered Companies, A.D. 1296–1858*. London: Edward Arnold, 1896.

Chevigny, Hector. *Lord of Alaska: Baranov and the Russian Adventure.* New York: Viking, 1942.

———. *Russian America: The Great Alaskan Venture, 1741–1867*. New York: Viking Press, 1965.

Clive, Robert. *Lord Clive's Speech, in the House of Commons, 30th March 1772, on the Motion Made for Leave to Bring in a Bill, for the Better Regulation of the Affairs of the East India Company, and of Their Servants in India, and for the Due Administration of Justice in Bengal.* London: J. Walter, 1772.

Condon, Thomas J. *New York Beginnings: The Commercial Origins of New Netherland.* New York: New York University Press, 1968.

Curtin, Philip D. *Cross-Cultural Trade in World History.* Cambridge: Cambridge University Press, 1984.Davies, D.W. *A Primer of Dutch Seventeenth Century Overseas Trade.* The Hague: Martinus Hijhoff, 1961.

Dodwell, Henry. *Dupleix and Clive: The Beginning of Empire.* London: Archon Books, 1968.

Edwardes, Michael. *Clive: The Heaven-Born General.* London: Hart-Davis, MacGibbon, 1977.

Furber, Holden. *Rival Empires of Trade in the Orient, 1600–1800.* Minneapolis: University of Minnesota Press, 1976.

Gaastra, Femme S. *The Dutch East India Company: Expansion and Decline.* Zutphen: Walburg Pers, 2003.

Galbraith, John S. *Crown and Charter: The Early Years of the British South Africa Company.* Berkeley: University of California Press, 1974.

———. *The Hudson's Bay Company as an Imperial Factor.* Toronto: University of Toronto Press, 1957.

———. *The Little Emperor: Governor Simpson of the Hudson's Bay Company.* Toronto: Macmillan of Canada, 1976.

Gehring, Charles, trans. *Laws and Writs of Appeal, 1647–1663*. Syracuse: Syracuse University Press, 1991.

Gibson, James R. *Imperial Russia in Frontier America: The Changing Geography of Supply of Russian America, 1784–1867.* New York: Oxford University Press, 1976.

Griffiths, Sir Percival. *A Licence to Trade: The History of English Chartered Companies.* London: Ernest Benn, 1974.

Hagemeister, Leontii Andreianovich. *The Russian American Company: Correspondence of the Governors, Communications Sent, 1818.* Translated and with an introduction by Richard A. Pierce. Kingston, ON: Limestone Press, 1984.

Hanna, Willard Anderson. *Indonesian Banda: Colonialism and Its Aftermath in the Nutmeg Islands.* Philadelphia: Institute for the Study of Human Issues, 1978.

Hart, Simon. *The Prehistory of the New Netherland Company: Amsterdam Notarial Records of the First Dutch Voyages to the Hudson.* Amsterdam: City of Amsterdam Press, 1959.

Harvey, Robert. *Clive: The Life and Death of a British Emperor.* New York: Thomas Dunne Books, 2000.

Hearne, Samuel. *A Journey to the Northern Ocean: The Adventures of Samuel Hearne.* Surrey, BC: TouchWood, 2007.

Jacobs, Jaap. *New Netherland: A Dutch Colony in Seventeenth-Century America.* Leiden: Brill, 2005.

Jourdain, John. *The Journal of John Jourdain, 1608–1617: Describing His Experiences in Arabia, and the Malay Archipelago.* Edited by William Foster. London: Hakluyt Society, 1905.

Keay, John. *The Honourable Company: A History of the English East India Company.* London: HarperCollins, 1991.

Khlebnikov, K.T. *Baranov, Chief Manager of the Russian Colonies in America.* Edited by Richard A. Pierce. Translated by Colin Bearne. Kingston, ON: Limestone Press, 1973. First published in Russia in 1835.

Lankevich, George J., and Howard B. Furer. *A Brief History of New York City.* New York: Associated Faculty Press, 1984.

Lawford, James P. *Clive: Proconsul of India; A Biography.* London: George Allen & Unwin, 1976.

Lawson, Philip. *The East India Company: A History.* London and New York: Longman Group, 1993.

MacKay, Douglas. *The Honourable Company: A History of the Hudson's Bay Company.* Freeport: Books for Libraries Press, 1970. Reprint of the 1936 original.

Malcolm, John. *The Life of Robert, Lord Clive: Collected from the Family Papers Communicated by the Earl of Powis.* Boston: Elibron Classics, 2002. Reprint of the 1836 original.

Marlowe, John. *Cecil Rhodes: The Anatomy of Empire.* London: Paul Elek, 1972.

McLean, John. *Notes of a Twenty-Five Years' Service in the Hudson's Bay Territory.* London: Richard Bently, 1849.

Meilink-Roelofsz, M.A.P. *Asian Trade and European Influence in the Indonesian Archipelago Between 1500 and About 1630.* The Hague: Nijhoff, 1969 (reprint).

Meredith, Martin. *Diamonds, Gold and War.* New York: Public Affairs, 2007.

Miller, J. Innes. *The Spice Trade of the Roman Empire, 29 BC to AD 641.* Oxford: Clarendon Press, 1969.

Milton, Giles. *Nathaniel's Nutmeg: How One Man's Courage Changed the Course of History.* London: Hodder & Stoughton, 1999.

Morrison, Dorothy Nafus. *The Eagle and the Fort: The Story of John McLoughlin.* Portland: Press of the Oregon Historical Society, Western Imprints, 1984.

Newman, Peter C. *Caesars of the Wilderness.* Toronto: Viking, 1987.

Nicholls, John. *Recollections and Reflections.* London: Longman, Hurst, Rees, Orme and Brown, 1822. Microfilm. New Haven, Conn: Research Publications, 1980.

Orme, Robert. *A History of the Military Transactions of the British Nation in Indostan, from the year MDCCXLV. To which is prefixed A dissertation on the establishments made by Mahomedan conquerors in Indostan. The second edition, corrected, with alterations, additions, and an index. By the author.* London:F. Wingrave, 1803; Madras: Pharoh & Co., 1861.

Parker, John. *The World for a Marketplace: Episodes in the History of European Expansion.* Minneapolis: Associates of the James Ford Bell Library, 1978.

Parsons, Neil. *A New History of Southern Africa.* London: Macmillan, 1993.

Pierce, Richard A. *Russian America: A Biographical Dictionary.* Kingston, ON: Limestone Press, 1990.

Pomeranz, Kenneth. *The World that Trade Created: Society, Culture, and the World Economy, 1400–the Present.* New York: M.E. Sharpe, 1999.

Raesly, Ellis Lawrence. *Portrait of New Netherland.* Port Washington: Ira J. Friedman Inc., 1965 (originally published by Columbia University Press).

Raffan, James. *Emperor of the North: Sir George Simpson and the Remarkable Story of the Hudson's Bay Company.* Toronto: HarperCollins, 2007.

Rhodes, Cecil. *Cecil Rhodes: His Political Life and Speeches.* Edited by Reverend F. Verschoyles. London: Chapman and Hall, 1900.

Rich, E.E. *Hudson's Bay Company, 1670–1870.* 3 vols. Toronto: McClelland & Stewart, 1960.

Rotberg, Robert I. *The Founder: Cecil Rhodes and the Pursuit of Power.* New York: Oxford University Press, 1988.

Sarkar, Jagadish Narayan. "Saltpeter Industry of India." *Indian Historical Quarterly,* 13, 1938.

Shorto, Russell. *The Island at the Center of the World: The Epic Story of Dutch Manhattan and the Forgotten Colony that Shaped America.* New York: Doubleday, 2004.

Simpson, George. *Fur Trade and Empire: George Simpson's Journal Entitled Remarks Connected with the Fur Trade in the Course of a Voyage from York Factory to Fort George and Back to York Factory, 1824–1825.* Edited by Frederick Merk. Cambridge, MA: Harvard University Press, 1968.

———. "Governor George Simpson's Character Book." Edited by Glyndwr Williams. *The Beaver,* Summer 1975.

———. *Narrative of a Journey Around the World, 1841 and 1842.* London: 1847.

Spry, Irene. "The Great Transformation: The Disappearance of the Commons in Western Canada." In *Man and Nature on the Prairies.* Edited by R.A. Allen. Regina: University of Regina, 1976.

Starr, Frederick. *Russia's American Colony*. Durham, NC: Duke University Press, 1987.

Stavorinus, Johan Splinter. *Voyages to the East Indies*. Translated S.H. Wilcocke. London: Dawsons, 1969. Facsimile reprint of the 1798 original.

Stejneger, Leonhard. *Georg Wilhelm Steller: The Pioneer of Alaskan Natural History*. Cambridge, Mass.: Harvard University Press, 1970. Reprint of the 1936 original.

Stent, Vere. *A Personal Record of Some Incidents in the Life of Cecil Rhodes*. Cape Town: M. Miller, 1924.

Stuyvesant, Peter. *Correspondence of Petrus Stuyvesant, 1647–1653*. Translated by Charles Gehring. Syracuse: Syracuse University Press, 2000.

———. *Correspondence of Petrus Stuyvesant, 1654–1658*. Translated by Charles Gehring. Syracuse: Syracuse University Press, 2003.

Thomas, Antony. *Rhodes: The Race for Africa*. London: BBC Books, 1996.

Tracy, James D. *The Rise of Merchant Empires: Long-Distance Trade in the Early Modern World, 1350–1750*. New York: Cambridge University Press, 1990.

Travers, Robert. *Ideology and Empire in Eighteenth Century India: The British in Bengal*. New York: Cambridge University Press, 2007.

van der Donck, Adriaen. *A Description of New Netherland*. Edited by Charles Gehring and William A. Starna. Translated by Diederik Willem Goedhuys. Lincoln: University of Nebraska Press, 2008.

van Goor, Jurrien. *Prelude to Colonialism: The Dutch in Asia*. Hilversum: Uitgeverij Verloren, 2004.

Verschoyles, Reverend F. *Cecil Rhodes: His Political Life and Speeches*. London: Chapman and Hall, 1900.

Vlekke, Bernard Hubertus Maria. *Nusantara: A History of Indonesia*. Chicago: Quadrangle Books, 1960.

———. *The Story of the Dutch East Indies*. Cambridge, MA: Harvard University Press, 1945.

スティーヴン・R・ボウン（Stephen R.Bown）

カナダのオタワに生まれ、アルバータ大学に学び、マルチメディア関連の職についたあと、フリーランスの作家となる。これまで多数の雑誌に寄稿するほか、下記のような著書がある（邦語タイトルは仮題）――*Sightseers and Scholars: Scientific Travellers in the Golden Age of Natural History*（『観光客と学者――博物誌黄金期の科学的旅行者』）2002.: *Scurvy: How a Surgeon, a Mariner, and a Gentleman Solved the Greatest Medical Mystery of the Age of Sail*（『壊血病――外科医、船員、紳士が、いかに帆船時代最大の医学的ミステリーを解決したか』）2004.: *A Most Damnable Invention: Dynamite, Nitrates, and the Making of the Modern World*（『もっとも忌まわしき発明――ダイナマイト、硝酸塩、そして現代世界の形成』）2005.: *Forgotten Highways: Wilderness Journeys Down the Historic Trails of the Canadian Rockies*（『忘却のハイウェー――カナディアン・ロッキーの歴史的道をたどる荒野の旅』）2007.: *Madness, Betrayal and the Lash: The Epic Voyage of Captain George Vancouver*（『狂気、裏切り、鞭打ち――ジョージ・ヴァンクーヴァー艦長の英雄的航海』）2009.: *1494: How a Family Feud in Medieval Spain Divided the World in Half*（『一四九四年――中世スペインの家と家の確執が、いかに世界をふたつに分割したか』）2012.: *The Last Viking: The Life of Roald Amundsen*（『最後のヴァイキング――ロアール・アムンセン伝』）2013.: *White Eskimo: Knud Rasmussen's Fearless Journey into the Heart of the Arctic*（『白人エスキモー――クヌート・ラスムッセンの怖れを知らぬ北極の中心へいたる旅』）2015.: *Island of the Blue Foxes: Disaster and Triumph of the World's Greatest Scientific Expedition*（『青ギツネの島――世界最大の科学的遠征の大惨事と勝利』）2017.

荒木正純（あらき・まさずみ）

1946年生まれ。東京教育大学大学院博士課程中退。静岡大学、筑波大学、白百合女子大学をへて、現在、筑波大学名誉教授。著書に『ホモ・テキスチュアリス』、『芥川龍之介と腸詰め』、『「羅生門」と廃仏毀釈』など。訳書にキース・トマス『宗教と魔術の衰退』、スティーヴン・グリーンブラット『驚異と占有』、A.D. カズンズ『シェイクスピア百科図鑑』、ノエル・キングズベリー『樹木讃歌』など。

石木利明（いしき・としあき）

1958年生まれ。上智大学大学院文学研究科博士前期課程修了。現在、大妻女子大学准教授。論文に、「原文の力 ―Anne of Green Gables 冒頭に学ぶ」、「ハイパーテクストとポストモダニズム」、「ネットスタディ ―インターネットによる文学リサーチ」など。

田口孝夫（たぐち・たかお）

1947年生まれ。東京教育大学大学院修士課程修了。現在、大妻女子大学教授。著書に、『記号としてのイギリス』、『英語教師のスクラップ・ブック』など。訳書に、P. グッデン『物語 英語の歴史』、A.D. カズンズ『シェイクスピア百科図鑑』、R. バーバー『図説 騎士道物語』、S. キャッシュダン『おとぎ話と魔女』、C. ドゥーリエ『トールキンハンドブック』など。

MERCHANT KINGS
WHEN COMPANIES RULED THE WORLD, 1600–1900

貿易商人王列伝

—会社が世界を支配した時代：1600〜1900年—

Original Title:
Merchant Kings
When Companies Ruled the World, 1600–1900

2019年1月31日　初版発行

著　者　スティーヴン・R・ボウン

訳　者　荒木正純
　　　　石木利明
　　　　田口孝夫

ブックデザイン　尾崎 美千子
発行者　長岡 正博
発行所　悠 書 館

〒113-0033 東京都文京区本郷3-37-3-303
TEL. 03-3812-6504
FAX. 03-3812-7504
http://www.yushokan.co.jp/

印刷・製本　シナノ印刷株式会社

ISBN978-4-86582-031-7

定価はカバーに表示してあります。